숭배와 혐오

모성이라는 신화에 대하여

숭배와 혐오

모성이라는 신화에 대하여

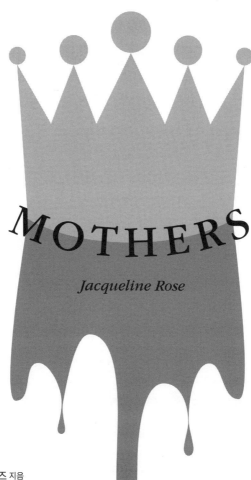

MOTHERS

Jacqueline Rose

재클린 로즈 지음

김영아 옮김

창비

헤르미오네: 신이여, 굽어보소서,
그리고 신성한 약병의 은총을
내 딸 머리 위에 부어주소서!
— 셰익스피어, 『겨울 이야기』*The Winter's Tale*

우리는 아마도 어머니에게 이런 걸 원할 거예요.
세상을 유지하라고,
거짓일지언정, 계속 세상이 유지될 것처럼 굴라고.
— 히샴 마타르, 『귀환』*The Return*

맙소사. 죽은 후에도 어머니가 있다고?
— 앨리 스미스, 『가을』*Autumn*

이 책을 이끌어가는 주장은 단순하다. 서구 담론에서 모성이란, 우리 문화 속에서 온전한 인간이 무엇인지를 둘러싼 갈등의 현실을 가두거나, 더 정확히 말하자면 그 현실을 감추는 장소라는 점이다. 모성은 우리의 개인적·정치적 결함, 다시 말해 세상에서 일어나는 온갖 잘못된 일에 대한 궁극적 책임을 떠맡은 희생양이며, 그 결함과 잘못을 바로잡는 것이 어머니에게 부여된 — 당연히 실현 불가능한 — 임무였다. 페미니스트들이 오랫동안 항의해왔듯이 우리는 어머니에게 너무나도 많은 것을 요구한다. 그런 익숙한 주장과 더불어 이 책은 하나의 관점 내지 질문을 덧붙이고자 한다. 우리 사회와 우리 자신과 관련해 생각하기조차 힘든 일을 모두 어머니에게 떠넘기면서, 과연 우리는 무엇을 하고 있는 것일까. 우리는 어떤 사회적 약속이나

6

내적 삶 또는 역사적 불의 따위를 외면하려는 것일까. 대체 우리는 어머니에게 어떤 짓을 저지르고 있단 말인가. 어머니는 인간의 일생에 따라오기 마련인 가장 힘겨운 면들과 깊이 관계한다. 어머니는 열정과 기쁨과 더불어, 비밀스러운 지식을 공유한다. 모든 상황을 밝고 맑고 안전하게 만들 책임을 대체 왜 어머니가 지게 된 걸까. 우리가 어머니를 공인된 잔혹함의 대상으로 삼음으로써 세계의 불의에 눈을 감고 마음의 문을 닫고 있다는 것, 그것이 이 책을 관통하는 핵심 주장이다. 만일 우리가 세상에서 — 그리고 세상을 위해 — 어머니에게 대체 어떤 역할을 요구하고 있는지 깨닫지 못한다면, 앞으로도 우리는 세상을 산산조각 내고 어머니를 갈가리 찢어버리는 일을 계속하게 될 것이다.

차례

3.
고통과 희열

사회적 처벌

1

지금은

2016년 10월 12일 자 『더 선』$^{The\ Sun}$지 1면에 「이곳의 모성」이라는 제목의 머리기사가 실렸다. 기사는 무려 신문 한면의 절반 이상을 할애해, 2015년 국가의료서비스^{NHS}가 적용되는 병원을 이용한 임산부 "의료 관광객" 900명이 비용을 체납했고 그 결과 영국 납세자에게 약 400만 파운드에 달하는 손해를 끼쳤다고 대서특필했다. 그리고 이름을 밝히지 않은 관리의 말을 인용해, 런던 남부 투팅의 성조지병원에서 이루어진 분만 중 비유럽연합 출신 '엄마'가 차지하는 비중이 5분의 1에 달한다고 했다. 병원——영국이라고 읽어도 된다——이 여성들에게 돈을 받고 NHS를 이용할 수 있도록 중개하는 "나이지리아 해결사들"의 "만만한 표적"이 되고 있으며, 이 때문에 나이지리아 여성이

병원에 "쇄도하고 있다"는 것이다. 『더 선』지는 「건강하지 못한 비용」이라는 제목의 사설에서 이 "충격적인 사건" 때문에 "병이 깊어진다"("건강하지 못한unhealthy"과 "병이 깊어진다sickening"라는 표현은 다분히 의도적인 것이리라)고 묘사하며, "NHS 무료 진료를 받을 권리가 없는 외국인 관광객" 때문에 해마다 2000만 파운드를 "날려버리고" 있다며 비난을 퍼부었다.

병원은 산부인과 내원 환자들에게 신분증이나 망명 신청 증명서를 제출하도록 해서 이 위기에 대응하려 했다. 기사에는 나이지리아인 산모 빔보 아옐라볼라Bimbo Ayelabola의 사진이 실렸는데, 그녀는 2011년 호머튼대학병원에서 제왕절개수술로 다섯 쌍둥이를 출산했고 NHS는 "20만 파운드"의 비용을 떠안았다. 설사 "나이지리아 해결사들" 운운하는 얘기에 동의한다 치더라도, 다섯 아기를 안고 있는 아옐라볼라의 사진을 선택한 이유는 가난한 사람들이 무책임하고 자식을 너무 많이 낳는다는 해묵은 고정관념을 강화하기 위해서임이 명백했다. 『더 선』지는 그녀가 부유한 나이지리아인 남편에게서 버림받은 뒤 아이들과 함께 계속 영국에서 지내며 당연히 복지 혜택도 받고 있는 것으로(그럴 권리가 없다는 점을 암시하면서) 추정된다고 보도했다. 따라서 기사가 은밀하게 — 사실 그렇게 은밀하지도 않지만 — 전하는 메시지는 '이 어머니를 추방하라'

였다(차마 그녀를 끝까지 추적해서 잡아야 한다고 이야기하지는 못했다). 사설은, 노조 측에서는 의료인이 "국경 수비대" 역할을 떠맡는다는 것을 주저할 수 있지만 NHS 관리자 "부대"는 한층 더 "강경"해질 필요가 있다고 논평했다. 국가의 가치와 자원 모두를 위협하는 외국인 어머니들의 은밀하고 교활한 직무 유기를 상대하기 위해서는 군사적 대응이 필요하다는 점이 명백해 보인다는 얘기였다. 『더 선』지의 2016년 10월 12일 자 온라인판에는 마치 이 여성들이 임신한 게 아닐 수도 있다는 듯, 기사 제목이 「허풍 떨기」로 바뀌어 있었다.

왜 이 어머니들은 그토록 미움을 받는 것일까? 왜 어머니는 그토록 자주 세계의 병폐에, 사회구조의 와해에, 복지와 국가의 진정성을 흔드는 위협에 ─ NHS의 기금 고갈 위기부터 국내 유입 외국인에 이르기까지 ─ 책임을 져야 하는 것일까? 왜 우리를 둘러싼 일이 제대로 안 돌아갈 때 그 원인은 어머니 탓이 되어버리는 것일까? 우리가 살고 있는 세계는 국경을 가로질러 세워진 실제와 가상의 벽으로 둘러싸여 점점 더 요새화되며, 민족 간 구별 역시 강화되고 있다. 국가 간, 개인 간 경계를 견고히 하며 스스로를 돌보고 확고하게 지키는 것만이 우리의 가장 중요한 윤리적 의무라고 소리 높여 외치는 목소리가 유럽과 미국 전역에서 점점 커져간다. 어머니를 지목해 이들에게 이 불가능한 미래를 구원할 책임을 지우는 동시에 그것을 위협에 빠뜨린 장본인으로 낙인찍기에 더할 나위 없이 완벽한 분위기가 조성되고 있는 셈이다.

『더 선』지만 이러한 독설을 퍼붓는 것은 아니다. 몇달 후인 2017년 1월, 『데일리 메일』^{Daily Mail}지는 1면 기사에서 영국을 방문해 NHS로 이번에는 두 쌍둥이를 출산한 또다른 나이지리아 산모를 언급하면서 다음과 같이 제목을 달았다. 「의료 관광객 1인당 35만 파운드 ― 당신 돈이다!」 신문 내지에는 "전에도 속지 않았던가"라는 글귀와 함께 다섯 아이를 안은 아옐라볼라 사진이 다시 실렸다. 35만 파운드란 수치는 주도면밀하게 선택된 것이었다. 왜냐하면 브렉시트 지지자들은 유럽에서 영국 NHS 기금으로 곧바로 반환될 돈이 주당 3억 5000만 파운드에 달한다고 거짓 주장을 해왔는데, 두 수치가 공명하면서 마치 이 외국인 어머니들 때문에 그 약속이 깨진 것처럼 보였기 때문이다. 『더 선』과 『데일리 메일』이 영국에서 가장 극우적 신문들이긴 하지만, 이런 수사학은 광범하게 영향을 미친다. 구호단체의 보고서에 따르면, 내무부에 고발을 당하거나 혹시라도 고액의 의료비 청구서를 받게 될까 두려워 산전 건강관리를 회피하는 외국인 임산부가 영국 전역에서 수백명에 달한다고 한다. NHS 산하기관 중 한곳은 망명 요청 과정에서 어려움을 겪고 있는 여성에게 편지를 보내

5000파운드가 넘는 의료비를 신용카드로 지불하지 않으면 임산부 보호 서비스가 중단될 것이라고 협박한 적도 있다.[1] 우리가 주목해야 할 것은 『더 선』과 『데일리 메일』지가 아무런 자격도 양해도 없이, 모성의 최소 요건이라 할 수 있는 출산을 목전에 둔, 심지어 출산 중인 어머니에게도 맹공을 퍼부을 수 있다고 여긴다는 점이다. 그런데 결코 이들이 유별나다고 할 수는 없다. 앞으로 살펴보게 되겠지만, 어머니 괴롭히기는 소위 문명 세계라는 곳에서 일종의 놀이에 가깝다.

「지상의 모성」Here for maternity이라는 기사 제목은 프레드 치네만Fred Zinnemann 감독의 영화 「지상에서 영원으로」From Here to Eternity를 상기시킨다. 이 영화 제목은 영어권 세계에서 설사 죽음에 이를지라도 세상 끝까지 자신의 대상을 좇는 사랑을 환기시키는데, 『더 선』지는 1면에서 이 영원/모성eternity/maternity이라는 단어들의 공명을 통해 우리가 과감한 조치를 취하지 않는다면 저 어머니들 같은 문제에서 영원히 벗어날 수 없을 것이라고 암시한다. 영화는 진주만공격 직전 시기를 배경으로 한다. 몽고메리 클리프트Montgomery Clift가 연기한 전직 권투 선수는 동료와 맞붙기를 거부하고 나팔을 부는 쪽을 택하지만 중대장에게 가혹 행위를 당하며, 결국 공습 중 사망한다. 그와 친구가 되는 상사(버트 랭커스터Burt Lancaster 분)는 중대장의 아내(데버라 커Deborah Kerr 분)와 밀회를 즐긴다. 따라서 영화에는 '로커 룸 대화'의 모든 요소가 이성애적 열정과 결합해 녹아 있는 셈이다. 하지만 어머니와 관련해서는 어두운 면을 보여주기도 한다. 원작 소설에서 중대장의 부인은 바람둥이 남편에게서 임질이 옮아 자궁 절제 수술을 받는다. 영화는 제작 수칙 기준에 맞추기 위해서 이를 유산하는 것으로 바꾸었다(성병을 언급하는 것이 금지된 터였다). 영화에서도 남편은 여전히 바람둥이지만, 여자는 남편이 아닌 자기 몸의 결함 때문에 어머니가 될 기회를 잃는다. 전시戰時 남성의 성적 방종으로 어머니가 위험에 빠질 수 있다고 이야기할 수는 없었다. 영화의 초점은 상당 부분 군대 내 남성다움에 대한 숭배에 맞추어져 있으며, 모성은 마치 수도꼭지에서 물 떨어지는 소리처럼 다소 신경 쓰이는 여담에 불과하다. 이 영화는 『더 선』지 기사와 정반대 쪽에서, 하지만 비슷하게 저속한 충동에 따라, 어머니에게 슬며시 초점을 맞추다가—대체로—지워버리곤 한다. 앞으로 이야기하겠지만 이것은 일종의 패턴이다. 현대 서구 문화에서 거의 언제나 어머니는 지나치게 주목받거나, 혹은 충분히 주목받지 못한다.

『더 선』지의 외국인 어머니들에 대한 공격과 때를 맞춰 어머니의 보살핌을 받지 못하는 어린이가 주요 뉴스로 등장했다. 보호자 없는 미성년자들이 영국 정부의 입국 자격 심사 결과를 기다리며 깔레 정글Calais Jungle(프랑스 깔레 근방의 난민 캠프—옮긴이)에 억류되어 있다고 보도되었다. 2015년 난민 위기가 시작된 이래 홀로 남겨진 아이와 청소년이 유럽 전역에 8만 5000명에 달하는 것으로 추정되며, 그중 1000여명이 깔레에서 "야생동물처럼" 살고 있다는 소식이 었다. 텐트 하나에서 어린이와 미성년자 열여덟명이 매트 리스와 난방, 담요 없이 지내고 있었다. 이 중 상당수는 영 국에서 자유를 얻기 위해 트럭 밑바닥에 매달리거나 냉동 컨테이너에 숨거나 지나가는 차가 영국으로 데려다주기 를 바라며 찻길로 뛰어들다 죽어갔다. 독일 유대인 어린이 를 나치 대학살에서 구조해 영국으로 이송한 '어린이 수 송 작전'(1938년 제2차 세계대전 발발 직전 독일 유대인 어린이들을 구출하기 위해 시작된 조직적 운동의 이름—옮긴이)이 자주 언급 되지만, 정작 이 아이들을 받아들이는 절차는 매번 보수당 정부에 가로막혀 고통스러울 정도로 지체되었다. 영국 정 부는 3000명의 아동 난민을 수용하겠다고 합의해놓고는, 2017년 2월 350명의 입국만 허용한 뒤 합의 이행을 중단했 다(이후 350명에서 480명으로 수치가 수정되었으나, 그러 고 나서 2017년 7월에 이르기까지 영국 입국이 허락된 보 호자 미동반 아동은 단 한명도 없다).[2]

최근의 난민 위기가 유럽에만 국한된 현상은 아니다. 하 지만 깔레의 재앙은 우리 시대의 비인간성을 보여주는 사 건으로 특별한 울림을 갖는다. 역사적으로 고도의 위기 상황에서 '여성과 어린이 먼저'는 공인된 관례였다. 그러나 이를 원칙으로 천명하는 것과, 그 원칙에 따라 국가가 취약 집단을 받아들이는 것은 전혀 다른 문제다. 너무도 취약한 상황에 처해 있는 그들 앞에서, 우리 자신을 구하기 위해 다른 모든 이들의 희생을 감수할 수밖에 없다는 주장은 비인간적일뿐 아니라 완전히 허튼소리로 들릴 뿐이다. 영국과 프랑스가 난민 위기의 해법 찾기에 실패한 후, 2016년 프랑스 내무부 장관이던 베르나르 까즈뇌브[Bernard Cazeneuve]는 이렇게 논평했다. "물론 두 정부 모두 난민 자격을 지닌 이들을 추위와 진창 속에 버려두지는 않기로 결정했습니다. 특히 여성과 아이는요." 하지만 두 정부가 취한 행동은 달랐다. 까즈뇌브는 영국에 인도주의적 행위를 요청하는 일이 장기적으로 국경을 "침투 불가능하게" 만들어야 한다는 주장과 모순된다는 점도 알아채지 못하는 듯 보인다.[3]

이 아이들의 어머니는 어디 있는가? 모든 아이 뒤에는 어머니의 이야기가 존재하지만, 그들은 언급되는 일이 거의 없다. 어머니는 대개 주목받지 못한 채 지워진다. 어머니의 상실이야말로 이 아이들의 운명 뒤에 숨겨진 이면이자 전제 조건인데, 이것이 너무도 참을 수 없이 고통스럽고 현대 세계의 무자비함을 적나라하게 증언하는 일이라 그 가능성조차 생각하기 어려운 모양이다(이들 중 어떤 어머니는 아마도 사망했을 것이다). 캠프에 기거하는 한 16세 소년은 수단의 내전을 피해 도망 나온 뒤 2년간 어머니와 연락이 끊겼다. 아이의 어머니는 아들의 생사를 모른다.[4] 한 13세 소년은 자신을 "엄마의 보물 1호"라고 소개했다.[5] 17세 사미르Samir는 깔레 캠프가 폐쇄된 후 2017년 1월 프랑스 손에루아르주 떼제 공동체의 수용 시설에서, 영국에 있는 형과의 합류 신청이 거절되었다는 소식을 들은 지 얼마 지나지 않아 심장 발작으로 사망했다(다른 예도 많은데, 망명 신청자 서른명이 깔레 묘지에, 대부분 이름도 없이 묻혀 있다). 사미르의 어머니는 아들의 장례식에 올 수 없었다. 그녀는 수단 정부 당국 때문에 가족이 위험에 빠지게 될까 두려워하며 아들의 성을 밝히지 말아달라고 요청했다.[6]

부재하거나 실종된 이 어머니들이 바로 『더 선』지가 비난을 퍼붓고 있는 임신한 "의료 관광객들"의 또다른 얼굴이다. 완전히 무시되건 또는 비난의 표적이 되건 간에, 두 어머니상*의 배후에는 공통적으로 이주와 그에 따르는 고통이라는 진짜 이야기가 숨어 있다. 동시에 고통받는 모성, 아이를 잃은 어머니는 이상적인 모성상의 주요 이미지이기도 하다. 질투 많은 신에게 자식 열넷이 모두 살해당한 후 애통해하는 니오베, 예수의 죽음으로 비탄에 잠긴 성모마리아 삐에따상이 가장 잘 알려진 예다. 그럼에도 어

22

머니는 숭고해야만 하며, 어머니의 괴로움은 구원의 힘을 갖는다. 온 세상의 고통을 아로새긴 얼굴로, 어머니는 모든 이를 대신해 인류의 고통을 짊어지고 위로한다. 어머니의 아픔 뒤에 자리한, 완전히 혼란에 빠진 지독하게 부당한 세계는 결코 드러나서는 안된다.

*

우리는 세상에 대한 책임을 회피하기 위해 오랫동안 어머니의 고통을 이용해왔다. 비탄에 잠긴 어머니상은 지진 같은 이른바 '자연'재해를 대표하는 이미지였다. 이 이미지에서 어머니는 빔보 아옐라볼라의 경우처럼 그 책임을 추궁당하지 않는다. 그럼에도 불구하고 이 어머니들은 자신들의 불행을 이용당하고 세상의 전면에서 밀려난다는 점에서 서로 연관되어 있으며, 그럼으로써 다른 이들 —— 붕괴한 빌딩을 세운 건축업자, 비용을 절감하려고 최대한 많은 사람을 한곳에 몰아넣어 비인간적으로 밀집된 공간을 만들어낸 도시계획가 —— 은 책임지지 않고 빠져나가게 된다. 바로 이러한 이유로 베르톨트 브레히트^{Bertolt Brecht}는 14만여명의 사망자를 낳은 1923년 칸또오 대지진 당시 니오베와 같은 얼굴이 신문 1면을 도배한 데 대해 반감을 표했다. 대신 한 신문이 「강철은 이겨냈다」(오직 견실하게

지금은 · 23

건축된 건물만이 살아남았다)라는 표제와 함께 건물의 잔해 한가운데 몇몇 견고한 구조물이 서 있는 사진을 실었는데, 브레히트는 이런 방식이야말로 유일하게 온전한 정치적 대응이라고 칭송을 보냈다.[7] 지진이 발생하면 가장 먼저 죽는 것은 거의 언제나 부도덕한 건축업자와 건물주의 희생자인 빈곤층이다. 이런 사실은 지진뿐 아니라 다른 재해 때도 명백하다. 아메리카 대륙을 연달아 휩쓴 허리케인의 비극(2005년 8월 뉴올리언스, 2008년 9월과 2016년 10월 아이티, 2017년 8월 휴스턴)과 2017년 6월 발생한 영국의 그렌펠 타워 화재 참사를 보라. 브레히트의 요점은, 우리가 철골구조물을 보면서 울지는 않으리라는 것이다. 그 대신 우리는 생각할 것이다. 바라건대, 그런 다음 우리는 행동하고, 조직하고, 시정을 요구하게 될 것이다.

브레히트는 자신의 정치적 관점을 어머니의 세계에도 적용했다. 이 주제를 다룬 극 중 내가 제일 좋아하는 작품은 「어머니」Die Mutter, 1932다. 「억척어멈과 그 자식들」Mutter Courage und ihre Kinder, 1939에 비해 덜 알려진 이 극에서 주인공 어머니는 아들이 죽을 것을 알기에 전쟁에 반대한다. 핵심 장면에서, 이 어머니는 전쟁 종식에 도움이 된다는 정부 발표를 믿고 탄약 재료인 냄비와 솥을 기증하기 위해 줄을 서서 기다리는 다른 어머니들과 언쟁을 벌인다. 이 어머니는 이들의 행동이 오히려 전쟁을 지속시킬 수단을 제공하리라는 명백한 ─ 숨겨져 있지만 ─ 사실을 지적한다. 아들의 목숨이 달린 일임에도 어머니는 비탄에 빠지지 않으며 분명하고 완강하게 자신의 뜻을 밝힌다. 그녀는 진실을 말한다. 스스로 나서서 쓰레기 같은 공적 진실의 속임수를 폭로한다.

비슷한 맥락에서 콤 토이빈[Colm Toibin]의 중편소설 『마리아의 유언』[The Testament of Mary, 2012]은 성모마리아의 관점에서 예수의 처형을 이야기하며 수세기에 걸쳐 어머니의 고통을 미화해온 시도를 무너뜨린다. 토이빈은 마지막 대목에서 죽은 그리스도에 대해 우상파괴적 발언을 할 기회를 마리아에게 부여한다. "지금에서야 하는 말인데, 그가 세상을 구원했다고들 이야기하지만 내가 보기엔 그만한 가치가 있는 일이 아니었어. 그만한 가치가 있는 일이 아니었다고."[8] 2014년 브로드웨이와 런던 바비컨 무대에 올린 연극에서 여배우 피오나 쇼[Fiona Shaw]는 감정을 간신히 억누른 채 입을 다물고 웅얼거리듯, 그러나 정확한 어조로 이 마지막 구절을 내뱉는다. 소설에서 마리아는 십자가에 못 박힌 아들을 보고 무서워 달아나며, 이는 죽어가는 예수를 소중하게 안고 있는 어머니, 삐에따상 ─ 그 상의 목적은 바로 그 모든 걸 그럭저럭 괜찮게 보이도록 만드는 것이었건만 ─ 이 새빨간 거짓말임을 보여준다.

전사한 군인의 어머니와 죽은 아이의 어머니에게 발언

기회가 제대로 주어지는가? 어머니라면 마땅히 보여줘야 할 것만 같은 비통함의 틀을 벗어나 자신의 슬픔을 표현할 기회를 얼마나 자주 갖게 되는가 말이다. 어머니에게 귀를 기울이고 어머니가 해야만 하는 이야기를 할 수 있게끔 존중하는 것이 왜 그토록 어려운가? 유명한 아르헨띠나 5월 광장Plaza de Mayo 어머니들이 있다. 이 어머니들은 1976~83년 사이 군사정권 치하에서 실종된 자식들 문제로 1977년 처음 모여 항의 시위를 시작했다(2017년 4월에 시위 40주년을 맞이했다). 1993년 도린 로런스Doreen Lawrence는 아들 스티븐 로런스Stephen Lawrence가 영국 런던의 어느 거리에서 살해되자 인종 범죄와 런던경찰청 내 인종주의와 맞서 싸우는 활동가가 되었다. 도린은 아들의 죽음을 시민적 과제로 전환시켰다(그 대가로 현재 그와 남편은 사복 경찰의 감시를 받고 있다). 도린은 어머니가 슬픔을 느끼면서 동시에 정치적 행위자가 되는 것이 가능하다는 사실을 보여주며, 이에 크리스 오필리Chris Ofili는 1998년 눈물방울마다 아들의 상을 담아 우는 그의 모습을 그림으로 표현했다. 철학자 주디스 슈클라Judith Shklar가 표현하듯 어머니가 아이의 죽음 배후에 자리한 정치적·사회적 병폐에 대해 이야기하면서 자신이 겪은 불행이 불의의 결과임을 세상을 향해 폭로하는 것은 여전히 어렵다.[9] 거칠게 말해, 어머니는 캐묻지 않고 말을 너무 많이 하지도 않을 때에만 고통을 겪을 자격을 지니며 동시에 진심 어린 공감의 대상이 될 수 있다.

질리언 슬로보^Gillian Slovo는 니컬러스 켄트^Nicolas Kent의 의뢰로 인터뷰를 거의 그대로 옮긴 극「또다른 세계: 이슬람 국가가 빼앗아 간 우리 아이들」^Another World: Losing our Children to Islamic State을 만들었고, 이를 2016년 내셔널시어터에서 초연했다. 이 극은 시리아의 바샤르 알아사드^Bashar al-Assad 정권에 맞서 싸우러 나간 아들을 둔 세 어머니, 사미라^Samira와 야스민^Yasmin과 제럴딘^Geraldine의 목소리에 초점을 맞춘다. 당시 무슬림에 대한 인종주의가 고조되고 경계가 강화된 분위기에서 영국의 어머니들 중 누구도 슬로보와 인터뷰하는 위험을 무릅쓰려 하지 않았다. 그래서 슬로보는 브뤼셀 몰렌베끄 지역의 어머니들을 만나 이야기를 나누었다(2015년 1월 빠리에서『샤를리 에브도』^Charlie Hebdo사를 겨냥한 공격이 있긴 했지만, 그해 11월 빠리 바따끌랑^Bataclan 극장과 2016년 3월 브뤼셀에서 연달아 테러가 발생해 몰렌베끄가 테러리스트들의 본거지로 악명을 얻기 전이었다).

극은 테러리스트들의 이야기를 그들 어머니의 목소리로 들려준다. 어머니들은 자식을 잃고 애통해한다. 어느 집 아들은 죽고, 다른 집 아들은 실종되었다. 또다른 집 딸은 브뤼셀에서 결혼식을 올렸지만 그들이 브뤼셀에 온 지 몇주 안돼 남편이 전투 중 사망하자 시리아로 돌아가 그곳에 남기로 결정했다. 어머니들은 어머니로서 자신이 실패했다고 느끼는 듯하며, 세 어머니 중 둘은 실제로 그렇게 주장한다. 하지만 그들은 또한 이유를 알고 싶어한다. 그리고 무엇보다 자식들의 계획을 미리 알아내 막지 못했다는 점에 대해 크게 자책한다. 자식들에게 무자비할 정도로 냉담하고 적대적이며 무의미한 세계 속에서 그들이 했던 선택을 어머니들은 이해하려 애쓴다. 어머니들 중 사미라와 제럴딘은 시리아를 방문한다. 딸 노라를 찾아 나선 사미라는 "세상 끝까지라도" 가볼 작정이다. "네가 어디 있건 나는 모든 걸 버릴 수 있어. 내가 가서 너를 찾을 거야." 아들 아니스Anis가 죽은 뒤, 제럴딘은 시리아와 터키 접경 지역을 방문해 만난 난민 무리 속의 한 임산부에게 아들의 돈과 옷을 준다. 그 임산부는 아들을 낳으면 아니스라고 부르겠다고 약속한다. 극은 여기서 끝난다. 이렇게 극은 어머니의 슬픔, 세상 끝까지 포기하지 않는 모성 등 익숙한 비유에 기대고 있지만, 여성이 직접 이야기를 하도록 만듦으로써 이를 새롭게 변형시킨다. 마치 모성이 국가라는 정치적 조직체의 일부라고 주장하는 양, 극은 "자, 봐! 이것이 어머니 이야기야"라는 마지막 문장으로 마무리된다.[10] 목소리와 시간과 공간이 주어진다면, 모성은 역사적 순간과 제대로 대면하는 통로가 될 수 있으며 또 그렇게 되어야만 한다.

왜 현대 세계에서 어머니가 정치적·공적 삶에 참여하

는 것은 이례적인 일로 간주될까(이 점에서 영국은 나머지 유럽 국가와 미국 등 세계 다른 국가에 비해 후진적이다)? 왜 어머니가 바로 어머니이기 때문에 공적·정치적 공간의 이해와 조정에 기여할 수 있다고 보지 않는 걸까? 그러기는커녕, 어머니는 본성에 맞게 집이나 지키라는 훈계를 듣기 일쑤다(이 점에 대해선 앞으로 더 자세히 논하겠다). 혹은 반대로 회의실에서 자신의 존재를 적극적으로 드러내라는 — 셰릴 샌드버그Sheryl Sandberg의 베스트셀러 제목이기도 한 끔찍한 명령 — 다시 말해 "바짝 당겨 앉으라"lean in는 훈계를 듣는다. 마치 신자유주의의 버팀목이 되는 것이 어머니가 가장 갈망하는 것이자 사회적 귀속감을 얻고 행위자가 될 수 있는 최선의 길인 것처럼 말이다. 페미니스트 사회학자 앤절라 맥로비Angela McRobie가 "신자유주의적 모성의 강화"neo-liberal intensification of mothering라고 묘사한 현상을 현재 우리는 목격하고 있다. 완벽한 직업과 완벽한 남편과 완벽한 결혼 생활을 누리는, 잘 차려입은 중산층의 주로 백인 어머니들. 이들이 경험하는 충만한 만족감 덕분에, 가난하거나 흑인이거나 혹은 단지 인생의 여러 복잡한 상황 때문에 그 상에 부합하지 못하는 여성들은 인생에서 완전히 실패했다고 느끼게 된다(이 주제를 다룬 맥로비의 논문 제목은 「완벽함에 대한 소고」Notes on the Perfect다).[11] 또한 정부는, 그와 같은 이상을 성취할 가능성이 전혀 없는 최약체 여성과 어머니를 대상으로 불균등한 긴축정책을 펼칠 때에도 이상을 내세워 책임을 모면한다.

유일하게 좋은 소식은, 정형화된 이 여성상을 유지하기 위해서는 엄청난 노력이 필요하며(아마도 모든 정형화된 상이 그럴 것이다) 바로 그러한 사실이 이 상의 공허함과 위기를 입증한다는 점이다. 어머니는—페미니스트들이 오랫동안 주장해왔듯—본성상 체제 전복적이며, 한번도 겉보기나 세상의 기대치와 일치했던 적이 없다. 앞으로 이 책에서 다루게 될 수많은 멋진 연대기가 그 증거다. 하지만 (그 목소리와 양이 꾸준히 커지고 있는) 이 증언들에도 불구하고 어머니의 분노와 예리한 통찰은 여전히 우리 시대의 일급 기밀에 속한다. 지금까지 내가 만난 어머니들은 (나 자신을 포함해) 하나같이 사회가 기대하고 지시하는 것보다 훨씬 더 복잡하고 비판적으로 생각하며, 흔히 어머니가 구현할 것이라 기대하는 상투적 특징과 상충되는 모습을 보였다.

사회적 용인이라는 탈을 쓴 특이한 형태의 폭력이 틈만 나면 자행되고 있다. 2016년 12월 영국에서 별거 및 자녀 접견권 소송에 연루된—70퍼센트가 가정폭력의 피해자인—어머니들이 민사가정법원에서 비공개심리 중 폭력적인 전 파트너에게 추궁당하는 관행을 중지시켜달라는 요청이 있었다. 이는 형사사건에서는 불법이다. 한 여성은 성폭력을 고발하는 자신의 모습이 기록된 영상을 가해자 남성과 나란히 앉아서 봐야 했다(이 일이 어떻게 가능했는지는 결국 밝혀지지 않았다).[12] 브렉시트 찬반 국민투표 후 2016년 7월 총리에 선출된 테리사 메이Teresa May는 데이비드 캐머런David Cameron 정부가 남긴 유산의 영구 제거를 겨냥했다고 평가받는 대대적인 개각의 와중에 대중이 매우 싫어하는 제러미 헌트Jeremy Hunt를 보건국 장관에 유임시켰다. 그 결과 헌트는 대규모 시위와 파업 사태에도 불구하고 수련의를 대상으로 새로운 노동계약안 도입을 강행할 수 있었다. 보건국 자체 평가에 따르면, 새 계약안은 시간외근무 규정으로 인해 "여성에게(무엇보다도 어머니에게) 불균형적인 영향을" 미칠 것이라고 한다. 여성의료인연합Medical Women's Federation이 지적하듯, 가장 큰 타격을 입는 것은 시간제 수련의와 간병인, 혼자 아이를 키우는 부모가 될 것이다(보건국은 도와준답시고 이들에게 "비공식 보육 방안"을 마련하라고 제안한다). 변호사들은 새 계약이 인권법에서 보장하는, 수련의가 가정생활을 누릴 권리를 위반하는 것일 수 있다고 조언했다. 보건국 보고서는 이 계약이 "간접적으로는 여성에게 부작용을 낳을지 모르지만, 그에 상응해 정당한 목표를 성취할 수 있는 수단이 될 수 있을 것"이라고 결론짓는다.[13]

독단적이고 경솔한 새 계약안 하나 때문에 여성, 특히

어머니가 의료계의 상위 직종에 진출할 수 있는 길이 막히게 될 것이며, 장차 여성은 상담이나 수술이 아닌 간호직만을 택할 수 있을 것이다(여성 간호사는 또다른 정형화된 이미지이다). 이 분쟁을 다룬 한 신문 기사의 표제는 「수련의 새 계약안, 성차별 논란 ─ 제러미 헌트는 모르쇠」였다.[14] 돌봄이 젠더에 따라 구분되는 하위 여성 전용 직종으로 분리되고 그런 조건에서만 허용된다면, 돌봄 자체가 문제가 될 수 있다. 속속들이 신자유주의적인 사회에서 돌봄 제공자로서 여성의 역할은 오로지 돌봄 제공자로 국한될 경우에만, 그것도 체제를 유지하는 가장 효율적인 방식에 지장을 주지 않는 선에서만 인정받을 수 있는 듯하다. 그것이 무엇이 되었건 우리가 미래를 만들어나가는 데 필수적인 어머니의 역할은 대수롭지 않은 것처럼 무시되면서 말이다(모성은 현대 세계의 어두운 면이다).

*

2015년 7월 평등과인권위원회Equality and Human Rights Commission가 발행한 보고서에 따르면, 영국에서 매년 자그마치 5만 4000명의 여성이 임신했다는 이유로 일자리를 잃는다.[15] 새로 어머니가 된 여성 중 77퍼센트가 일터에서 괴롭힘, 비방, 직접적인 모욕, 고용인과 국가에 짐이 된다는 암시

등 부정적 대우를 경험했다. 전반적으로 임산부 대다수가 매년 불법적 차별 혹은 불리한 경험에 직면하는 셈이다(직장 내 차별을 경험하는 여성의 비율은 10년 전 45퍼센트였던 것이 현재 77퍼센트로 증가했다).[16] 현행법상 여성들은 3개월 내에 소송을 제기해야 한다(대부분의 여성이 임신 중 소송을 꺼리기 때문에 이는 불가능한 일이다).[17] 상황은 눈에 띄게 악화되고 있다(5만 4000명이라는 여성 해고자 추산치는 2005년 기록의 두배에 해당한다). 시민상담소 Citizens Advice의 발표에 따르면 2016년 임신과 출산 문제에 관해 자문을 요청한 이들은 전년도에 비해 25퍼센트 증가했다.[18] 행동하는모성 Maternity Action(모성 권리를 위해 싸우는 영국의 대표적 자선단체 — 옮긴이) 측은 출산 및 육아휴직 규정 제10항(결원 충원 시 육아휴직 중인 여성에게 우선권을 보장하는 규정 — 옮긴이)이 임산부에게 제공하는 법적 보호 기간을 확대해, 여성이 가장 취약한 시기인 임신 확인서를 제출한 시점부터 육아휴직 종료 후 6개월까지를 포함해야 한다고 요구하고 있다.

  2016년 '직장 내 차별에 대한 의회 보고서' 작성 위원장인 마리아 밀러 Maria Miller는 "정부의 접근법에 절박함과 집요함이 부족하다"라고 지적했다(보고서는 상황을 포괄적으로 검토할 것을 약속하면서도, 고용주가 예외적 상황이 아닌 한 임신 중이나 출산 후의 여성을 해고하지 못하도록

하는 독일식 안을 도입하라는 요구는 거부했다).[19] 채용 단계에서 여성이 겪는 부당한 대우의 경우 시정할 방법을 찾기가 어렵다. 인터뷰 자리에서 임신 사실이 눈에 띈다면 그 여성이 채용될 가능성은 매우 낮다. 미국에서도 다르지 않다. 여성은 차별받지 않을 법적 권리가 있지만, 현실은 그렇지 못하다. 1935년에서 1968년까지 아이가 있는 여성은 취업할 수 없다는 것이 연방 정부 정책에서 문서화된 원칙이었다.[20] 상황은 거의 나아지지 않았다. 삭스 피프스 애비뉴Saks Fifth Avenue 백화점에 입점한 프록터 앤드 갬블Procter & Gamble사의 돌체 앤드 가바나Dolce & Gabana 화장품 매장에서 일하는 한 여성은 2014년 어느날 어머니가 되고 싶다고 이야기했다가 다음과 같은 소리를 들어야 했다. "임신은 유니폼과 어울리지 않아요." 2015년 2월, 한 여성은 임신 4개월차에 처음에는 교대 근무 중 틈이 날 때 앉게 해달라고, 그다음에는 근무시간에 짧은 휴식을 배정해달라고 요구했고 관리자도 이에 동의했으나 결국 해고당했다.[21]

법 개정이 필요하지만 문제는 훨씬 복잡하다. 돌이 안된 아이 엄마인 내 친구는 직장에 막 복귀하려는 참이다. 친구는 내년에 둘째 아이를 갖고 싶어하지만 이 계획이 법률에 명시된 육아휴직 제도를 남용하는 것으로 여겨지는 건 아닐까 불안해한다. 그는 사무실 동료 모두가(정말로 모두가 그렇다) 아이를 출산하는 여성에게 의존하고 있다는 것

(출산율이 저하될 기미가 조금만 보여도 즉시 사회적 공황에 빠지는 것을 보라), 혹은 자신에게 개인과 가족의 사정에 맞추어 임신 계획을 세울 자유가 있다는 것은 생각지도 못한다(친구는 두살 미만의 두 아이를 둔 엄마가 된다는 것에 대해서는 전혀 개의치 않으며, 나는 개인적으로 그런 그에게 그저 깊이 감탄할 뿐이다). 또 하나 그가 인지하지 못하는 사실은, 만약 계약서에 이러한 내용이 법적으로 보장된 일자리가 아니었다면 그는 십중팔구 해고당했을 것이라는 점이다. 그는 죄책감을 느끼고 있다. 엄마라는 역할이 자신의 인생을 송두리째 집어삼키지 못하도록 안간힘을 쓰면서도, 스스로가 엄마라는 사실에 맞서 자신과 아이는 물론 모든 이들을 지켜야만 한다고, 다시 말해 엄마가 되는 것이 그 어떤 일에도, 누구에게도 피해를 주어서는 안된다고 믿고 있다.

이에 못지않게 충격적인 사실은(어떤 점에서는 더 충격적이기도 한데), 영국의 임산부 중 거의 절반에 해당하는 여성이(41퍼센트) 일터에서 건강과 안전의 위협에 노출되어 있다는 점이다. 임신 중인 여성과 아기를 낳은 지 얼마 안된 여성 중 4퍼센트(행동하는모성 측은 "믿기 어려운" 수치라고 이야기한다)가 건강과 안전 문제로 직장을 그만두었다. 여성 고용인을 배려한 위험 평가 수행을 고용주에게 의무화한 현행 규정은, 행동하는모성 측의 표현을 따르면 "한심할 정도로 부적절하다".[22] 법적으로는, 만약 고용주가 이 여성에게 안전한 근무환경을 마련해주기를 거부하거나 혹은 그것이 불가능할 경우 여성은 유급으로 일을 쉴 수 있는 권리를 지닌다. 현실에서는 일어나지 않는 일이다. 행동하는모성은 "안전하지 못한 근무환경"에서 쉴 권리를 법률로 공식화해야 한다고 요구하고 있다. 하지만 이러한 상황에 처할 경우, 이번에도 잘못은 여성의 신체와 건강에 있다는 듯, 여성은 조기 육아휴직이나 병가를 내어 일터를 떠날 것을 강요받는다.

페미니즘이 오랫동안 지적해왔듯, 생리부터 임신과 폐경에 이르는 여성의 신체적 경험은 종류를 불문하고 모두 쇠약함이나 질병의 일종으로 간주되었다. 과다한 혈액과 불필요한 장기, 너무 축축하거나 너무 건조한 신체, 신체 내부와 외부의 경계가 허물어져 생기는 불편한 증상이라는 것이 전통적인 해석이었다. 임산부와 어머니에게 벌을 주는 것은 그 패턴의 일부다(영국의 산휴 수당은 유럽 내 최악의 수준으로, 이를테면 크로아티아, 폴란드, 헝가리, 체코공화국, 에스토니아, 이딸리아, 스페인, 프랑스보다 열악하다).[23] 점점 더 심화되고 있는 세계경제의 무자비한 이윤 추구가 끼치는 영향을 결코 과소평가할 수 없겠지만, 이 모든 상황에는 손익 분석 외에 훨씬 더 다양한 요인이 개입되어 있다. 고용주는 건강 상태와 재해 혹은 장애와 관련해 노동자에게 정기적 검진 기회를 제공하면서도 임산부와 새로 엄마가 된 여성을 위한 개별 위험도 평가 수행은 거부한다. 설상가상으로 영국 임산부 중 10퍼센트에 해당하는 여성이 고용주의 압력 때문에 산전 진료를 중단하며 그 결과 본인과 태어나지 않은 아이의 건강을 위험에 빠뜨리고 있다.

따라서 친구에게 내가 좀더 솔직했다면, 그저 모든 사람에게는 어머니가 필요하다거나, 누군가는 어머니가 되어야 하며 어머니가 되는 일이 결코 반사회적 행동이 아니라고 지적하는 데 그치지 않았을 것이다. 이 모든 얘기가 의심의 여지 없는 진실이고 인생의 지극히 당연한 사실이라 할지라도, 어머니라는 존재가 야기하는 가학증을 결코 과소평가해서는 안된다고 덧붙였을 것이다. 아마 그렇게 말하며 미안해했을 수도 있다. 그렇게 추한 생각을 했다는 것만으로도 이 곤란한 상황에 내가 개인적으로 책임이 있는 것처럼 말이다. 앞으로 이야기하겠지만 그런 가학증을 야기하는 요인은 한두가지가 아니다. 그중에서도 모성이 그처럼 당혹감을 유발하는 한가지 이유는, 불편하게도 그것이 죽음과 매우 가깝기 때문인 것 같다. 우선 출산에는 위험이 따른다. 그 양상은 인종과 계급에 따라 다르다. 미국에서는 비히스패닉계 흑인과 아메리칸 인디언, 알래스카 원주민, 푸에르토리코 여성의 출산 시 유아사망률이 가장 높으며, 지난 10년간 비히스패닉계 흑인의 유아사망률과 백인의 유아사망률은 두배 이상 차이를 보였다.[24] 영국에서는 여성 재소자 중 66퍼센트가 어머니인데, 동일 범죄로 투옥된 이들 중 흑인 재소자가 백인 여성 재소자에 비해 곱절이나 많으며, 망명 신청자와 난민 여성은 임산부 사망자의 14퍼센트를 차지한다(전체 인구 중 이들의 비율은 고작 0.5퍼센트에 불과하다).[25] 또한 생명의 탄생은 한때 우리가 이곳에 존재하지 않았으며 언젠가 사라질 것이라는 점을 묘하게 환기한다는 점에서 손에 잡히지 않되 강력한 의미를 갖는다. 존 던[John Donne]에 따르면, "우리는 어머니의 자궁에서 수의壽衣를 입고 있었다. 수정된 순간부터 수의는 우리와 함께 자랐고, 그 수의에 싸인 채 우리는 이 세계로 나왔다. 왜냐하면 우리는 무덤을 찾아 이곳에 왔기 때문이다".[26] 더 간단히 말하자면, 분만 — 이는 언제나 어머니의 엄청난 육체적·정신적 능력을 입증하는 증거인데 — 으로 인해 우리는 또한 생명의 더이상 축소할 수 없는 연약함을 의식하게 된다. 새로운 생명을 잉태했음을 알게 된 순간부터 어머니는 보호와 위로와 지지를 필요로 한다. 하지만 그 대신 그들은 마치 일터를 위협하는 위험물인 양 취급되기 십상이다.

이 수치들이 보여주는 것은 자명하다. 고용주는 임산부와 새로 엄마가 된 여성이 일터에 나오는 걸 달가워하지 않는다. 설사 그게 아니더라도 고용주는 이들이 일터에서 건강하고 안전하길 바라지 않으며, 이들이 자신의 건강과 태어나지 않은 아이의 생명을 지키기 위해 진료를 받는 것조차 용인할 생각이 없다. 최근 『뉴욕 타임스』^{The New York Times}에 니컬러스 크리스토프^{Nicholas Kristoff} 기자의 「미국인들은 엄마를 사랑한다면서 왜 그들을 죽게 내버려두는가?」라는 기사가 실렸다.[27] 기사는 미국의 임산부 사망률과 분만 중 사망률이 산업화된 세계의 다른 어떤 나라보다 높다고 보도했다. "우리는 어머니를 사랑하거나, 적어도 사랑한다고 말한다. 우리는 거짓말을 하고 있다."[28] 명시적이건 그렇지 않건 메시지는 분명하다. 우리는 당신을 책임지지 않을 것이며 당신이 스스로 건강을 챙기도록 허락하지도 않을 것이다. 왜냐하면 우리의 일부가 당신을 이곳에서 쫓아내거나 당신이 죽어버리길 원하기 때문이다. 모성이라는 본능적 실제, 세계 내 우리 존재의 근원^{fons et origo}은 정상적 삶 — 말하자면, 어머니와 아이가 없는 — 에 대한 모욕과도 같다. 이 지점에서 중요한 페미니스트적 주장이 제기된다. 에이드리엔 리치^{Adrienne Rich}는 획기적인 저서 『더이상 어머니는 없다: 모성의 신화에 대한 반성』^{Of Woman Born: Motherhood as Experience and Institution, 1976}에서 우리 모두에게, 특히 남성에게 "이 행성에 존재하는 인간의 생명이 모두 여성에게서 나온다"는 점이 문제라고 썼다(책의 첫 구절이다). 이어서 그는

"여성에게 삶 자체를 빚지고 있다는 생각이 남성의 정신을 늘 따라다니며 괴롭힌다"라고 이야기한다.[29]

*

어머니라는 주제는 온통 이상화로 가득하며, 이 점은 페미니스트 비평의 가장 중요한 공격 대상 중 하나였다(이상理想이란 타인뿐 아니라 자신을 가장 확실하게 응징하는 방법 가운데 하나다). 2000년 개설된, 영국에서 가장 규모가 큰 육아 웹사이트 중 하나인 '넷맘스'Netmums의 창설자는 최근 "완벽한 엄마라는 신화를 퍼뜨리지 말라"라고 호소했다.[30] 세상의 현실이 어머니들이 이상에 부합하는 것을 더 어렵게 만드는데도 이상화 경향은 누그러들지 않는다는 점, 이것이 모성 담론의 두드러진 특징 중 하나다. 오히려 그럴수록 이상화 경향은 강화되는 듯하다. 물론 두 문제가 서로 연관되어 있는 것은 분명하지만, 그렇다고 언제나 어머니에게 그 책임이 있다고 말하는 것은 전혀 다른 문제다. 전 지구적으로 경제적 어려움과 불평등이 심화되면서 빈곤 상태에 처한 아이들이 늘고 있으며, 냉혹한 사회적 낙오 과정으로부터 자신의 아이를 보호하기 위해 점점 더 많은 가족이 승산 없는 싸움을 벌이고 있다. 그 결과 사회 불안은 점점 고조될 것이다. 이와 같은 상황에서, 다른 여러 위기의 순간에도 그랬듯이 어머니에게 초점을 맞추는 것은 특히 파괴적인 형태의 사회 비판을 효과적으로 막을 수 있다는 점에서 주의를 다른 곳으로 돌리기 위한 확실한 전술이다. 어머니는 언제나 실패했다. 내 주장의 핵심은 그러한 실패가 재앙이 아니라 정상적인 것이며 실패 역시 어머니에게 맡겨진 임무의 일부라는 점이다. 어머니는 우리가 세상에 들어서는 입구이기에 너무도 당연하다는 듯 사회적 퇴보를 막는 신성한 임무를 짊어지게 된다. 현대 가족에서 이러한 경향은 사회적으로 진화해 모든 일의 책임을 어머니에게 묻는 방식으로 등장한다. 그 결과 어머니는 세상의 온갖 병폐뿐 아니라 개인의 삶에서 불가피한 실패 뒤에 찾아오기 마련인 분노에 이르기까지, 모든 것에 죄책감을 갖게 된다.

홀로 아이를 키우는 어머니가 특히 보복적 처벌 대상으로 선택된 것은 헌트의 수련의를 대상으로 한 새 계약안이 처음은 아니다. 1997년 토니 블레어 정부는 초기 정책 중 하나로 편모 수당 삭감을 제안했다. 이 정책은 신노동당(1990년대 토니 블레어가 이끌게 된 새로운 형태의 노동당 ─ 옮긴이)의 인도주의 정신에 정면으로 역행하는 것이었고 블레어는 곧바로 이를 철회할 수밖에 없었다. 하지만 블레어의 이 움직임은 징벌적 형태의 사회적 관심이 홀로 아이를 키우는 엄마에게 집중되고 있음을 징후적으로 보여준다. 험난한 시대에는 언제나 가장 취약한 이들이 쉬운 증오의 대상이 되기 마련이다. 하지만 어머니를 향한 저 기묘한 헌신에 대한 요구와 홀로 아이를 키우는 어머니(스스로 선택한 것이 아니라 해도, 이들은 헌신이라는 명령에 글자 그대로 복종하고 있다고 할 수 있다)가 역사적으로 야기해온 적개심 사이에도 어떤 연관이 있는 게 아닐까? 마치 홀로 아이를 키우는 어머니 때문에 어머니는 오직 아이만을 위해 존재해야 한다는 관념이 불가능할 뿐 아니라 말도 안되는 소리라는 점이 들통나기라도 한 듯하다.

홀로 아이를 키우는 어머니는 또한 가족의 이상에 대한 분명한 비판의 역할을 하기도 한다. 지난 50년 사이 미국에서 혼자 아이를 키우는 어머니의 수는 거의 두배 증가했다.[31] 영국에서는 1980, 90년대를 거치며 보수당이 점점 더 거칠게 비난의 수사를 쏟아냈음에도 불구하고 미혼모를 포함한 편모의 수가 역사상 그 어느 때보다 빠른 속도로 증가했다. 이들의 일반적인 이미지는 수당을 받기 위해 의도적으로 임신을 택한 실직 상태의 10대였는데, 팻 세인 Pat Thane과 타냐 에번스Tanya Evans가 20세기 미혼 모성에 대한 2012년 연구에서 지적하듯 사실상 그런 여성은 "매우 드물게 발견되었다".[32] 지난 세기 내내 혼자 아이를 키우는 어머니는 '죄인, 식충이, 성인聖人'(팻 세인과 타냐 에번스의 책 제목이기도 한) 같은 다양한 별칭으로 불렸다. '죄인'과

'성인'은 종교적 오명과 신성함(둘 다 이 세계에 속한 것은 아니다) 사이에 이 여성들을 위치시키며, '식충이'는 보다 세속적인 의미에서 이들을 도덕적 경멸의 대상으로 삼는다. 오늘날 종교적인 어휘의 사용은 줄었지만,『더 선』지 1면 머리기사의 표제는 빔보 아옐라볼라를 복지 "거머리"로 묘사함으로써 전통을 따른다(아무래도 '성인'은 외국인에게 붙이기에는 적당하지 않은 별칭이다).

난민 위기 이후 외국에서 온 침략자 어머니라는 새로운 이미지를 얻기 훨씬 오래 전부터, 원래 혼자 아이를 키우는 어머니는 '식충이'였고 그 호칭 덕에 우리는 지독하게 불평등한 사회에서 그들을 쓰레기 더미 아래에 처박아놓은 채 외면할 수 있었다. 권리를 누릴 자격이 없는 데다 교활하기까지 한 이 어머니는 이른바 '의존성'^{dependency} 문화를 보여주는 완벽한 표본이었다. 오늘날 이러한 관념은 영국에서는 복지국가의 한층 더 전면적인 해체를 정당화하는 수단으로, 더 폭넓은 범위에서 북구권 국가에서는 무엇보다 사회 수당을 겨냥한 긴축정책의 일환으로 새로운 생명력을 얻고 있다. 미셸 해리슨$^{Michelle\ Harrison}$은 캐나다의 '매니토바주 메티스 여성연합'$^{Metis\ Women\ of\ Manitoba}$이 발간한 한 보고서에서 다음과 같이 이야기한다. "머물 집과 먹을 음식이 없는 아이가 많은 나라에서는 다수의 상황을 개선하는 것보다 임산부 한명을 처벌하는 편이 훨씬 더 용이하다."[33]

또 한가지 우리가 주목해야 할 것이 있다. 홀로 아이를 키우는 어머니의 경우, 그가 책임져야 하는 아이는 물론 바로 그 자신 또한 취약하고 궁핍하다는 점이 불리하게 작용한다는 사실이다. 홀로 아이를 키우는 부모, 특히 미혼모는 여전히 영국에서 가장 빈곤한 계층에 속하며 국제적 금융긴축 과정에서 이들의 수입은 18퍼센트 감소할 것으로 추산된다.[34] 2013년 미국 인구총조사에 따르면, 자녀를 둔 부부의 평균수입이 8만 달러인 데 비해 홀로 아이를 키우는 어머니의 경우 2만 4000달러에 불과했다.[35] 아무래도 보수당의 수사학이 가장 혐오하는 것은—그들도 한 어머니의 아이거나 아이였을 텐데—빈곤 그 자체인 듯하다. 우파 정치인이 식충이와 망명 신청자, 난민을 향해 오만상을 찌푸릴 때, 사실상 이들은 완전히 무력했던 자신의 의존적 시기에 대한 어렴풋한 기억을 부정하는 동시에 우리에게도 이를 부인할 것을 요구하는 셈이다. 완벽한 자족이라는 이상을 소리 높여 외치는 사람일수록 그 남성 혹은 여성(대체로는 남성이다)의 의식 뒤편 어딘가에서는 아기방의 울음소리가 맴돌고 있을 확률이 높다.

영국에서 어머니가 이혼과 별거 후 동등한 양육권을 갖게 된 것은 겨우 1973년에 이르러서였다는 점도 기억해둘 필요가 있다. 그전까지는 아버지만 법적으로 유일한 부모였고 어머니의 양육권은 아이가 일곱살이 될 때까지만 인정되었다. 또한 1920년대까지는 오직 법적으로 결혼한 여성만이 동등한 양육자 자격을 얻기 위해 법원에 소송을 청구할 권리를 가졌다. 홀로된 여성은 마치 이후 겪게 될 경제적 곤궁과 사회적 배제가 그 자신의 책임이라도 되는 양 결함을 지닌 존재로 간주되어 아이를 빼앗겼다. 이 편견은 사실상 계급의 구분 없이 적용되었다. 19세기에 귀족 여성 캐럴라인 노턴Caroline Norton은 폭력을 휘두르는 난봉꾼 남편과 헤어지면서 세 아들에 대한 접근 권한을 모조리 빼앗겼다(나중에 한 아들이 사고로 사망했을 때 남자는 캐럴라인에게 그 사실을 알리지도 않았다).

역사적으로 혼자 아이를 돌보는 어머니가 이례적 존재는 아니었다. 두차례의 세계대전으로 사생아 수가 늘어나 20세기 내내 영국에는 홀로 아이를 키우는 어머니들이 많았다(전시에는 많은 남성이 전선에 나간 탓에 홀로 아이를 돌보는 모성이 일종의 표준에 가까웠다). 오히려 한쌍의 이성애자 부부로 구성된 온전한 가족 모델은 예외적인 경우로, 단지 1945년에서 1970년 사이에만 일반적으로 나타났던 통계상의 일시적 현상에 불과하다. 팻 세인은 2010년 발표한 팸플릿 『행복한 가족? 역사와 가족 정책』*Happy Families? History and Family Policy*의 제목에 물음표를 달아 은연중에 진실을 드러낸다. 세인의 팸플릿은 보수당과 가족주의 로비스트의 격렬한 항의를 받았다. 이들은 결연한 자세로 가족의 붕괴와 비관습적인 양육 방식이 아이들에게 영구적 피해를 입힌다는 점을 입증하고자 했다(내 생각에는 혼자서 아이를 키우는 일이 아무리 버겁더라도 그 어머니는 행복하리라 믿는 것이야말로 진짜 분개할 만한 일인 것 같은데 말이다).[36] 가족과 함께 살지 않는 아버지 역시 비판의 대상이긴 하지만, 이들의 수사학에는 홀로된 여성에게 자녀 양육을 맡길 수 없다는 메시지가 거의 노골적으로 담겨 있다. 1950년대에서 1970년대까지 30여년 동안 영국에서 아이를 강제로 빼앗겨 입양 보내야 했던 젊은 여성의 숫자가 오늘날에야 밝혀졌다(2016년 10월 가톨릭교회가 공개 사과문을 발표했고 이 사안에 대한 공개 조사 요구가 제기되었다).[37] 그야말로 아이러니다. 어머니는 거의 혼자 힘으로 가정생활을 꾸려나가기를 요구받는데 — 페미니즘은 이 점에 대해 가장 지속적으로, 가장 목소리를 높여, 또 정당하게 항의해왔다 — 어머니 노릇^{mothering}만은 유독 어머니 혼자 힘으로 해낼 수 없다고 간주되니 말이다.

물론 장려되는 것은 백인 중심의 중산층 가정이라는 이상이지만 그에 부응할 수 있는 가족은 점점 줄고 있다. 그럼에도 이러한 이상은 전 계급과 종족 집단으로 확산되며 그 결과 유색인 여성의 '어머니 노동'^{mother-work}이 유린당한다. 아프리카계 미국인 연구 분야의 학자 퍼트리샤 힐 콜린스^{Patricia Hill Collins}는 그 영향이 가족 단위를 넘어 공적·사적 영역 전반에 걸쳐 확산되고 있음을 처음으로 지적했다. '어머니 노동'은 인종차별적 세계에서 집단 공동체의 생존에 핵심적 역할을 담당하며, 그로써 어머니라는 주제에 대한 백인 중심적인 모든 이분법에 동요를 일으킨다.[38] 오늘날 특히 미국에서 백인 어머니와 유색인 어머니는 해묵은 관계를 반복하고 있다. 불법 이민자가 중산층 가정에서 아이를 돌보고, 그 덕분에 백인 어머니는 아이 양육이라는 짐을 벗어버린 채 직장생활과 가정생활이 완벽하게 양립할 수 있음을 과시할 수 있게 되었다.

1993년 법무장관에 지명된 조에 베어드$^{Zoë\ Baird}$가 육아 도우미 한명을 포함해 뻬루 출신의 무비자 이민자 두명을 고용했다는 사실이 드러났을 때, 그가 불법체류자 고용을 금한 이민법을 위반했다는 사실에 대해 비난 여론이 들끓었다. 고용주인 어머니는 물론이요 그 누구도 드러내놓고 이야기하기를 원치 않았지만, 그러한 관행은 광범위하게 퍼져 있었다. 베어드는 결국 장관직을 포기할 수밖에 없었는데, 놀랍게도 베어드 사건을 둘러싸고 쏟아졌던 격렬한 비난에서 이민자 어머니에 대한 관심은 전혀 찾아볼 수 없었다.[39] 이민자 어머니의 노동조건은 비인간적이기 일쑤다. 마리아 데 헤수스 라모스 에르난데스$^{Maria\ de\ Jesus\ Ramos\ Hernandez}$는 세 아이를 남겨둔 채 멕시코를 떠나 캘리포니아의 한 가정에서 일을 했고, 그곳에서 만약 요구에 응하지 않는다면 불법 이민자로 감옥에 보내버리겠다고 협박하는 고용주에 의해 여러차례 성폭행당했다. 거의 주목받지 못한 사건이지만 전형적인 이야기다. 이민자 여성은 대부분 자녀를 두고 떠나올 수밖에 없으며 매우 낮은 임금을 받는다. 또다른 형태의 착취인 이 이야기 배후에도 모성의 상실이 자리한다. 이 어머니에게도 빔보 아옐라볼라처럼 복지 제도에 거머리처럼 기생한다는 비난이 쏟아진다(앞서 일자리를 뺏는다는 이유로 이민자에게 쏟아졌던 비난과 동일하다). 사실상 이민자 여성은 값싼 노동력으로 이용당하며, 경제의 윤활유 같은 이들의 노동 덕에 다른 어머니가 부자가 되는데도 말이다. 서구 문화에서 어머니들 간에 계급과 종족의 경계를 넘어선 연대를 이루려는 움직임을 찾아보기란 매우 어렵다.

*

따라서 여성들이 이 어머니 — 이들은 가혹한 물질적 조건 속에서도 존속 가능한 삶의 조건을 만들어내기 위해 고군분투해왔고 여전히 그 싸움을 지속하고 있다 — 에 대한 편견과 사회적 배제에 조직적으로 맞섰던 사례를 마주할 때 우리는 큰 위로를 받는다. 1918년 영국에서 '미혼모와 그 자녀를 위한 협의회'National Council for the Unmarried and her Child라는 선구적인 조직이 그런 여성들을 지원하려는 목적으로 결성되어 지금까지 활동 중이다(1970년 '한부모가정을 위한 협의회'National Council for One Parent Families로 단체명이 변경되었다가 2007년 진저브레드Gingerbread와 합병되어 2009년부터는 '진저브레드'로 불리고 있다). 이 단체의 역사는 믿기 힘든 연대의 순간을 보여준다. 제1차 세계대전 중 '프린스 오브 웨일스 재단'Prince of Wales Fund은 미혼모를 지원하지 않기로 결정했다(미혼모를 지원한다는 사실을 알게 되면 "점잖은 기혼 여성들"이 불쾌해할 것이라는 게 결정 근거였다─옮긴이). 하지만 재단 집행위원회에 출석한 한 산파(노동계급이 중심이 된 협동조합 '여성 길드'Women's Co-operative Guild의 대변인 레이턴Mrs. Layton을 말한다─옮긴이)는 전날 자신이 분만을 도왔던 바로 그 "점잖은 기혼 여성"이 기꺼이 "혼자 힘으로 자기 몸을 닦고, 아기 목욕은 미루어준" 덕분에 미혼모를 옹호하러 위원회에 참석할 수 있었다고 밝혔다.[40]

제2차 세계대전 ─ 도덕적 공황 상태에서 미혼모가 주요 표적이 되었던 또다른 시기 ─ 중 세워진 모자 쉼터에 대한 한 보고서는 나이 지긋한 부인들이 어떻게 황량한 건물을 "의지가지없는 소녀들"을 위한 안식처로 만들어냈는가를 보여준다. 그 소녀들은 가정을 한번도 경험해보지 못했거나, "인간관계의 평범한 예의보다 자신들의 하찮은 체면을 더 중시했던 부모들"의 자녀였다.[41] 이들은 "도착할 때보다 훨씬 더 큰 믿음을 갖고" 쉼터를 떠났을 것이다.[42] 이 보고서는 발행되지 않았다.

저류에 깔린 성적 의미에도 주목할 필요가 있다(이 소녀들은 '정숙'하지 않아). 전시에 사람들은 혹시라도 결혼도 하지 않은 소녀가 흑인 미군의 아이를 임신하지나 않을까 두려워했다. 그것은 영국민의 인종과 어쩌면 군인 자신에게도 끔찍한 결과를 낳을 수 있는 일이었다. 왕대비인 메리 여왕의 한 시녀는 1942년 바이얼릿 마컴Violet Markham에게 보낸 편지에서 "유색인 미군과 만나는 영국 소녀는, 비록 악의가 없더라도, 자신 때문에 그 군인이 죽을 수도 있다는 것을 알아야 합니다"라고 적었다.[43] 이 편지에는 소녀와 군인에 대한 염려와, '인종 간의 결혼', 잠재적인 후손에 대한 적나라한 편견이 동시에 교묘하게 섞여 있다.

마컴은 제1차 세계대전 중 프랑스 주둔 여군의 이른바 풍기 문란 행위의 공적 조사를 담당한 위원회의 간사였다. 그와 같은 비난은 흔했다. 사회학자이자 인종과 젠더에 관해 글을 쓰는 게일 루이스Gail Lewis는 백인 어머니와 흑인 아버지 사이에서 출생했다. 어머니에게 보낸 공개편지 형식으로 쓰인 한 담화에서, 루이스는 아서 아널드 불릭 다울러Arthur Arnold Bullick Dowler 육군 소장이 1942년에 썼던 「유색인 부대와의 관계에 대해」Notes on Relations with Coloured Troops라는 제목의 비밀 편지를 인용한다. "백인 여성은 유색인 남성과 어울리지 않는 것이 좋다. 즉 백인 여성은 유색인 남성과 외출하거나 춤을 추거나 함께 술을 마셔서는 안된다. 이를 경직되었다거나 폐쇄적인 조치라 생각해서는 안된다. 유색인 남성은 인생의 동반자로 당신을 원하지 않으며, 그런 관계는 필경 불화로 끝나기 마련이다"(이 편지는 어머니 노릇의 복합적 특성에 대해 편견 없는 태도를 표방하는 온라인 잡지『모성 연구』*Studies in the Maternal* 창간호에서 공개되었다). 이와 같은 태도에서 비롯한 부정적인 눈길이 아마도 루이스를 평생 따라다녔을 것이다. 그는 어머니에게 이야기한다. "사람들은 당신이 성적으로 타락하고 도덕성을 결여했다고들 하지요."[44] 흑인 아이를 낳은 백인 엄마는 절대로 이해받지 못한다.

어머니와 관련해서는 흔히 섹슈얼리티 ─ 그것의 쾌락과 위험 ─ 의 문제도 중요하게 등장한다(이 역시 앞으로 반복해 언급될 주제다). 혼자 아이를 키우는 여성은 사회적 책임보다 자신의 성생활을 더 중요하게 여긴다는 것이 이들에 대한 또 하나의 사회적 통념이다. 따라서 문제의 원인은 그 자신, 더 정확히 말하면 그의 탐욕적 성욕 탓으로 돌아간다. 이들은 자신의 성생활을 지나칠 정도로 잘 관리하는 영악한 여성이거나, 혹은 성을 탐하되 통제력이 부족한 여성이라는 얘긴데 ─ 10대 임신과 관련해 아동 학대와 성폭력의 가능성은 거의 언급되지 않는다. 그러므로 어머니의 미덕이라는 관념에는 어떤 요구 그리고/혹은 책망이 숨겨져 있다. 어머니는 성적 존재임을 드러내서는 안 되는 여성이다. 어머니는 자신의 욕망으로부터 세상을 지켜야 한다. 그렇게 함으로써 세상으로 하여금 인간의 섹슈얼리티에 내재된 통제 불가능성을 감추고 자신의 탐욕을 외면할 수 있도록 해야 한다(마치 섹슈얼리티는 오직 결혼 생활이라는 테두리 안에만 존재한다는 듯 말이다).

심지어 1960년대에 이르러서도, 비록 홀로 아이를 키우는 여성의 곤경을 한층 더 공감 어린 시선으로 보게 되긴 했지만 기본적 통념은 여전했다. '순진한' 소녀는 곤경에 빠져도 이해받을 자격이 있는데, 단 그러기 위해서는 ― 세인과 에번스 책의 첫 페이지에 나오는 구절을 인용하자면 ― "그들(소녀들)은 자신이 저지른 죄를 과시하듯 떠벌려서는 안됐다".[45] 아이가 없는 여성도 성적 오명에서 자유롭지 못하긴 마찬가지였다. 한 기자의 언급은 21세기 프랑스의 출산율 저하를 바라보는 일반적 시각을 요약해 표현한다. "확실히 어머니가 되기를 거부하는 여성은 성관계를 좀 지나치게 즐기는 것 아닐까요?"[46] 못마땅해 진저리를 치면서도 흥분한 기색이 여실히 느껴진다. 아이가 없건 사생아를 낳았건 아이가 너무 많건, 여성은 그 어느 자리에 있더라도 강철 죔쇠에 꼭 물린 듯 옴짝달싹도 할 수 없다(최근에는 지나치게 생산성이 좋은 어머니 때문에 기후 위

52

기가 초래되었다는 비난까지 있었다).[47]

　이 글을 시작하며 나는 다음과 같은 질문을 던졌다. 현대 서구 세계에서 우리는 어머니에게 어떤 짐을 지우며, 어떤 실패와 불의에 대한 책임을 뒤집어씌우고 있는 것일까? 우리가 비난과 요구라는 두가지 모습으로(요구는 비난으로 이어지기 마련이다) 어머니에게 전가하는 그 두려움은 과연 무엇일까? 왜 우리는 어머니 앞에 두려움을 쌓아놓고 그걸 해소해주길 기대하는 것일까? 이 책의 나머지 부분에서 나는 어머니에 대한 가장 면밀한 탐색을 담고 있는 글들과 대화하며 이 모든 물음에 대한 일종의 답을 찾아보고자 한다. 그 과정에서, 강력한 모성의 이데올로기는 영원불변의 것인 양 보이므로 ― 지상에서 모성으로 ― 우리는 질문을 던져야 한다. 과연 늘 그랬을까? 이것은 결국 페미니즘의 첫번째 강령이기도 하다. 정형화된 이미지, 특히 자연이나 미덕, 본질로 가장한 것에 도전하고자 한다면, 그리고 그 이미지를 단상에서 끌어내리거나 썩어가는 진흙탕 속에서 잡아채 일으켜 세우고 싶다면 그 모든 것이 어디서 시작되었는가를 찾아야 한다. 그보다 더 좋은 방법은 그 모든 것이 ― 아마도 ― 존재하지 않았던 시간과 장소를 찾는 것이다.

그때는

어머니가 된다고 해서 여성이 필수적인 공적 삶에서 자신의 역할을 잃지 않던 때도 있었다. 고대 그리스에서 여성은 처녀에서 신부가, 그리고 아이를 낳은 후에는 성숙한 여인이 되었다. 자유로운 삶은 아니었다. 소녀들은 열서너 살이라는 어린 나이에 30대 남성과 혼인을 했다. 여성은 노예와 마찬가지로 시민이 아니었다(이 사실 자체가 여성과 노예의 유사함을 생생하게 웅변한다). 여성은 어머니로서만 자신의 운명을 완수할 수 있었다. 하지만 그리스 시대 모성에 대한 한 설명에 따르면 여성이 어머니가 된다고 해서 공적 공간, 특히 종교의식에 참석하는 여성 공동체와의 관계가 단절되는 것은 아니었다.[1] 종교의식은 여성이 남성과 동등하거나 심지어 우월한 위치를 점할 수 있는 유일한 영역이었다. 여성은 데메테르 여신을 모시는 엘레우시스 제전과 아테네의 수호신 아테나를 기리는 범아테네 축제에서 제사장의 임무를 맡거나 종교 의례를 집전했다(아테네에서 가장 중요한 종교 건축물이었던 파르테논 신전의 이오니아식 프리즈 곳곳에 그 모습이 등장한다).[2] 여성은 죽은 자를 기리는 의례를 포함해 가정oikos과 도시의 안녕을 기원하는 숭배 활동에서도 중요한 역할을 담당했다.[3] 이를 통해 그들은 공동체의 정치에 개입했을 뿐 아니라, 고전학자 바버라 고프Barbara Goff를 인용하자면 "공적 영역에서 중요한 행위자이자 존재"가 될 수 있었다(고프는 의식 자체가 일종의 노동이었다고 덧붙인다).[4] 고대 아테네가 가부장 사회였다는 점은 분명하지만, 학자들은 이름과 재산, 성직자 신분의 모계 상속이 가능했다고 주장한다.[5]

어머니는 출산 전과 출산 후 신전 방문을 통해 가정이라는 울타리 밖의 공동체와 자주 접할 수 있었다.[6] 따라서 여성은 어머니가 된 후에도 모성을 넘어선 영역과 유대를 유지했는데, 그런 관념은 현대 세계에 이르러 점차 실종된 듯 보인다. 레이첼 커스크Rachel Cusk는 저서 『일생의 과제: 어머니가 된다는 것』A Life's Work: On Becoming a Mother, 2001에서 "부모가 된다는 것은 이행이라기보다 탈주이자 하나의 정치적 행위다"라고 적고 있다.[7] 커스크는 자신이 첫아이를 출산한 뒤 실행 가능한 정치적 삶에서 멀리 떨어진 해안에 좌초한 것만 같았다고 토로한다. 그의 시야는 좁아졌고, 존재는 왜소해졌다. 커스크는 넓은 세계로부터 이런 고립—19세기에 처음으로 '별개의 영역'으로 정의되었다—은 절대적인 동시에 갑작스러운 변화라고 지적한다(이는 오늘날 어머니가 결국 일터로 복귀하는가 여부와는 무관하다). 하지만 이것은 당연하지도 않고 언제나 그랬던 것도 아니다. 우리는 이것이 역사의 한 부분이며, 개인에게 해로운 영향을 끼치는 전적으로 정치적인 사실임을 인식해야 한다.

1998년, 커스크보다 몇년 앞서 멀리사 벤[Melissa Benn]도 현대의 어머니가 "새로운 침묵에 감싸여 있는"것 같다고 이야기했다. "우리는 우리가 무엇을 하는지 알지만, 그에 대해 공개적으로 이야기하지 않는다."[8] 벤은 책을 쓰기 위해 자료 조사를 하던 중 어머니들 사이에서 발견한 새로운 공동체와 유대를 높게 평가하면서도 동시에 그들의 대화 상대가 주로, 때로는 오로지 어머니 자신들로만 한정되어 있다는 점도 지적한다. 사실 어머니와 정치적 조직의 분리가 영국과 미국에서 일반적인 현상은 아니었다. 18세기로 거슬러 올라가는 오랜 전통에 따르면 모성은 시민적 삶을 구성하는 한 부분이었다. 어머니는 새로운 시민을 생산하는 역할을 담당했으며 어머니가 자녀에게 심어준 시민적 덕목에 국가의 안정이 달려 있었다. 물론 어머니는 가정에 묶여 있었고, 따라서 역사학자 린다 콜리^{Linda Colley}의 표현에 따르면, 그들에게 허용된 것은 "공적 역할의 유사품"에 불과했지만 말이다.[9]

기원전 451~450년 사이 아테네의 웅변가이자 정치가이며 장군이었던 페리클레스^{Pericles}는 모든 이방인^{xenos} 혹은 타지 출신의 '국외자들'^{outsiders}을 배제하고 당사자의 아버지뿐 아니라 어머니도 아테네 출신인 경우에게만 시민권을 부여하는 법을 통과시켰다.[10] 따라서 아테네 출신 어머니는 본인에게는 금지된 시민권을 잇는 과정에서 핵심적 역할을 했다(외국인 어머니가 공민 지위를 얻을 수 있는 길을 차단하는 데 아테네 출신 여성이 이용되었다는 점은 반이민적 현대 세계에서 섬뜩한 울림을 지닌다). 남편이나 아이와 관련해 어머니에게 요구되는 여성성이라는 덕목에 국가와 도시 공간의 지속성을 확보하는 임무도 포함되는지에 대해 의견이 분분한 것처럼, 이 법 때문에 과연 어머니의 지위가 높아졌는지 혹은 낮아졌는지에 대해서도 학자들은 엇갈린 견해를 내놓는다.

어느 쪽이 되었든, 고전학자 이디스 홀^{Edith Hall}이 지적하듯 그리스 남성이 여성성의 이상을 그토록 자주 입에 올렸다는 사실은 역으로 여성이 그 이상에 늘 순응하지는 않았음을 시사한다.[11] 엘레우시스에서 열린 겨울 할로아 축제 기간에 아테네 여성들은 음담패설을 내뱉고 밀가루 반죽으로 만든 성기를 들었다. 축제가 일종의 안전판 역할을 했지만, 이런 관행은 또한 여성을 좋은 아내와 어머니로 만들기 위한 지배 규칙이 ─ 고프가 이야기하듯 ─ "늘 위험에 처해 있었음을"을 드러낸다.[12] 투키디데스Thucydides에 따르면, 여성들은 4세기 케르키라(Kerkyra. 코르푸Corfu의 그리스 이름 ─ 옮긴이)에서 발발한 혁명에 참여해 지붕 위에서 과두제 집권층의 머리를 향해 기와를 던졌다(여성의 이런 행동은 포위 공격을 당할 때도 용인되었다).[13] 또한 고대 재판정에서의 변론을 보면 여성들은 법적 권리의 심각한 제약에도 불구하고 결연히 모든 힘을 다해 자신들의 영향력을 극대화했음을 확인할 수 있다.[14]

그리스극에서 여성의 독립적 정신은 어머니와 관련해 가장 분명하게 드러나며 어머니는 세계의 무대에서 시민, 코러스, 신민으로 형상화된다. 그리스극 덕분에 우리는 어머니라는 실제적인 혹은 상상적인 정치적 자아에 대해 대안적으로 사유하는 법을 그려볼 수 있으며, 이것이 내게는 분명 도움이 되었다. 그리스와 로마 ─ 셰익스피어라는 단역배우와 더불어 ─ 는 때로 우리를 고무하는가 하면, 때로는 놀랄 만큼 익숙한 존재이기도 하다. 널리 알려진 유럽 중심적 표현에서 그리스가 서구의 "요람" 또는 "발생지"로 일컬어지는 데는 그럴 만한 이유가 있다. 누군가 말했듯 그리스는 "우리 모두의 어머니"다. 물론 현재로부터 그 당시를 추적하는 길이 고전 문화에만 있는 것이 아니라는 점에는 주의를 기울일 필요가 있다. 메리 비어드[Mary Beard]부터 이디스 홀에 이르기까지 여러 학자들이 그리스인들이 오늘날 여전히 우리 곁에 있음을 설득력 있게 보여주지만, 고전 시대에 대한 우리의 이해가 취약한 기반에 서 있다는 비어드의 경고도 귀담아들을 필요가 있다는 얘기다. 고대사학자인 에스터 에이디노[Esther Eidinow]도 4세기 아테네 마녀재판에 관한 연구를 통해 행위 주체로서의 여성과 이들이 보여준 능력을 복원하고자 시도하면서, 증거가 매우 희박해 "시간을 가로질러 희미한 윤곽만을" 접할 수 있을 뿐이라고 단서를 단다.[15]

고대 그리스 어머니의 직접적 증언을 찾기란 쉽지 않다. 로런 해크워스 피터슨[Lauren Hackworth Petersen]과 퍼트리샤 잘츠만 미첼[Patricia Salzman-Mitchell]은 그 주제에 관한 책을 편집하면서 어머니들이 "존재의 흔적을 거의 남기지 않았"음을 지적한다(부득이 그들은 납골 단지에서 많은 사례를 취할 수밖에 없었다).[16] 이러한 이유로 나는 그리스극에 초점을 맞추었다. 그리스극은 거의 손상되지 않은 상태로 보존되었고, 남성 작가가 쓰긴 했지만 극을 통해 좋든 나쁘든 다양한 모성이 양태별로 탐색되고 있다. 내가 어머니라는 주제와 관련해 고전 문화와 씨름하는 과정은 즐거우면서도 머리를 쥐어뜯을 정도로 힘들었다(하지만 이 책을 마무리할 때

쯤에는 이 두 반응이 하나로 합쳐지기 시작한다는 것을 확인할 수 있을 것이다).

에우리피데스[Euripides]의 『탄원하는 여인들』[Hiketides]에서, 아이트라는 자신의 아들인 테세우스 왕에게 매장되지 못한 전사자 아들을 둔 아르고스(Argos. 그리스 ─ 옮긴이)의 어머니들을 대변할 기회를 달라고 간청한다. 이는 유명한 비극 『안티고네』[Antigone]의 어머니 판본이라 할 수 있다. 『안티고네』에서 주인공 안티고네는 인간이 만든 부당한 법을 따르기를 거부하며 자신의 오빠에게 제대로 된 장례 의식을 누릴 신성한 권리가 있음을 주장한다. 반면, 『탄원하는 여인들』에서 아이트라는 오빠를 위해 국가에 맞서는 것이 아니라, 자신과 친족 관계가 아닌 어머니들을 위해 도시의 이름으로 호소한다. 처음에 테세우스가 비탄에 잠긴 아르고스 여인들이 외국인이라는 이유로 청을 거부하자 아이트라는 답한다. "당신이 그들에 속한 사람은 아니지요. 나의 아드님, 무엇이 당신과 도시에 명예를 가져다줄지 이 어미가 이야기해도 되겠소?"[17] 국가의 경계를 초월한 어머니 공동체의 이름으로 아이트라는 테세우스에게 맞서 공공의 이익을 위한 여성의 기여라는 관점에서 자신의 주장을 정당화한다. 만약 테세우스가 여인들의 청을 거절한다면 그가 통치하는 도시는 파괴될 것이다.

아이트라는 아테네 왕의 어머니라는 권위에 기대고 있

다. 테세우스는 어머니의 청을 수락한 뒤 민주주의를 옹호하는 열정적인 연설을 한다. "이곳은 한 사람의 의지에 복종하지 않는 자유도시입니다. / 이곳의 왕은 민중이요, 이들은 매년 돌아가며 국가를 다스립니다. / 부자라고 특별한 권력을 누리지 않으며 / 가난한 이의 의견도 똑같은 힘을 가집니다."[18] 마치 가족을 잃고 권리를 박탈당한 어머니의 목소리에 귀를 기울이는 것이 민주주의의 진정한 리트머스시험지라고 주장하는 듯하다. 현대 세계도 이에 귀를 기울일 필요가 있다. '운동하는 어머니들'Mothers of the Movement 은 미국에서 경찰 폭력으로 희생된 흑인 피해자 자녀를 둔 어머니 조직으로, 2016년 11월 전국을 순회하며 죽은 아이에 대해 이야기하고 경찰의 인종주의와 총기 폭력, 형사사법제도에 대해 공개적으로 발언하기 시작했다. "나의 애도를 운동으로, 나의 고통을 목표로, 나의 슬픔을 전략으로 바꿔야만 했습니다." 2014년 뉴욕시 스태튼 아일랜드에서 마흔셋의 나이로 살해당한 에릭 가너Eric Garner의 어머니 궨 카Gwen Carr의 말이다. "에릭에게야 이미 늦은 일이라는 건 잘 압니다. 하지만 우리는 태어나지 않은 아이들을 구해야만 합니다.""발언해야 할 때가 되면 나는 앞으로 나설 거예요. 나는 정치와는 거리가 먼 사람입니다. 그러니까, 이제 어떤 면에서는 그렇지 않게 되었지만요." 이것은 2006년 뉴욕주 퀸스에서 총에 맞아 스물셋의 나이로 사망한 숀 벨Sean Bell의 어머니 밸러리 벨Valerie Bell의 발언이다.[19] 어머니가 비극에서 정치적 목소리를 만들어내는 모습을 보여주는 또 하나의 현대적 사례다.

『탄원하는 여인들』에서 테세우스는 비탄에 잠긴 어머니들과 함께 패잔병인 그 아들들의 시신을 물로 씻는다. 테세우스는 어머니의 역할에 참여하고 그들의 일원이 된다. 패배한 아르고스의 왕 아드라스투스는 이 소식을 듣고 경악한다. "수치스럽고 끔찍한 일이었겠군." 그러자 사신은 왕에게 대답한다. "인류 공통의 아픔이 어떻게 수치스러운 일일 수 있겠습니까?"[20] 승리한 왕이 패배자의 시신을 끌어안는 법은 없다(총 들고 거리에 나선 경찰도 마찬가지다). 하물며 테세우스의 행동은 가부장들 — 그리스어로 키리오스kyrios, 로마어로는 도미누스dominus — 이 가족과 노예에 대해 철권을 휘두르며 삶에 필수적인 기본 행위들을 가정의 닫힌 문 뒤에서 해결하는 대가로 도시 공간에서 정치적 자유를 누릴 수 있었던 민주주의 내에서 벌어진 것이었기에 한층 놀랍고 비범하다.[21]

물론 오늘날에는 세계 대부분의 국가에서 여성도 시민이다. 어머니도 지도자가 될 수 있으며 정치체polis에 전면적으로 진출할 수 있다. 하지만 앙겔라 메르켈Angela Merkel도 테리사 메이도 아이가 없다는 점에 주목할 필요가 있다. 2016년 6월 브렉시트 찬반 국민투표 후 앤드리아 레드섬Andrea Leadsom

64

은 메이와 총리 자리를 놓고 경쟁하면서, 아이가 없다는 점 때문에 메이가 총리직을 맡기에 적합하지 않으며 보수당 대표 경선에서 사퇴해야 한다고 주장하기도 했다.

하지만 오늘날에도 여전히 어머니 역할에 따르는 신체적 행위는 공공연하게 감춰지고/혹은 보이지 않게끔 사적 공간에 처박힌다. 테세우스의 연민 어린 행동이 놀라움을 유발했다는 점을 통해 그 이유를 짐작해볼 수 있을 듯하다. 이는 단지 남자들의 양심의 가책을 덜어주기 위한 현상이 아니다 — 아마도 몇몇 남자들은 자신은 이제 집안일을 분담하고 기저귀도 간다고 정당한 항변을 늘어놓으리라(『뉴 소사이어티』*New Society*가 자기 아이 기저귀를 가는 아버지를 보기 어렵다고 보도했을 때와 비교하면 우리는 계속 진화하고 있다).[22] 문제는 다른 데 있다. 아이 양육에 따르기 마련인 전면적인 돌봄 행위와 본능적 혼란상이 견실한 시민의 품격을 떨어뜨리고 오염시키도록 내버려두어서는 안된다는 생각. 어머니에겐 매우 친숙한 인체의 부끄러운 잔여물이 삶의 공적 영역을 침범하고 거리를 더럽히도록 내버려두어서는 안된다는 생각이다. 나는 언젠가 젊은 동료 교수에게 필요한 경우 아이를 일터에 데려오는 일을 주저해서는 안된다고 설득한 적이 있다. 이는 그가 출근해서 일을 하고 자신의 삶을 꾸려나가는 데 있어 현실적으로 필요한 일일뿐더러, 나아가 어머니가 날마다 어떤 일을 감당하고 있는가를 모두가 보아야만 한다는 점에서 한층 더 중요한 일이다.

　나는 늘 어머니가 말할 수 없는 것을 말하는 순간과, 또 그들에게 강요된 쓰레기 같은 기대를 던져버리고 다른 생각을 하게 되는 순간을 주의 깊게 지켜보아왔다. 고대 그리스와 로마에서 결혼한 여성에게 요구된 주된 역할은 전쟁 기계를 위한 총알받이를 낳는 것이었는데, 이건 많은 여성이 솔깃해할 미래상은 아니었다(약초로 만든 효과 좋은 낙태 약이 여성들 사이에서 얼마나 인기가 좋았던지 그 약초가 멸종되었다고 한다. 그 약초는 키레네 주화 표면 여성 형상 옆에서 볼 수 있다).[23] 『탄원하는 여인들』의 한 주요 장면에서 아드라스투스는 국가의 패배를 애통해한다. 비탄에 잠긴 어머니와 시녀로 구성된 코러스가 "어머니들에게 하실 말씀은 없으십니까?" 하고 청하자 왕은 답한다. "오, 아이들의 비참한 어머니들이여! / 고통의 바다를 보라."[24] 비극적인 동시에 진부하게 느껴질 정도로 과도하게 절망적이고 서정적이다. 다시 한번 애통함에 묻혀 급진적인 항의는 무화되는 장면이다. 이에 대한 코러스의 판단은 신속하다. "바라건대, 이 내 몸이 남편의 침대에 묶인 적이 없었더라면."[25]

　오로지 전쟁에 내보내기 위해 아들을 낳는 것에 무슨 의미가 있을까? 스파르타 여성의 경우 다른 그리스 국가에 비해 늦게 결혼하는 혜택을 누렸지만, 이는 단지 그래야 건강한 아이 전사가 태어난다는 것을 스파르타인들이 깨달았기 때문이다.[26] 탄원하는 여인들은 이에 저항한다(결국 별로 '탄원'하지는 않는 셈이다). 여인들은 자신들에게 임신을 요구하는 잔인한 정치 세계의 진실을 보고 주어진 운명에 — 그리고 남편들에게 — 등을 돌린다. 아마도 이것이 어머니가 정치적 상황과 융합하기 어려우며 공적 공간에서 환영받지 못하는 또다른 이유일 것이다. 만약 어머니가 아무 방해도 받지 않고 세상에 나설 수 있다면, 그들은 세상을 읽어 이해할 것이다. 세상을 보고 (권력을 향해 진실을 말하며) 견딜 수 없는 잔인함의 실체를 드러낼 것이다. 자식을 전장에 내보내야 했던 영국의 여성들은 제1차 세계대전이 끝난 후 자신들의 고통을 정치적 목표로 전환해, 그에 대한 부분적이지만 공정한 보상으로 투표권을 요구하여 얻어냈다.[27]

하지만 전쟁 중인 이 세계에서는 군인의 어머니가 분만의 고통을 견디는 일도, 자녀에게 그들이 선택하지 않은 헌신을 요구하는 미래를 넘겨주는 일도 모두 무의미하다고 판단할 위험이 상존한다. 에우리피데스의 『메데이아』*Medeia*에서 메데이아가 두 아들을 살해하는 사건, 즉 주인공 메데이아와 이 극의 악명을 드높인 장면에 훨씬 앞서, 코러스는 긴 대사를 통해 선언한다. 곰곰이 생각해본 결과 아이가 없는 이가 훨씬 행복하다는 결론에 도달했다고. 왜냐하면 근심의 그림자를 질 필요도 없고, 아기가 건강할지 아닐지 알지 못한 채 분만의 고통을 견디지 않아도 되며, 최악의 재난이 닥쳐 결국 죽음이 아이를 앗아 가지나 않을지 끊임없이 두려워하지 않아도 되니까.[28] 어떤 어머니는 이를 두고 최악의 가정이라고, 현실은 이와 다르다고, 아니 그 일면도 담아내지 못한다고 주장할지 모른다. 하지만 오랫동안 페미니즘이 주장해왔듯, 여성에겐 어머니가 되기를 거부해 세상에 종말을 가져올 수 있는 힘이 있다.

*

고대 그리스에서 분만의 위험은 전장과 잇닿아 있었기에 전투와 출산 사이에는 깊은 연관이 있었다. 그곳에선 삶과 죽음을 가르는 신성불가침한 경계가 모호해지며, 그 경계를 지키는 것은 다름 아닌 어머니의 책임이었다. 그곳에는 또한 어머니라는 대상과 관련한 감상적 태도가 들어설 여지가 없었다. 하지만 현대 세계에는 이 감상적 태도가 그 폭력성은 부정된 채 만연해 있다. 다음은 그리스극 『메데이아』의 초반에 등장하는 메데이아의 발언이다. 극 중 가장 유명한 대사 중 하나로, 자식을 죽인 그녀의 행위와 분리해 페미니스트적 항의를 보여주는 독자적 예로서 종종 인용된다.

> 그들, 남자들은 우리가 삶을 즐긴다고,
> 자신들이 전쟁의 창끝에 맞서는 동안
> 위험에서 벗어나 집 안에서 안전을 누린다고 주장하지.
> 선택할 수 있다면
> 나는 분만의 고통을 한번 겪느니
> 차라리 방패를 든 군인 대열에 세번 합류하는 길을 택할 거야.

메데이아가 열거하는 불만의 목록은 길다. 여성은 남편을 "우리 몸의 주인"으로 받아들여야 하며, 남자가 자유를 누리는 동안 "한 남자만 바라봐야" 한다. "힘과 생각을 지닌 모든 종種을 통틀어" 여성은 가장 지독한 시련을 겪고 있다.[29]

출산을 전쟁의 상해에 비유한 것은 메데이아만이 아니다. 플루타르코스Ploutarchos의 『영웅전』에 따르면 로마제국 통치하에서 그리스인은 묘비에 죽은 자의 이름을 새길 수 없었는데, 전쟁터에서 죽은 자와 분만 중 죽은 여인만은 그 법규에서 예외로 인정되었다. 도시국가의 미래 시민을 생산하며 여성은 분만을 버텨낸다. "전사가 적의 공격을 견뎌내는 것과 꼭 마찬가지로 (여성은) 고통에 맞서 싸운다. 출산은 일종의 전투다." 페미니스트 고전학자 니꼴 로로^{Nicole Loraux}는 1981년에 발표한 논문 「침대와 전쟁」^{Le Lit, la} ^{guerre}에서 출산과 전투의 관계가 "단순히 대칭에 그치지 않는다"고 지적한다. "그것은 교환 행위에 더 가깝고, 그게 아니더라도 최소한 분만의 핵심에는 전쟁이 자리한다." 마찬가지로 부상당한 군인의 고통은 산통에 비유되며 이때 남성은 여성이 된다. "전사의 행운이자 불운이다. 그가 체현하는 남성적 힘을 포함한 모든 경계가 무너지며, 전사는 여성처럼 고통을 느낀다."[30] 젠더 간 경계가 교란되는 불가사의한 경험을 통해, 전쟁 중 보통 가장 전형적이며 변별적인 성 역할로 간주되어온 행위 — 전투, 분만 — 와 관련한 남녀의 구분이 모호해진다. 죽어가는 남성은 새로운 생명의 담지자라는 여성의 지위로 환원되며, 그 결과 두 사람은 후세를 위해 무덤에 자신의 이름을 새길 권리를 얻게 된다. 그렇다면 군인과 산모 중 누가 진정한 영웅이라고 할 수 있을까? 대답은 두 사람 다 아니거나, 두 사람 모두가 되어야 한다. 그러니 로로의 지적처럼 그리스 사상을 여성 혐오적이라고 너무 성급하게 비난하는 일은 삼가는 편이 좋으리라.

셰익스피어의 로마극 시기에 이르러 출산과 전쟁의 유사성은 코리올라누스의 어머니 볼룸니아라는 인물을 통해 매우 강렬하면서도 의기양양하게 표현되고 긍정된다. 볼룸니아는 유명한 대사에서 전쟁과 모성의 관계를 뒤집는다. 그녀 역시 정신이상에 가깝다고, 혹은 그보다는 조금 관대하게 아들에게 과도한 영향력을 행사한다고 비판받아온 인물이다(볼룸니아는 셰익스피어 극의 '질식시키는' 어머니 중 한명이다).[31] 그는 오랜 전통을 지닌 특정 여성의 계보에 속하면서도, 이 전통을 변형해 자신만의 독특한 특징을 보여준다.

> 헥토르에게 젖을 물릴 헤카베의 앞가슴도
> 그리스군의 검을 맞아 멜시의 피를 뿜던
> 헥토르의 이마만큼은
> 아름답지 못했을 거야.[32]

충격적이고 혐오스럽기까지 한 이 구절을 통해 볼룸니아는 군국주의적 문화가 어머니의 신체에 무엇을 요구하는지와 관련해 숨겨진 진실을 이야기한다. 메데이아의 경우, 출산의 고통을 겪느니 전투에 참여하는 편을 선택했다(결국 출산과 전투 중 어느 쪽도 긍정적으로 그려지지는 않는다). 한편 볼룸니아에게 전장에서 군인이 흘리는 피와 젖을 먹이는 어머니의 가슴은 서로 미적 우위를 다투며 경쟁하는 관계다. 모성에 대한 원형적 비유 ─ 인간의 젖 ─ 와 전쟁에서 흘리는 피가 고통이 아닌 아름다움이라는 관점에서 난폭하게 병치된다.

볼룸니아는 로마인 어머니다. 고대 로마에서는 그리스에 비해 어머니가 로마 시민인 아들의 이름으로 기억되는 경향이 한층 더 강했다. 옥타비아Octavia나 리비아Livia와 같은 황제의 어머니를 찬양하는 건물이 세워졌고, 어머니 자신이 그 건물을 짓는 데 한몫을 담당하기도 했다. 옥타비아는 자신의 이름을 딴 공화정 시기 주랑현관의 개축 작업을 완성했으며, 리비아는 여러 황제와 어깨를 나란히 할 만큼 다양한 공공 공사에 관여했다. 아우구스투스 황제 시기 율리우스-클라디우스 왕가의 여성들은 황제의 계획에 따른 로마 재건 작업에 참여했다. 그에 비해 오늘날 왕비와 영부인의 영역은 실내디자인에 한정되며, 두각을 드러내는 여성 건축가도 드문 편이다. 자하 하디드Zaha Hadid는 이러한 상황에서 눈에 띄게 예외적인 인물인데 그에겐 아이가 없다. 하디드는 한 인터뷰에서 만약 자신이 어머니로서의 역할을 해야 했다면 성공할 수 없었으리라고 이야기한 바 있다.[33]

하지만 로마 여성이 자신의 정점에 도달하는 것은 전사자의 어머니로서만 가능했다. 플루타르코스가 용맹함이나 영광보다 코리올라누스가 '공화국'에 초래한 고통을 강조했다면, 셰익스피어는 원전인 플루타르코스에 비해 볼룸니아를 훨씬 더 군국주의적인 인물로 만든다.[34] 셰익스피어의 볼룸니아는 어느 누구보다 군인답다. 코리올라누스의 아내 베르길리아가 전쟁으로 인한 남편의 부재로 낙담할 때, 볼룸니아는 강하게 이야기한다. "내 아들이 만약 내 남편이라면, 난 그애가 침대에서 날 안고 사랑을 마음껏 표현해줄 때보다 명예를 얻기 위해 출전해 집에 없을 때 더욱 즐거울 거다."[35] 코리올라누스가 젊었을 때 볼룸니아는 기꺼이 아들을 전쟁터에 보냈고 떡갈나무 잎으로 만든 승리의 관을 쓰고 개선하는 그를 맞이했다. "내게 아들이 열두명 있다고 하자. 그들이 하나같이 사랑스럽고 너와 나의 마르티우스만큼 귀하다 해도, 그중 한 아들이 주색을 탐하는 꼴을 보느니 아들 열하나가 나라를 위해 고귀하게 목숨을 바치는 것이 나는 더 기쁠 것이다."[36]

그런데 극의 말미 로마에서 추방당한 코리올라누스가 로마의 적인 볼스키족과 치명적 동맹을 맺은 뒤, 볼룸니아는 아들에게 그를 낳아준 도시를 파괴함으로써 "조국의 창자를 찢어발기지" 말 것을 간청한다.[37] 결국 볼룸니아는 어머니의 영향력을 발휘해 폭력 —— 그 자신이 조금의 망설임도 없이, 심지어 아주 기꺼이 찬양했고, 그 결과 모성에 핏빛 그림자를 드리우게 했던 그 폭력 —— 을 거두어들인다. 이는 어머니 자신이 바로 폭력적인 수사법을 구사하며, 어머니로서 전쟁의 살육에 정신적으로 깊이 연루되었기 때문에 가능한 일이었다.

메데이아와 마찬가지로 볼룸니아를 병리적인 인물로

볼 수도 있지만 그것은 너무 손쉬운 해석이다. 두 인물 모두 우리 시대에는 사라진 모종의 사고방식에 사로잡혀 있는데, 이 사고방식에서 모성은 세계 또는 우리 자신의 폭력을 정화하고 그것을 외면할 것을 요구받지 않는다. 에이드리엔 리치의 말이다. "폭력에 대해 우리는 너무 잘 알고 있다. 우리는 수세기 동안 그것이 세상의 이치라고, 또 그것을 완화시키고 경감하기 위해서 우리가 존재하는 것이라고 들어왔다." 여기서 리치는 "우리는 너무 잘 알고 있다"라는 구절을 통해 자신이 어머니로서 근대 세계의 가장 끔찍한 면에 연루되어 있음을 드러낸다. 리치는 『더이상 어머니는 없다』(1995년판)를 펴내며 어머니와 폭력에 관해 다룬 마지막 장을 삭제해달라는 압력을 받았지만 그 장을 싣기로 결심했고 이를 고수했다. 어떤 어머니는 그 내용을 배신으로 받아들였다(마치 착한 어머니가 되어야만 인간으로 옹호될 수 있다는 듯이).[38] 고대 사상에 따르면, 이상화의 이면에서 전쟁과 출산은 사회질서에 균열이 발생하는 순간이었다. 반면 오늘날 우리는 그 모든 처참한 증거를 두고도 군인과 어머니—다양한 인간 군상 중 양극단에 위치하면서도 공히 사회질서를 유지하는 핵심 인물인— 에게 우리의 미래를 보장할 것을, 더하여 불안정하고 위험한 이 세계를 안전하게 만들어줄 것을 요구하고 있다.

*

 어머니의 몸에 대한 남성적 식민화는 자궁 내에서 시작된다. 도널드 트럼프^{Donald Trump} 미국 대통령은 취임 후 첫 행정명령에서 낙태를 시행하거나 옹호하는 전 세계의 단체에 대한 재정 지원을 금하는 '국제금지규정'^{global gag rule}을 부활시켰다. 심지어 자체 기금으로 운영하는 경우도 예외를 두지 않았다. 트럼프의 이 조치는 "수천명의 여성을 대상으로 한 사형 집행 영장"이라고 묘사되었다(누가 누군지 구분도 안되는 한 무리의 남자들이 이 법안에 서명하는 장면은 트럼프 대통령 취임 후 첫 100일 사이에 찍힌 가장 악명 높은 사진 중 하나다).[39] 이 법안 때문에 낙태를 원하는 여성의 건강과 생명이 위험해졌을 뿐 아니라, 발전도상국을 위한 재정 지원이 수천만 달러 삭감되었으며 표현의 자유 또한 위협받게 되었다. 버락 오바마^{Barack Obama} 대통령에 의해 폐지되기 전까지 국제금지규정은 공화당 대통령들에 의해 거듭 부활되어왔는데 그중에서도 트럼프의 이번 결정은 그 어느 때보다 극단적인 조치라는 것이 재생산권을 옹호하는 단체들의 평가다.[40] 이 글을 쓰고 있는 지금, 1973년 미 연방대법원에서 통과된 로 대 웨이드^{Roe v. Wade} 판결(미 대법원은 낙태를 처벌하는 법률이 미 수정헌법 14조가 규정한 사생활의 헌법적 권리에 대한 침해로 위헌이라고 결정했고, 이 판결로 낙태를 금지하거나 제한하는 미국의 모든 주와 연방의 법률이 폐지되었다—옮긴이)은 뒤집힐 가능성이 농후해 보인다. 트럼프 대통령이 첫 연방 대법관으로 지명한 닐 고서치^{Neil Gorsuch}가 강력한 낙태 반대론자로 악명 높은 탓이다.

여성의 몸에 대한 남성적 식민화는 비단 낙태 문제에 국한되지 않는다. 1999년 돕슨(소송 후견인) 대 돕슨^{Dobson v. Dobson} 사건이 캐나다 대법원에 상고되었다. 한 여성이 자신의 과실로 자동차 사고를 당한 후 심각한 장애를 지닌 아이를 낳았고, 아이 외할아버지가 아이를 대신해 그 어머니를 고소한 사건이었다. 결국 과실치상 부분은 기각되었고 판결은 전적으로 아들인 라이언 돕슨^{Ryan Dobson}이 '어머니 태내에 있을 때 발생한 어머니의 과실로 의심되는 행위에 대해 어머니를 상대로 고소할 법적 권리를 지니는가'의 문제에 집중되었다. 과연 자신이 태어나기 전에 어머니가 한 행동 또는 하지 못한 행동에 대해 아이가 어머니를 고소하는 것이 가능한가?

이 사건은 생명이 태어나기 전부터 어머니에게 과실을 물으며 법의 냉혹하고 매정한 손길을 임산부 몸속까지 뻗고 있다는 점에서 어머니를 향한 강력한 사회적 처벌인 동시에 문제의 출발점을 드러내는 악몽과 같은 사례로 볼 수 있다. 하지만 페미니스트 법학자 다이애나 진^{Diana Ginn}이 예견한대로, 판결에서 대법관들은 사생활과 자율성, 여성의 권리를 근거로 어머니 측의 손을 들어주었다. 태아 또는 태어나지 않은 아이를 돌보아야 할 법적 의무가 임산부에게 부여된다면, 여성의 선택과 행위를 "엄청나게" 제한할 가능성이 있으며 이후 제기될 "권리 주장"에 "합리적"이거나 "원칙에 입각한" 허용치를 세우는 일이 불가능해지리라 인정한 것이다(1993년의 새로운 재생산 기술에 대한 왕립위원회 보고서가 인용되었다).[41] 물론 소수 의견도 존재했다. 하지만 진이 평가한 바와 같이 어머니를 위한 페미니스트들의 투쟁으로 이 획기적 사건은 결실을 볼 수 있었으며, 진은 이를 에이드리엔 리치의 책으로 조성된 당시 분위기와 연결시킨다(진의 글은 리치의 책 『더이상 어머니는 없다』와 그 유산을 기념하는 논문 모음집에 수록되어 있다).[42]

오늘날 법 문서 작성 시 임산부와 태아는 하나의 유기적 단위 또는 잠재적 갈등의 장으로 간주되는 경향이 있으며, 이는 어떤 면에서 그리스의 관념을 연상시킨다.[43] 돕슨 판결에서 코리[Peter Cory] 판사는 어머니에게 유리한 판결을 내리며 근거로 "여성과 그의 태아는 서로 분리할 수 없는 하나의 단위"임을 언급했다. 반면 소수 의견을 낸 메이저[John C. Major] 판사는 태아와 어머니의 이해가 동일하지 않으며 결코 동일시해서는 안된다고 주장했다. "이 사건에서 임산부의 경합적 권리에 대한 일방적인 고려가 아이의 신체적 온전함에 대한 과실치상이 아님을 충분히 '반증한다'고 보는 입장은 원고 측의 주장에 대한 답이 될 수 없다. 아이의 권리 역시 개입되어 있다."[44] 이러한 입장 차이는 법적으로는 유의미하지만 어느정도 착각에서 비롯한 것이기도 하다. 어느 쪽이건 간에, 어머니는 태어나지 않은 아이의 생명이 자신에게 달려 있다는 사실을 마치 지금까지는 모르고 있었던 듯 인정할 것을 강요받는다. 여기서 주목할 것은 명백한 사실을 앞세워 어머니의 사회적 조건에 대한 관심을 모두 지우고 있다는 점이다. 계층과 주거지, 영양 수준, 아버지 또는 파트너의 존재 여부와 행위 모두가 고려 대상에서 사라진다. 아이가 태어나기도 전부터 어머니는 삶의 일상적이며 기본적인 체험과 압박으로부터 단절되어 사회적 진공상태에 놓이는 셈이다.

그렇다면 현재 우리는 어떤 단계에 와 있는가? 어머니의 몸과 관련하여 몇걸음 전진하기는 했지만 그리 멀리 나아가지는 못했다. 그리스 발생학에서 임신에 대한 이해는 태아의 손상과 유사한 관념의 영향을 받았다. 태아는 어머니 때문에 언제나 위험에 처할 수 있었으며, 미숙아나 병약한 아이의 출생 같은 문제가 발생하면 그것은 오로지 어머니의 책임이었다. 기원전 5세기에 나온 히포크라테스 Hippocrates의 의학 논문 「여성의 질병들」 Diseases of Women에는 특히 어머니가 아프거나 허약한 경우 태아의 생명을 위태롭게

할 수 있는 행위가 수록되어 있다. 무거운 것을 들어올릴 경우, 뛰어다닐 경우, 기절할 경우, 너무 많이 먹거나 너무 적게 먹을 경우, 배에 가스가 찰 경우, 자궁이 너무 크거나 너무 작은 경우, 두려워하거나 놀라거나 구타를 당할 경우 등이 그 내용이다. 이 목록은 물론 상식적인 항목(첫 두 항목처럼. 하지만 임산부가 아프거나 허약할 때 이런 행동을 할 가능성은 매우 희박하다)에서 출발해, 여성이 스스로 통제할 수 없는 문제(자궁의 크기)와 여성에게 결코 책임 지울 수 없는 상황(기절, 두려움, 놀람, 구타)까지 뒤죽박죽으로 아우른다.

그리스 발생학에서 자궁은 무엇보다도 갈등의 장소였고, 메이저 판사 역시 그 비유를 상당 부분 되풀이한다. 태아는 어머니가 공급하는 영양만으로 버틸 수 없을 만큼 성장하고 나면 자궁 막을 찢고 팔다리를 버둥거리며 승리자처럼 어머니의 몸에서 빠져나온다. 때가 되면 병아리를 부화시키는 암탉과 달리, 인간의 어머니는 아이가 태어나기 위해 정복해야 하는 대상이었다. 셰익스피어 시대에도 마찬가지로 사람들은 산모 때문에 태아가 질식할 수 있다고 생각했다. 자끄 기유모[Jacques Guillemeau]는 1635년 『아이 돌보기』[De la Nourriture et Gouvernement des Enfants]에서 어머니가 자궁 안에서 아이를 옥죄어 아이가 나오는 길을 막을 수 있음을 암시한다. 그에 따르면 지나친 영양 공급과 '과식'도 동일한 효과를 낳을 수 있었다. 출산은 어머니의 몸에 공기와 음식물 공급이 원활하지 않을 때 벌어지는 일이었다.[45] 당시만 해도 모유는 월경혈의 파생물인 "하얀 피"로 아이에게 치명적일 수 있다고 주장하는 무리가 있었는데, 기유모 역시 그중 하나였다.[46]

앞서 우리는 그리스극과 로마극 속 원한에 찬 어머니의 대사에서 극명하게 표현된 분만과 전쟁의 관계를 살펴보았다. 그것으로써 어머니들은 전쟁터로서 자궁의 이미지를 장악해 자신의 목적에 맞게끔 공적 영역으로 끌어올렸고, 이는 브레히트의 '낯설게 하기'에 해당하는 급진적인 정치적 제스처였다. 고전 시대 의학 담론에서 여성의 몸은 폭력의 출발점이었으며 뭔가 일이 잘못되면 여성에게 책임이 돌아갔다(왜냐하면 분만이야말로 모든 투쟁의 시발점에 해당하는 원형적 투쟁이요, 그 자체로 전쟁이었기 때문이다). 잉태에 대한 한 설명에 따르면 아버지뿐 아니라 어머니도 배아의 생성에 기여하지만, 어머니의 씨는 약골에 불과하므로 아버지의 씨가 목숨을 건 투쟁을 통해 승리를 거두어야만 아들이 태어날 수 있었다. 따라서 소위 어머니의 역할을 수행하는 데 있어 태아를 위해 할 수 있는 최선은 바로 자기 자신을 무찌르는 것이었다.

또다른 발생학적 설명은 이보다 더 충격적인데, 어머니가 짊어지는 과도한 책임과 죄책감을 전혀 참작하지 않은 채 여성이 잉태 과정에서 아무런 역할도 하지 않는다고 보는 주장이다. 여성은 그저 남성의 씨를 받는 수동적 씨받이에 불과한, 보조적이면서 동시에 비난받아 마땅한 존재다. 아이스킬로스^{Aeschylos}의 『오레스테이아』^{The Oresteia} 삼부작의 마지막 작품 『에우메니데스』^{The Eumenides}에는 이 뒤틀린 관념을 옹호하는 아폴론^{Apollon}의 유명한 대사가 등장한다.

> 아이의 '어머니'라 불리는 여자는 부모가 아니라,
> 그 태내에 뿌려진 씨를 기르는 자에 불과하다.
> 진정한 생산자는 아버지이며, **여성의 역할은, 이방인의 이방**
> **인으로서,**
> 신이 위해를 끼치지 않는 한, 새로 돋아난 이 싹을 보호하는
> 것이다.[47]

"이방인의 이방인"이라니. 이 극이 상연되고 7년이 지난 기원전 451~450년에 이르러 아테네에서 외국인을 제외한 아테네인들의 시민권이 안정적으로 확보되었다는 점을 기억할 필요가 있다. 따라서 어머니를 아이의 이방인으로 규정하는 것은 어머니와 아이 사이에 공민적·정치적 헌신이 존재할 가능성을 상징적으로 파괴하는 일이다. 아폴론은 아버지 아가멤논을 죽인 어머니 클리타임네스트라를 살해한 죄로 아테네 법정에서 재판을 받게 된 오레스테스를 옹

호하고자 이러한 주장을 펼친다. 그런데 사실 클리타임네스트라의 아가멤논 살해도 복수에서 촉발한 터였다. 헬레네가 납치된 후 아가멤논은 자신의 딸 이피게네이아를 신에게 제물로 바친 대가로 순풍을 약속받고 트로이로 출정할 수 있었던 것이다.

『오레스테이아』에서 아폴론은 클리타임네스트라가 왕이자 남편인 아가멤논을 살해한 일이 왜 오레스테스의 어머니 살해보다 위중한 죄인지를 설명해야 하는 과제를 맡고 무진장 애를 쓴다. 이번이 네번째 시도다. 앞서 첫 변론에서 아폴론은 오레스테스의 행위가 제우스의 명령에 따른 것이라고 옹호했으며, 두번째에서는 남자이자 왕인 아가멤논을 살해한 것은 비열한 배신행위라고(마치 어머니 살해는 배신행위가 아니라는 듯), 그다음에는 살해된 자의 생명은 영원히 돌이킬 수 없다고(여성의 죽음을 포함해 모든 죽음도 마찬가지라는 점은 부인이라도 하듯) 주장했다. 정신분석에서 이는 무의식의 '주전자 논리'$^{kettle\ logic}$에 해당하는 것으로, 자멸적인 논거가 축적됨에 따라 결국 앞선 논지에 의해 다음에 나오는 논지가 무산된다. 한편 코러스는 이 변론 중 어떤 것도 인정하지 않는다. 삼부작의 마지막 극에서 코러스는 에우메니데스, 혹은 복수의 여신들의 목소리를 대변하며, 이들의 임무는 "모친 살해범을 사냥개처럼 쫓아 추방하는 것"이다.[48] 복수의 여신들이 판단컨대,

클리타임네스트라가 아가멤논의 혈육이 아니라는 점에서 그가 저지른 범죄의 위중함은 경감된다. "그렇다면 나는 어머니의 혈육인가"라는 오레스테스의 항변에 대해 코러스는 응답한다. "이 천하의 잡놈 같으니! 자궁에 너를 품어 키워낸 게 / 네 어미 아니더냐? 어머니의 피가 너의 것이기도 한데, / 그 인연을 부정하겠다는 것이냐?"[49]

마찬가지로 소포클레스의 『엘렉트라』*Electra*에서 클리타임네스트라는 격분한 딸에게 아가멤논이 "동일한 양의 고통*lypès*을 견디지 않았기 때문에" 그에게는 이피게네이아를 제물로 바칠 권리가 없다고 주장한다. "고통의 양을 기준으로" 출산 과정에서 어머니의 역할이 훨씬 더 크고 중요하다는 의미다. "그가 씨를 뿌렸다면, 그것을 품고 낳은 것은 나다."[50] 클리타임네스트라는 비록 오레스테스에게 살해될 운명이지만 적어도 죽기 전에 자신의 주장을 표현할 기회를 얻는다. 얄궂게도 여기서 아테네의 법은 클리타임네스트라의 편이다. 남매간의 결혼은 어머니가 같은 경우에만 근친상간으로 분류되었고 아버지가 같을 경우는 문제되지 않았다. 따라서 혈육 간 가장 밀접한 것은 어머니와 아이를 잇는 끈이었다. 아폴론은 감정적으로나 법적으로나 공히 인정된 믿음에 맞서는 셈이다.[51]

2015년 로버트 아이크*Robert Icke*가 훌륭하게 각색해낸 연극 「오레스테이아」에서는 클리타임네스트라의 목소리가 무대 전면으로 나온다. "왜 어머니 살해가 아버지 살해보다 덜 중요하지? (…) 왜 어머니의 살해 동기가 아들의 살해 동기보다 하찮게 여겨지지?" 이어 그는 자신의 질문에 대해 직접, 오직 여성만이 할 수 있는 답변을 내어놓는다. "그건 여성이 덜 중요하기 때문이야." 런던의 무대에서 배우 리아 윌리엄스Lia Williams는, 마치 관객의 이목에 자신의 죽은 목숨이 달려 있기라도 한 듯, 띄엄띄엄 통렬한 어조로 힘주어 이 대사를 발음한다(아이크는 창의적 개작을 통해 죽은 클리타임네스트라에게 법정에서 자기변호의 기회를 부여한다).[52] 클리타임네스트라는 딸을 빼앗기고 비탄에 잠긴 어머니다. 아버지가 딸을 살해했으며, 이는 비극을 촉발한 핵심 사건이지만 시야에서 사라져 쉽게 잊혔다. 하지만 아이크는 이 사건을 중요하게 다룬다. 클리타임네스트라는 딸의 혼령에게 말을 건다. "이 모든 것, 이 모든 것은 너와 관련된 일이야." 한편 오레스테스는 죽은 아버지의 피 묻은 실내복에서 "자식을 죽인 자"라고 적힌 쪽지를 발견하는데, 그 글귀는 무대 뒤편의 거대한 스크린에 대문자로 영사된다.[53]

이 각색본에서 아폴론은 재판에 참여하지 않는다. 그럼에도 클리타임네스트라에게는 불리한 판결이 내려진다. 하지만 연극이 진행되는 내내 오레스테스에게 진실만을 이야기해온 박사는 어머니 살해가 더 위중한 죄임을 명시한다. "어머니의 행동은 당신의 행동과 다릅니다. / 아가멤논은 딸을 아기 침대에서 안아올린 적이 없어요. / 딸에게 젖을 물린 적도 없고요."[54] 원작에서 클리타임네스트라는 오레스테스에게 목숨을 애원하며 자신의 젖가슴을 드러내 보인다. 오레스테스는 잠시 멈칫하지만 이것은 결국 아무런 영향도 미치지 못한다.

아이스킬로스의 극에서 아폴론의 대사는 적어도 생명의 탄생에 있어 어머니의 역할을 부정하는 것이 어떻게 어머니 살해의 정당화로 이어지는가를 보여준다는 미덕이 있다. 마찬가지로 아테나 또한 자신이 어머니에게서 태어나지 않았다는 점을 근거로 오레스테스에게 유리한 판결을 내린다. 이는 어머니 살해의 또다른 예다. 신화에 따르면 아테나는 제우스의 머리에서 이미 성숙한 모습으로 탄생했으며, 그로써 어머니인 메티스 여신의 존재는 지워진다(제우스가 메티스를 삼켜버렸다).[55] 『오레스테이아』 삼부작의 첫 대목에서 아가멤논은 독수리 두마리가 새끼를 밴 어미 토끼를 뜯어 먹었다는 이야기를 불길한 징조로 언급한다. "새끼로 부른 배를 안은 채 살아 있는 먹잇감이 되어 / 태어나지도 않은 배 안의 새끼들이 마지막 어둠 속에서 찢기는구나."[56] 아이스킬로스의 삼부작은 오레스테스가 죄를 사면받은 후 어머니의 시신을 딛고 왕족의 지위를 회복하는 것으로 마무리된다. 반면 현대 각색본의 마지막 대목에서 오레스테스는 극심한 불안에 떨며 다음 대사를 네번 되풀이한다. "어떡하지?" 콤 토이빈의 개작 소설 『명성의 전당』^{House of Names, 2017}에서는 이피게네이아가 죽임을 당할 때 클리타임네스트라와 이피게네이아가 울부짖던 소리가 오레스테스를 계속 따라다니며 괴롭힌다(이로써 어머니의 고통이 오레스테스를 살인으로 이끈 어머니의 범죄보다 한층 부각된다).[57]

프랑스 정신분석가 앙드레 그린^{André Green}은 묻는다. "자신의 정당한 자리를 되찾고 부계의 혈통에 이름을 올리는 일에 왜 자신이 생명을 얻게 된 수단을 파괴하는 것이 요구된단 말인가?"[58] 이것은 극단적 형태의 어머니 혐오다. 오늘날 어머니들은 그동안의 진보에도 불구하고 여전히 동일한 난관에 봉착해 있다. 2015년 런던에서 아이크의 「오레스테이아」가 상연될 당시 객석은 만원을 이루었고 오늘날의 시대에 맞게 각색되었음에도 극의 어떤 요소는 큰 반향을 불러일으켰다. 어머니가 여전히 우리의 애용품, 필수 불가결하지만 쓰고 버릴 수 있는 일회용품과도 같은 희생양이라는 것 말고 과연 그 이유를 어디서 찾을 수 있을까? 우리에게 어머니는 여전히 모든 불평을 받아내는 욕받이요, 부당한 세계에 정면으로 맞서야 하는 존재라는 것 말고 또 어떤 이유가 있을까?

1980년대에 한 프랑스 페미니스트가 들려준 이야기다. 어느날 느닷없이 그의 파트너가 자신의 눈앞에 어머니이면서 연인인 여성을 난생처음 마주했다고 큰 소리로 말했다고 한다. 내가 생각하기에, 아마도 칭찬의 의도가 다분한 이 발언에는 여성이 아이를 갖게 되면 성적 매력을 잃는다는 전제가 함축되어 있다. 하지만 그 파트너는 너그럽게도 내 친구에게는 그런 일이 벌어지지 않을 거라며 안심시켰다고 한다. 아마 파트너는 어머니의 입장에서 상황이 어떠할지에 대해선 한번도 생각해보지 않았을 것이다. 많은 어머니가 출산 후 한동안은 아이를 돌보는 일에 완전히 몰두해야 함은 물론 그저 지치고 불편해서 성에 대한 관심을 잃을 수 있다는 점 말이다. 몇년 뒤 내가 엄마가 된 직후에, 친한 친구 하나는 아기나 어린아이를 돌보아야 하는 엄마가 애인을 둔다면 그 여자는 신의 노여움을 사서 벼락을 맞을 것이라는 끔찍한 경고를 하기도 했다. 마치 모성이라는 단어 앞에선 성적 욕망을 지닌 주체로서의 여성이라는 관념이 완전히 정지되기라도 하는 듯이 말이다. 어머니 노릇은 문화가 섹슈얼리티를 정화하는 방법 중 하나며, 오늘날에도 여전히 모성은 이 기제에 의해 작동된다. 이는 평론가 레이철 볼비Rachel Bowlby가 지적하듯 재생산 기술의 발전으로 우리가 아이의 출생을 더이상 "성별이 다른 두 부모가 성행위를 한 결과"로 추정할 수 없는 시기에 들어서고 있다 해도,[59] 혹은 엘레나 페란떼^Elena Ferrante —— 엘레나 페란떼에 대해서는 이후 더 자세히 다룰 예정이다 —— 의 표현에 따르자면 "여성복 재봉사를 위시해 그 누구도 어머니가 여성의 몸을 가졌다고 생각해서는 안된다"(그가 좋아하는 동시대 여성 작가인 엘사 모란떼^Elsa Morante 의 말이다)고 해도 여전히 변함없는 사실이다.[60]

이는 오래된 이야기다. 내실 장면에서 어머니를 마주했을 때, 햄릿은 어머니를 준엄하게 나무라며 우선 아버지를 살해하고 몰아낸 삼촌의 극악무도한 짓을 언급한다. 하지만 그 장면이 끝날 무렵에 이르면 이것은 결코 유일하지도, 심지어 주된 범죄도 아닌 것처럼 보인다. "욕정이 부인의 가슴을 제 집으로 삼고 있는데 / 그 누가 처녀의 심장에 흐르는 뜨거운 피를 나무랄 수 있단 말인가?"[61] '부인' ^matron 은 보통 결혼한 여성이나 나이 든 여성을 의미하는데 이 대목에서 중요한 것은 그것이 바로 어머니라는 점이다. "어머니께선 왕비시고 남편 동생의 부인이시며, 아니라면 좋겠지만, 제 모친 되시옵니다."[62] 만약 어머니가 성적 존재이길 고집한다면 처녀들 —— 차세대 어머니인 —— 역시 정절을 잃고 타락할 것이다. 햄릿은 어머니에게 마지막 지침을 내린다. "살찐 왕이 또다시 침대로 꼬드겨도" 넘어가지 마소서.[63] 아이크의 「오레스테이아」에서 클리타임네스트라의 시신을 부검한 결과 그는 목과 몸통뿐 아니라 성기에도 자상을 입었음이 드러난다.[64] 아들이 어머니를 처벌한 이유가 단지 자기 아버지를 살해했기 때문만은 아니었던 셈이다.

가장 금기시된 것은 자신의 아이를 향한 어머니의 관능성이다. 빅토리아 베컴Victoria Beckham은 2016년 여름 다섯살이 된 딸아이의 생일을 맞아 딸의 입술에 입을 맞추는 사진을 인스타그램에 올려 여론의 거센 질타를 받았다(어떤 이들은 인터넷에서 그들을 "변태"와 "레즈비언"이라고 부르기도 했다). 아동 학대라는 추문도 따라붙었다. 하지만 학대의 가능성이 없는 경우에도 어머니와 아이의 에로스적 관계에 대해 여전히 사람들은 눈살을 찌푸리고 언급을 회피하는 경향을 보이며, 어머니들 자신도 이에 대해 이야기를 나눌 땐 목소리를 낮추곤 한다. 이 문제에 대해선 고대 그리스와 로마가 좀더 진보적이었던 것으로 보인다. 성적으로 가장 매력적인 여성으로 간주되는 클레오파트라는 네 아이의 어머니였다. 그의 주장대로라면 한 아이는 율리우스 카이사르Julius Caesar와, 나머지 셋은 마르쿠스 안토니우스Marcus Antonius와 낳은 자식인데, 클레오파트라를 다룬 재현물의 대부분은 서로 공모라도 한 듯 이 사실을 생략하곤 한다(셰익스피어 극의 결말부에 아이들이 언급되긴 하지만 클레오파트라가 어머니라는 사실은 간과되는 경향이 있으며, 내가 이 사실을 언급했을 때도 알고 있는 사람이 아무도 없었다). 실제로 옥타비아누스Octavianus가 자신과 마르쿠스 안토니우스의 갈등이 일종의 내전이며 자신의 자손과 클레오파트라의 자손이 장차 도시국가의 지배권을 둘러싸고 맞붙을 수 있다는 점을 감추려고 애쓰면서 이 사실은 묵살되기 시작한다.

비너스는 마테르 아모리스mater amoris, 즉 '사랑의 어머니'라 불린다(요는 이것이다. 근친상간 외에 어떤 방법으로 비너스는 에로스의 어머니가 될 수 있는가?). 베르길리우스Vergilius의 『아이네이스』Aeneis에서 비너스는 자신의 무심함을 나무라는 아들 아이네이아스의 책망을 가볍게 무시한다. "그렇게 말한 뒤, 그녀는 장밋빛 목덜미를 붉게 빛내며 몸을 돌렸다. 천상에 속한 것만 같은 그녀의 머리카락에서는 하늘의 향기가 났으며, 가운이 발등까지 미끄러져 흘러내려 그녀가 한발 내딛는 순간 진정한 여신의 모습이 드러났다."[65] 숨이 막힐 듯이 아름답고도 잔인한 순간이다. 그녀의 섹슈얼리티, 그녀의 육체가 아들을 향한 잔인함이라는 적나라한 진실로 그 모습을 드러내며, 흥미롭게도 아들은 이 계시적 순간에 이르러서야 그녀를 자신의 어머니로 온전히 인정하게 된다. 이보다는 덜 충격적인 형상도 존재한다. 기원전 13~9년에 완공된 아라 파키스Ara Pacis 제단의 한쪽 면을 장식하는 '대지의 어머니'$^{Terra\ Mater}$는 어머니 여신과 두 아들의 모습을 표현한다. 어머니의 옷이 어깨에서 슬며시 흘러내리지만 조각이기 때문에 노출은 거기서 멈춘다. 이 어머니 역시 비너스이며 그의 관능성은 무릎 위에서 놀고 있는 두 아들을 향한 애정의 일부를 구성한다.

어머니의 에로스는 단박에 어머니를 공격하는 도구가 되기도 한다. 고전에서 눈에 띄는 예로 리시아스^{Lysias}가 에우필레토스^{Euphiletos}를 위해 써준 연설문을 들 수 있다. 에우필레토스는 아내의 연인인 아테네 시민 에라토스테네스^{Eratosthenes}를 살해한 죄로 법정에 서서 자신을 변론한다. 불륜이 있기 전 자신의 가정이 얼마나 화목했으며 그곳이 얼마나 친밀한 공간이었는지를 입증하기 위해 에우필레토스는 아내가 아들에게 지극한 사랑으로 젖을 물렸다는 사실에 초점을 맞춘다. 그러고는 상황을 완전히 뒤집어, 어머니다운 헌신이 실은 주의를 돌리기 위한 감각적 미끼요 계략이었다고 주장한다. 아내가 매우 헌신적으로 보였으며, 따라서 그는 아내의 배신을 전혀 예측할 수 없었다는 얘기다. 이 교활한 어머니는 자신의 간통을 숨기기 위해 어린아이의 울음소리까지 이용한 셈이다. 순진무구한 수유가 순식간에 죄로 전락하고 만다(다음 장에서 우리는 이러한 관념이 여전히 우리 곁에 남아 있음을 확인하게 될 것이다).[66]

*

　우리와 그리스인의 관계는 아직도 지속되고 있다. 물론 여기서 "우리"가 누구인가에 대해 설명을 덧붙일 필요가 있는데, 그리스의 유산이 현대를 만들고 구성하는 전부가 아니며 그리스의 유산에도 여러 모습이 존재하기 때문이다. 어떤 이들은 그리스 자체가 아프리카의 유산에 빚지고 있으며 서구가 이를 애써 숨겨왔다고 주장한다.[67] 식민지 시기 이전, 아프리카에는 사회적·정치적 영역의 전면적인 참여자로서의 어머니상이 존재했다. 예를 들어 오늘날 우간다로 알려진 지역에서는 황태후가 씨족 연합체를 지배했는데, 19세기 들어 토착 엘리트와 영국 식민 지배자 간의 새로운 연합에 의해 이들이 실질적으로 노예화되면서 그 지위는 파기되었다.[68] 하지만 그리스가 여전히 우리 가운데 존재한다면, 우리가 때로는 그들에게 배우거나 또 때로는 클리타임네스트라의 비극적 이야기와 관련해 살펴보았듯 그들을 바라보면서 우리의 답을 찾아내지 못할 이유는 없다. 그때로부터 현재에 이르는 길은 복잡하기에, 진보에 대한 우리의 자기만족이나 더 좋았던 시절에 대한 향수로(어머니와의 관계를 상상할 때 종종 우리에게 권장되는 방법도 이 두종류의 제한된 선택지와 닮아 있다) 뭉뚱그려지지 않는다.

그렇다면 마지막으로 어머니 중 가장 구제불능의 인물인 메데이아로 돌아가보자.『비탄에 잠긴 어머니들』^{Les Mères en}^{deuil}에서 니꼴 로로는 말한다. "프로이트가 '공격성은 사람들 간에 애착과 사랑의 관계 형성에 있어 토대를 이룬다'고 언급했을 때 만약 오이디푸스에 덜 집착하고 대신 메데이아에 주목했다면 다음 구절은 덧붙이지 않았을 것이다. '어머니와 남아의 관계는 아마도 유일한 예외라고 할 수 있다.'"⁶⁹ 니꼴 로로가 상술한 바에 따르면 저 위대한 오이디푸스 이론가는 그리스의 비극적 사고에서 하나의 요소를 간과했다. 그곳에선 배우자에 대한 분노가 두 아들에 대한 사랑의 힘을 넘어선다는 점이다. 하지만『메데이아』에 대한 이 해석도 정확한 것은 아니다. 에우리피데스 이전에 유통되던 다른 판본에서는 메데이아가 자신의 아이들을 살해하지 않기 때문이다. 예컨대 메데이아를 증오한 코린토스 사람들이 아이들을 죽이거나, 메데이아가 크레온을 죽이고 아테네로 도망간 후 크레온의 친척들이 이에 대한 복수로 아이들을 죽이거나, 메데이아가 아이들을 불멸의 존재로 만들기 위한 의식을 행하던 중 아이들이 사망하는 것으로 그려진다.⁷⁰

에우리피데스의 극에서도 메데이아가 오로지 아이 아버지에 대한 성적 분노 때문에 아이를 살해하는 것은 아니다. 그에 못지않게 아버지가 아이들을 전혀 사랑하지 않으며 아이들을 불확실성 속으로 몰아넣는다는 사실이 중요한 이유로 등장한다. 메데이아는 정의를 갈구하며 어머니 노릇에 따르는 고통을 비판한다. 그러한 비판에는 장차 자신과 아이들이 집과 나라 없는 처지가 되지 않을까—오늘날의 우리로서는 무시하고 넘어갈 수 없는 상황임이 분명하다—를 가장 두려워하는 어머니의 신세 한탄이 담겨 있다(이런 이유로 메데이아는 크레온에게 그들에게 내려진 추방형의 집행을 유예해달라고 간청한다). 아이들이 살해된 후 메데이아와의 마지막 대립 장면에서 이아손은 "욕정 때문에 미움에 사로잡혔다"고 메데이아를 비난한다. "욕정 때문에 아이들을 죽인 일이 / 정당화될 수 있다고 믿는 거요?" 메데이아는 이에 답한다. "당신은 그것이 여성에게 사소한 문제라고 생각하는군요?"[71]

메데이아의 마음을 사로잡은 것은 성^{sex}이 아니라 생존의 문제다. 메데이아는 최종적으로 자신이 바라던 확약을 받아내지만 끝내 크레온을 믿지 못한다. 그리고 자신의 아이들이 더 불행한 운명에 처하는 것을 막기 위해 그들을 죽인다. "결단코 나는 내 아이들이 / 적들 한가운데서 끔찍한 취급을 당하게끔 / 내버려두지 않을 거야."[72] 흥미롭게도 지금껏 『메데이아』가 연상시키는 가장 일반적인 이미지는 성적 광란이었고, 그러한 해석에서 한 어머니가 이 세상에 더이상 자신의 아이를 위한 자리가 없다고 생각하는 이유들은 실종되었다. 2001년 베로니크 올미^{Véronique Olmi}가 『메데이아』를 현대적 관점에서 다시 써 베스트셀러로 만든 소설의 제목은 『바닷가에서』^{Bord de mer}이다(바다^{mer}와 어머니^{mère}라는 단어의 유사성을 통해 경계에 놓인 바다/어머니를 함축한 제목인데 영어판 제목^{Beside the Sea}에서는 그 의미가 사라져버렸다). 바닷가를 방문해 두 아들을 살해하기에 앞서, 어머니는 평생 아이들과 침대에 누워 텔레비전이나 보기를 꿈꾸며 조용히 미쳐간다. "리모컨을 쥐고 세상이 엿 같아질 때마다 그 스위치를 꺼버릴 수만 있다면."[73] 수세기에 걸쳐 메데이아는, 『오레스테이아』가 그랬듯 계속해서 우리에게 말을 건다. 마거릿 레이놀즈^{Margaret Reynolds}는 『메데이아』의 공연사를 다룬 책에서 이렇게 말한다. "메데이아는 벌을 받지 않고 빠져나갔다. 이것이 우리가 그를 사랑하는 이유다. (⋯) 그로 인해 공연이 지속되는 동안만이라도 우리는 우리 자신을 수행할 자유를, 더 정확히 말해 관습과 법, 질서, 명령과 법령에 얽매이지 않았다면 우리가 취했음직한 본모습을 수행할 자유를 누릴 수 있게 된다."[74]

크리스타 볼프^{Christa Wolf}가 다시 쓴 『메데이아』의 1996년 판본은 내가 보기에 가장 강력한 개작이자 진정한 페미니스트 텍스트다. 볼프의 판본에서 메데이아는 자신의 아이들은 물론 크레온의 딸 그라우케도, 또 자신의 남동생 압시르토스도 죽이지 않는다(전설의 다른 가닥에서 메데이아는 이아손과 함께 고국 콜키스를 도망 나오기에 앞서 동생을 살해한다). 코린토스 시민들이 이 모든 죽음의 책임을 메데이아에게 돌리는 것은 그가 도시의 기괴한 비밀을 밝혀냈기 때문이다. 크레온은 왕위 계승권을 아내의 수중에 넘기지 않기 위해 그라우케의 여동생을 살해했으며, 이에 아내는 말을 잃고 점차 미쳐간다(이와 비슷하게, 압시르토스도 아들을 왕위 계승의 경쟁자로 여긴 메데이아의 아버지에게 살해되었다). 메데이아는 첫번째 독백에서 사색에 잠겨 혼잣말을 한다. "내가 정신이 나간 게 아니라면 그들의 도시가 범죄 위에 세워진 것이 분명해."[75] 이로 인해 메데이아는 정신분석가가 되고 — 이에 대한 암시는 매우 분명하다 — 자신이 그 행위를 목격했으며 진실을 알고 있다는 점을 병든 그라우케에게 서서히 납득시킨다. 그라우케는 메데이아로부터 "내가 감히 품어서는 안되는 생각은 없다"는 점을 배웠다고 회고한다.[76]

메데이아의 진짜 범죄는 무엇보다도 집단적 순수성에 대한 신화를 산산조각 낸 것이다. 그는 희생양이며, 다른 모든 이의 실패에 책임을 져야 하는 또 한명의 어머니다. "그들은 자신들에겐 어떤 잘못도 없다고 이야기해줄 여성을 찾고 있어."[77] 더욱 심각한 것은, 그가 감히 범죄를 폭로함으로써 시민 전체를 슬픔의 구렁텅이로 빠뜨렸다는 점이다. "누군가는 슬퍼해야만 한다."[78] 에이드리엔 리치의 말을 상기해보자. "폭력에 대해 우리는 너무 잘 알고 있다. 우리는 수세기 동안 그것이 세상의 이치라고, 또 그것을 완화시키고 경감하기 위해서 우리가 존재하는 것이라고 들어왔다."[79] 볼프의 이야기에서 메데이아가 모든 범죄의 원흉으로 지목되는 이유는 바로 그가 그 어떤 것도 완화시키지 않기 때문이며, 그가 코린토스에서 쫓겨나는 것은 그 도시가 아이들의 시신 위에 세워졌다는 것을 알았기 때문이다. 볼프의『메데이아』는 20세기 독일에 대한 우화다─W. G. 제발트[W. G. Sebald]는『공중전과 문학』[*Luftkrieg und Literatur*]에서 제2차 세계대전 말 연합군의 독일 도시 폭격 이후에 찾아왔던 정적에 대해 이야기하던 중 "우리 국가의 토대에는 철저히 비밀에 부쳐진 시신들이 자리하고 있다"라고 적는다.[80] 무엇보다 볼프는 메데이아를 통해 세계에 존재하는 병폐의 책임을 여성에게 물을 때 무슨 일이 벌어지는가를 보여준다. 극의 서장에서 그는 이렇게 말한다. "그(메데이아)에게는 우리의 의심도 우리의 공정한 평가도 필요하지 않다. 다만 우리는 그와 우리 자신에 대한 오해의 어두운 심연을 향해 대담하게 나아가야 한다. 벽이 무너지는 요란한 소리가 귓가에 울리더라도, 그저 함께, 서로 앞서거니 뒤서거니 하면서 안으로 들어서야 한다."[81]

심리적 맹목

2

사랑하기

로알드 달$^{Roald\ Dahl}$의 소설을 원작으로 한 「뮤지컬 마틸
다」$^{Matilda\ the\ Musical}$는 어머니의 인정^{認定}이 지닌 역설을 보여주
는 장면으로 시작한다. 얼굴을 흉측하게 찌푸린 한 무리
의 아이들이 마치 자신이 괴물이라고 털어놓듯 "우리 엄
마는 내가 기적이래요"라고 노래한다. 반면 마틸다는 마법
의 힘을 지녔다는 점에서 진짜 기적 같은 존재지만, 부모
의 인정도 이해도 받지 못한다. 출산이 임박할 때까지 자
신이 임신했다는 사실조차 깨닫지 못했던 마틸다의 어머
니는 아이를 원하지도 않았고 아이를 어떻게 다루어야 하
는지도 알지 못했다. 마틸다의 아버지는 아들을 기대했다
(그는 뮤지컬이 거의 끝날 때까지 마틸다를 한사코 "아들"
이라고 부른다). 둘 다 마틸다의 재능 때문에 그를 미워하

며, 마틸다가 책 읽기를 좋아한다는 것도 그저 경멸할 뿐
이다. 마틸다에게 책 읽기는 자신의 불행을 쏟아붓는 배
출구이자 탈출의 통로가 된다. 뮤지컬은 반복해서 마틸다
가 특별하다고 외친다. 누군가는 마틸다의 진가를 알아봐
야 할 터, 결국 학교 선생님 제니 허니가 마틸다의 특별함
을 알아보고 그를 입양한다. 제니는 고아로, 그의 엄마는
그를 낳다가 죽었다(소설에서는 제니가 두살 되던 해에 엄
마가 사망한 것으로 나온다). 이는 제니 역시 거부당한 경
험이 있어 마틸다가 바라는 것이 무엇인지를 알고 있으며,
그 덕에 마틸다를 구원할 수 있음을 의미한다. 실패한 어
머니—아이에게 과도하게 몰두하는 어머니, 아이를 방치
하는 어머니, 죽어 사라진 어머니—는 도처에 있다. 달은
이야기를 마무리 짓는 데 크게 어려움을 느낀 듯한데, 이
는 어머니가 실패할 위험성이 매우 높다는 점을 방증한다.
초판본에서는 마틸다 자신도 살아남지 못한다.

소설에서 달은 실패한 부모 중 어떤 유형이 최악인지를
분명히 밝힌다. 당연히 "자녀에게 관심을 갖지 않는 이들
이 자녀를 맹목적으로 사랑하는 이들보다 훨씬 나쁘다".[1]
물론 달은 후자에 대해서도 꽤 적대적이다. 어쨌든 분명한
것은, 어머니의 시선 아래 놓인다는 것이 은총이자 저주라
는 점이다. 이는 전혀 과장이 아니다. 어머니의 시선이 지
나치면 아이가 괴물이 되고, 충분치 않으면 아이가 온전한

인간의 세상에 들어서지 못할 가능성이 있다. 달은 매우 어렵고 낯선 것 ─ 마틸다는 낯섦 그 자체다 ─ 을 쉽고 분명하게 이야기하는 데 탁월한 재주가 있다. 어머니에 대한 대부분의 저작이 이구동성으로 지적하듯, 아기에게는 어머니가 있어야 한다. 하지만 이는 어머니가 아기를, 프로이트식으로 표현하자면, "아기 전하"His Majesty the Baby 혹은 어머니 자신의 이상적인 이미지를 투영하는 거울과도 같은 자기애적 대상("우리 엄마는 내가 기적이래요")이 아닌 자기 자식으로 인정할 경우에만 가능하다. 어머니에게 맡겨진 과제는 아기를 아기 자체로 인정하는 것이다. 엄마와 아기 모두 그게 어떤 모습인지 미리 알 수 없다 해도 마찬가지다. 그런 불확실한 상황은 견디기 어려운 법이다. "아기 전하"가 그처럼 계속 위세를 떨치는 이유는 아마도 그 때문이리라. 2013년 7월 조지 왕자Prince George의 출생 이듬해인 2014년 4월에 있었던 왕세자 가족의 순방은 영국인들에게 일종의 안정제 역할을 했다. 특히 아기 조지 왕자는 오스트레일리아에 잔존한 공화주의를 약화시키는 데 일조했다. 앞으로 케임브리지 공작 부인은 전 세계 어머니의 역할 모델로서 자신의 첫아이를 왕으로 키워야만 한다. 어떻게 하면 아기가 괴물 또는 별 볼 일 없는 사람(십중팔구 둘 다)이 되는 것을 막을 수 있을까, 이것이 공작 부인이 마주한 도전이라고 할 수 있다.

어머니가 자신의 아이에게 완전한 사랑과 헌신을 쏟기를 기대할 때, 우리는 그들에게 무엇을 요구하고 있는 것일까? 이것이 이 장에서 내가 던지고자 하는 질문이다. 이 장의 제목은 '사랑하기'이지만 '심리적 맹목'이라고 이름 붙인('도착적 사랑'이라고 붙일 수도 있었으리라) 2부에 속하며 이 조합에는 물론 일종의 암시가 담겨 있다. 결국 누군가에게 사랑을 기대하거나 요구할 때, 우리는 대체로 사랑 자체에 대해서는 언급하지 않는다. 저절로 생겨나는 상태인 자발성에 대한 명령처럼 사랑에 대한 요구는 그 대상을 부수고 요구 자체를 무효화한다.

소위 '과도하게 몰두하는 어머니'나 '자아도취적 어머니'에게 자신의 아이는 온 세상을 비추는 거울인데(티 한 점 없이 완벽해야만 한다), 완벽함에 대한 이들의 욕구는 어머니에게 지워진 완벽함에 대한 기대와 무관하지 않다. 바꿔 말해서, 우리가 어머니에게 완벽함을 기대하는데 어머니라고 그 불가능한 요구를 자신의 아이에게 전가하지 말란 법이 있는가? 결국 누가 되었든 강제적 요구에 복종하는 어머니는 자신에게 요구되는 역할을 왜곡된 방식으로 수행하고 있다고 볼 수 있다. 완벽함에 대한 요구는 또 다른 완벽함에 대한 요구를 낳고, 그 과정이 반복되는 사이 생명의 고갱이는 얼어붙고 만다(소비재 역시 완벽함을 거짓 약속으로 제공한다는 점은 분명 우연이 아니며, 그게 바로 구매 행위가 늘 실망스럽고 그래서 다음 구매로 이어질 수밖에 없는 이유이기도 하다).

달의 소설에 등장하는 아이들의 끔찍하고도 기적 같은 모습에는 깊은 통찰이 담겨 있다. 아이가 스스로를 기적이라 믿게끔 양육하는 것은 사랑의 행위가 아니며, 비록 방치와는 정반대에 있지만 일종의 학대라는 점에서 둘은 상통한다. 자기 자신만 바라보는 아이가 어떻게 이 세상에서 스스로의 자리를 찾을 수 있단 말인가? 이는 모든 아이가 기적이라는 말, 즉 아이 하나하나의 고유성을 인정하면서도 모든 아이를 동등한 위치에 세우는 것과는 완전히 상반되는 상황이다. 또한 이는 새로 태어난 아이에 대하여 어머니가 느끼는 경이로움과도 전혀 관련이 없다. 영국의 아동 정신분석가이자 소아과 의사인 D. W. 위니콧^{D. W. Winnicott}을 필두로 여러 정신분석가가 '1차적 모성 몰두'^{primary maternal preoccupation}라고 이름 붙인 이 현상은 어머니가 가장 초기 단계에서 자기 아기에게 온전히 몰입하는 상태를 지칭한다. 아마 어머니라면 누구나 쉽게 인정할 만한 현상인데 이것은 종종 부지불식간에 극도로 강화된 모성의 형태로 이행하곤 한다. 이때 어머니는 어머니일 뿐 그 이상도 그 이하도 아닌 존재로, 오로지 아이를 위해 살아야 한다.

그렇다면 문제는 이것이다. 아이가 태어나자마자 인간성을 박탈하는 일 없이 새로운 생명의 탄생을 있는 그대로의 사건으로 인정하려면 어떻게 해야 하는가? 에이드리엔 리치의 책 『더이상 어머니는 없다』를 한번 더 인용해보자. "모든 신생아는 인간이 지닌 가능성의 외연과 복잡성을 보여주는 증거다."[2] 리치는 자신의 책에서 제도로서의 모성이 그 꿈을 어느 정도까지 짓밟아왔는가를 끈질기게 추적해 기록한다. 리치의 글은 부분적으로 한나 아렌트[Hannah Arendt]를 연상시키는데 아렌트에게 새로운 생명의 탄생은 언제나 최고의 반反전체주의적 순간이다. 아렌트의 관점에서 자유는 새로 시작하는 능력과 동의어다. 그런 시작에서 "논리나 설득력 있는 추론은 힘을 발휘하지 못하는데, 왜냐하면 연쇄 작용에는 이미 새로운 시작이 전제되어 있기 때문이다".[3] 따라서 "새로운 인간이 태어날 때마다 새로운 시작이 찾아오고 세상을 향한 목소리가 높아지는 것을 막기 위해서는" 전체주의적 테러가 필요하다.[4]

독일에서 파시즘이 부상하기 직전에 집필한 소설 『세월』[The Years]에서 버지니아 울프[Virginia Woolf]는 이와 유사한 주제를 다룬다. 울프는 부모의 독점적 태도가 빚어낸 끔찍한 결과와, 자기 아이와 가족을 우선시하는 태도가 사회구조에 미치는 해악 — 회복이 불가능할 정도로 와해하기 직전인 — 에 대해 비판한다. 또한 영국은 스스로 나치 독일과 다르다고 자부하지만 기실 부르주아 가정의 자만에 찬 자기중심주의와 국가의 전제정치 사이에 모종의 연관이 있음을 암시한다(이는 같은 시기에 집필된 울프의 소설『3기니』*Three Guineas*의 핵심 주장이기도 하다). 소설 속 1930년대 중반의 가족 모임에서 — 소설의 마지막 대목에는 '오늘날'*Present Day*이라는 소제목이 붙어 있다 — 이제 다 큰 어른이 된 파지터 대령의 손자 노스는 주변 사람들이 고상한 태도로 서로의 자녀에 대해 묻는 모습을 지켜본다. "내 아들, 내 딸 (…) 그들은 이렇게 말했다. 그런데 그가 보기에 다른 이의 자녀에게 관심이 있는 사람은 아무도 없었다. 오직 자기 자식뿐이었다. 자기 재산. 자기 혈육. 그는 생각했다. 원시시대 늪지에서처럼 저들은 발톱을 드러내고 자기 것을 지키기를 바랄 뿐이지. (…) 그렇다면 우리는 어떻게 해야 문명화될 수 있을까?"[5] 자기 것을 보호하기 위해 발톱을 드러내는 것은 보통 어미 사자와 새끼를 묘사할 때 사용되는 이미지다. 리치와 아렌트와 울프, 이들은 상이하면서도 서로 연관된 방식으로, 인간의 양육이라는 명분 아래 그 양육의 한가운데서 어떻게 인간이 지닌 가능성의 외연과 복잡성이 시작도 전에 억압당하고 무력화되는지 묘사한다. 우리는 어머니에게 — 세상의 미래를 키운다는 미명하에 — 이처럼 기묘하다 할 수밖에 없는 헌신과 맹목의 본보기가 되어주기를 기대한다.

앞 장에서 언급했던『일생의 과제: 어머니가 된다는 것』에서 저자인 레이철 커스크는 첫아이 출산 후 자신이 어떻게 사회적 인격을 완전히 상실했는지를 통렬히 기록한다. 2001년 출판 직후 이 책에는 거대한 찬사와 질타가 동시에 쏟아졌다. 아마도 커스크가 자신이 무참히 무너지는 과정을 추적하면서, 동시에 세상의 더 넓은 무대와 고양된 감정적 유대 관계를 가능케 하는 경험으로서 모성을 제시했기 때문일 것이다. "모성에서 나는 고결하면서도 끔찍한 나 자신을 경험했다. 나는 아이가 없는 익명의 상태에서 가능하다고 생각했던 것보다 (모성을 통해) 세상의 미덕과 공포에 훨씬 더 깊이 연루될 수 있었다."[6] 앞 장에서 언급했던 그리스 여성과 달리, 어머니가 된 후 커스크에게는 공적 영역에 머무르는 것이 허용되지 않았다(대신 "문명"은 무언가 "헛되고 죽음 같은" 분위기를 띠게 되었다).[7] 하지만 커스크의 통찰 덕분에 우리는 어머니와 모성의 미덕만 강조하는 것이 어째서 지독한 사기인가를 이해할 수 있게 되었다. 그런 담론 때문에 무엇보다 여성은 세상의 자기인식을 방해하는 데 가담하게 된다.

우리 모두가 미덕을 행하는 동시에 공포 또한 줄 수 있다면, 서구 문화를 비롯해 어떤 하나의 문화가 미덕을 독점할 수는 없으며 공포의 역량을 자기 이외의 모든 이에게 편의적으로 투사할 수도 없다. 리치는 다시금 시대를 앞서 다음과 같이 지적한다. "나는 아이가 있는 엄마가 다른 여성보다 도덕적으로 더 믿을 만하다거나 뛰어나다고 생각하지 않는다."[8] 메리케이 윌머스^{Mary-Kay Wilmers}는 1972년 첫아 들이 태어난 뒤 이렇게 적었다. "나는 우울해졌다. 내 안에 서 어머니다운 선량함이 솟아나는 대신 내 성격의 나쁜 면 이 새롭게 눈을 뜨는 것만 같다."[9] (여기서 선량함에 대한 기대가 우울증 유발에 일조했음은 어렵지 않게 짐작할 수 있다.) 왜 어머니가 다른 사람보다 더 선량해야 하는가? 앞 서 우리는 어머니의 질식시키는 사랑에 대해 이야기한 바 있다. 하지만 사랑 때문에 질식할 위험에 처하는 것은 아 기가 아니라, 그런 요구에 시달리는 어머니일지도 모른다.

어머니인 여성이 그렇지 않은 여성보다 더 선량한 것도, 더 창의적인 것도 아니다. 그들은 단지 다른 일을 하기로, 다른 삶을 살기로 선택했을 뿐이다. 그러한 까닭에 드니스 라일리^{Denis Riley}는 제2차 세계대전 이후 모성 중시 사회정책 에 대한 혁신적 연구서인『놀이방의 전쟁』^{War in the Nursery, 1983}에 서, 여성의 창의성 혹은 여성의 힘이라는 명분하에 모성을 승인하는 것은 페미니즘에 아무런 도움도 되지 않는다고 결론 내린다.[10] 그렇다고 모성을 창의적으로 경험하는 것 이 불가능하다고 주장하거나, 어머니가 되는 것이 세상을 보는 새로운 눈을 열어줄 수 있다는 점을 부정하는 것은 아니다. 다만 라일리는 그런 생각이 너무도 쉽게 여성의 통제에서 벗어나 지시적 방식 ― '착하게 굴어야지!' ― 으로 전환되어 요구나 명령, 혹은 올가미가 될 수 있다는 점을 경고한다. 리치와 커스크뿐 아니라, 모성이 복잡한 감정의 흐름을 유발한다는 점을 역설해온 루이제 아이헨바움Luise Eichenbaum, 수지 오바크Susie Orbach, 로지카 파커Rozsika Parker, 리사 버레이처Lisa Baraitser 등의 여성 저술가들은 현재 모성의 영역에서 출발해 주제를 확산시키며 이에 대한 일종의 정치적 교정책을 내놓고 있다.[11]

이 주제와 관련하여 파커가 낸 책의 제목은 『둘로 분열되어』Torn in Two로, 여기서 분열을 경험하는 것은 물론 어머니다(어머니라면 누구나 이를 인정할 것이다). 그런데 이 제목은 그에 못지않게 중요한 또다른 함의를 지닌다. 오로지 하나의 역할—사랑과 선의 화신—만 요구받는 것이 어머니에게는 정신적·신체적으로 갈가리 찢기는 것과 같이 견딜 수 없는 일이라는 점 말이다. 어머니가 아이에게 느끼는 사랑이 그 무엇과도 같지 않다는 점은, 그 진술에 으레 따르기 마련인 온갖 끔찍한 심리적 덫에 빠지지 않고도 전적으로 인정할 수 있지 않은가. 어머니의 덕목이라는 관념은 어머니 자신은 물론 누구에게도 도움이 되지 않는 신화이며 그것이 의도하는 세상의 구원에도 전혀 기여하지 않는다. 더 간단히 말하자면, 한번이라도 어머니였던 여성이라면 결코 자신이 착하다고만 생각하지 않을 것이다(미덕인 동시에 공포다).

말도 안되는 얘기지만, 어쨌든 다음과 같이 질문을 던져

볼 수 있다. 어머니와 어머니가 아닌 사람 중에, 또는 부모와 부모가 아닌 사람 중에 누가 더 아이를 사랑할까? 현대 프랑스 철학자 미셸 옹프레^Michel Onfray^는 "아이를 갖지 않기로 선택한 이는 아이를 여럿 낳은 이보다 더 많이는 아니더라도, 적어도 그들만큼은 아이를 사랑한다"라고 말한다. 이어지는 옹프레의 글이다.

> 왜 후계자 생산을 삼갔는지에 대해 질문을 받고, 밀레토스의 탈레스^Thales de Milet^(고대 그리스 도시이자 오늘날 터키의 밀레트에 해당하는 지역에 살던 철학자―옮긴이)는 이렇게 답했다. "정확히 말하자면 내가 아이를 사랑하기 때문이지요. (…) 불안정한 일자리뿐 아니라 피할 수 없는 죽음, 사람과 사람 간의 배신행위, 사리사욕으로 움직이는 세상, 돈을 벌기 위해 고단한 일을 지속해야만 하는 이 현실이 자신의 아들과 딸이 겪어도 좋을 만큼 바람직하다고 진심으로 생각할 수 있는 사람이 대체 어디 있을까요? 부모가 되어서 고통, 결핍, 빈곤, 노년과 고통을 자손에게 물려주겠다니, 어찌 그리 순진해빠지고 어리석고 근시안적인 사랑을 할 수 있을까요? (…) 그처럼 유해한 것을 혈육에게 넘겨주는 행위를 묘사하는 데 우리가 **사랑**이란 단어를 사용해야만 할까요?'[12]

비록 탈레스의 인생관이나 후계자라는 지칭에서 드러

112

나는 낡은 남성 중심적 관점을 받아들이기 힘들긴 하지만, 그가 던지는 질문은 타당하다. 특히 사랑이라는 미명하에 어머니가 될 것을 요구받는 여성을 대신해 우리는 이 질문에 기꺼이 동의하고 이를 받아들일 수 있다. 이 세상에서 어머니만이 사랑을 독점하는 것은 아니며 어머니에게 이를 요구해서도 안된다. 그런 독점을 주장하는 이들은 모두 편협한 시야를 지니고 있을 확률이 높다. 이 요구를 충족하기 위해선 누구든 고통을 겪을 수밖에 없다. 이는 사랑에 대한 왜곡된 설화일 뿐 결코 진실이 아니다.

*

어머니의 사랑을 암시하는 최고의 상징물은 두말할 것도 없이 젖가슴이다. 젖가슴은 우리가 고대 그리스에서 확인한 바 있는 그 징벌적 매혹을 온전히 유지한 채 모성에 대한 현대적 논의에 다시 등장한다(심지어 그 매혹이 강화된 듯 보인다). 엘리자베즈 바댕떼르^Elizabeth Badinter^는 오랫동안 20세기 서구의 모성 이데올로기를 비판해온 학자로, 『갈등: 어떻게 현대 모성이 여성의 지위를 허무는가』 ^La Conflit: La femme et la mère^라는 책에서 여성의 지위가 점점 악화되고 있다고 주장한다.[13] 경제 위기, 그리고 바댕떼르가 성별 정체성의 위기라 부르는 현상에 대한 대응으로 모성 본능

을 ─ 어느 논평인의 표현을 빌리자면 ─ "본유적이자, 본
질적이고, 영원하고, 양도 불가능한 것"으로 간주하는 최
신 생태학적 견해인 생태유물론eco-materialism이 등장했으며,
그 결과 수많은 여성이 다시금 가정으로 돌아가라는 압박
에 시달리고 있다(한편 이 흐름을 거스른다는 이유로 프
랑스 여성에게는 특별한 찬사가 쏟아진다). 바댕떼르의 비
판에 따르면 그 핵심에는 수구 세력과 새로운 "본질주의
적 페미니즘"이 대자연Mother Nature과 맺고 있는 "신성동맹"
이 자리한다. 이 프로젝트에서 가장 중요한 것이 바로 모
유 수유다. 1956년 미국 어머니들이 모유 수유를 촉진하기
위해 모유수유협회La Leche League를 결성했다. 1981년에 이르
러 모유수유협회에 소속된 훈련받은 그룹 인도자의 수는
1만 7000명에 달했고, 1990년까지 협회가 펴낸『모유 수유
라는 여성의 기술』The Womanly Art of Breastfeeding은 무려 200만부 이상
판매된 것으로 알려졌다. 바댕떼르는 미국 내 모유 수유
비율이 1940년대 후반 38퍼센트에서 1980년대 중반 60퍼
센트로 증가했으며, 2011년에 이르러 무려 75퍼센트에 도
달했다고 밝힌다.[14] "나는 당신의 가슴에서 나온 젖입니다. 당
신 집에 이것 말고 아기에게 줄 다른 영양물이 있어서는 안됩니
다." 이는 '대안적 엄마들'Alternamoms이라는 웹사이트에 게시
된 선언문으로, 바댕떼르가 지적한 바에 의하면 모유수유
협회의 "십계명"을 모방한 내용이다.[15]

1980년대에 근본주의자 크리스천스 윌리엄^{Christians William}과 마사 시어스^{Martha Sears}에 의해 애착 육아법(순수 육아법으로도 알려져 있다)이 정립되었고, 오늘날 미국과 영국에서 이를 따르는 이들이 늘고 있다. 최근 보도에 따르면 실제로 영국의 모유 수유 비율은 세계에서 가장 낮으며 출산 후 두달 이상 모유를 먹이는 산모의 비율이 절반 미만이라고 한다(인터뷰에서 여성들은 대부분 공공장소에서 수유하기가 꺼려진다는 점을 주된 원인으로 꼽았다).¹⁶ 애착 육아법은 모유수유협회 못지않게 열정적으로 모유수유를 어느 정도 지속할 것을 권장한다. 어머니에게는 경력을 쌓는 길에서 물러나 아기에게 전적으로 헌신하라는 지시 사항이 하달되는데, 한 기자의 표현을 빌리자면 "아기에게 복종해. 안 그러면 재미없어"라는 식이다.¹⁷ 그야말로 인종적·계급적으로 편향된 관점이다. 왜냐하면 월마트에서 일하며 홀로 아이를 돌보는 라틴계 엄마에게는 그러한 선택이 전혀 가능하지 않기 때문이다. 이 단체의 회원 중 하나는 2016년 6월 올랜도에서 오마르 마틴^{Omar Mateen}이 성소수자를 상대로 벌인 학살 행위에 대해, 필시 그가 어린 시절 어머니의 보살핌을 충분히 받지 못한 점이 그 사건에 영향을 미쳤을 것이라고 말했다. 이는 정치적으로 활용될 가능성이 있는 주장이다. '아이에게 모유를 먹여라. 그러지 않으면 당신 아이가 대량 살인범이 될 수 있다'——다시 한번 어머니는 모든 것에 대한 책임을 뒤집어쓴다(동성애 혐오나 총기 규제 문제, 국가폭력의 주범인 경찰에 대한 언급은 전혀 없다).

어머니 역할의 각종 측면이 건강, 사랑, 헌신의 상징으로 치켜세워질 때마다, 무엇보다 인간이 느낄 수 있는 복잡다단한 감정은 침묵당하고 억압된다. 그런 명령 때문에 쾌락과 고통, 에로스와 죽음은 지워져버린다. 프랑스 정신분석가 장 라쁠랑슈^{Jean Laplanche}는 이렇게 묻는다. 왜 엄마가 모유 수유에서 얻는 성애적 쾌락을 다룬 예술적 재현물이나 이를 인정하는 정신분석학 저작물을 찾아볼 수 없을까? 마치 모유 수유는 괜찮지만(실은 의무에 가깝다) 그에 따르는 쾌락은 정상이 아니라는 듯 말이다. 아이에게 젖을 물린 어머니에 초점을 맞춘 리시아스의 연설문을 기억해보자. 그 이야기의 바탕에는, 만약 남편이 아내의 감각적 쾌락을 주시했다면 아내의 외도 사실도 틀림없이 눈치챌 수 있었으리라는 가정이 깔려 있다. 내가 아는 어떤 엄마는 단지 자신이 모유 수유를 지나치게 좋아한다는 이유로 모유 수유를 중단했다고 한다. 또한 나는 공공장소에서 모유 수유를 금하는 캠페인에는 그런 쾌락에 대한 혐오감이 큰 역할을 한다고 늘 생각해왔다.

테드 휴즈상 수상 시인 홀리 맥니시^{Hollie McNish}가 제작한 「민망함」^{Embarrassed}이라는 제목의 동영상에서는 — 온라인에서 조회수 700만회를 기록했다──엄마들이 화장실 변기 뚜껑을 내리고 앉아 아기에게 젖을 먹인다. "제기랄, 예수도 먹었고 싯다르타도 먹었지. 마호메트와 모세, 그리고 그들 아버지도, 가네시Ganesh와 시바Shiva, 브리지트Brigit와 부처도. 장담하건대 그들 똥 누며 그 짓을 하지는 않을 거야. 그런데 그들 어머니는 차가운 변기 뚜껑 위에 당황스럽게 앉아 있네. 젖꼭지가 그려진 옥외광고판으로 온통 뒤덮인 나라에서 말이지." 동영상은 아이들이 젖병에 담긴 우유를 먹고, 오염 물질과 쓰레기로 뒤덮인 마을과 도시에서 죽어간다는 사실도 지적한다. "그들(분유 회사)은 자신이 무슨 짓을 저지르는지 잘 알고 있지." 맥니시는 그렇다고 해서 자신이 모든 엄마에게 모유 수유를 지시하는 것이 아님도 분명히 밝힌다.[18]

15세기 이딸리아 화가 리베랄레 다 베로나Liberale da Verona의 「아이에게 젖을 물린 채 잠이 든 어머니」는 어머니의 쾌락을 표현한 재현물을 찾기 힘들다는 라뷜랑슈의 주장을 반증하는 예다. 나는 빈의 알베르티나 박물관에서 이 작품을 우연히 발견하고 무척 반가웠다. 아이에게 젖을 물린 어머니를 묘사한 이 동판화 속의 여인은 고개를 뒤로 젖히고 눈을 반쯤 감은 채 격렬한 황홀경에 빠져 있다. 로마에 있는 베르니니Bernini의 성 테레사St. Teresa 조각상만큼이나 여성의 성적 만족감을 강렬하게 묘사하는 작품이다(성 테레사의 환희는 신을 대상으로 한다는 점에서 어머니의 모습 못지않게 불경스럽다). 이처럼 어머니가 모유 수유에서 느끼는 성애적 쾌락을 묘사한 예는 분명히 존재하며 우리는 그것을 찾아 나서야만 한다. 그와 관련된 재현물이 드물다고 언급한 후 나는 편지 여러통을 잇달아 받았다. 그중에는 페미니스트 문학평론가 잰 몬티피오리$^{\text{Jan Montefiore}}$가 보낸 편지도 있는데, 거기에는 나오미 미치슨$^{\text{Naomi Mitchison}}$의 1931년 소설 『옥수수 왕과 봄의 여왕』$^{\textit{The Corn King and the Spring Queen}}$의 한 대목이 담겨 있었다. 주인공 에리프 데르가 어린 아들에게 젖을 먹이는 장면이다.

먹을 것과 온기, 애정을 갈구하는 간절한 울음소리와 함께 아기가 숨을 가볍게 할딱이기 시작했다. 에리프의 젖가슴은 그 소리에 답하듯 기분 좋게 단단해졌으며, 곧 잠잠해질 희미한 통증이 느껴졌다. (…) 잠시 그는 젖을 주지 않은 채 아기를 애타게 했다. 이윽고 젖이 아기를 향해 솟아오르는 게 느껴지자 그는 아기를 편히 앉히고 입안 깊숙이 자신의 젖가슴을 밀어 넣었다. 아기의 입은 이를 수용하듯 그녀를 꽉 붙잡고 규칙적으로 옴직거리며 입술과 혀, 볼로 깊이 빨아댔다. (…) 배불리 먹고 생명력에 가득 찬 아기가 그의 배와 허벅지 위에 누워 있었다.[19]

라쁠랑슈가 제대로 지적했듯이, 고전적 정신분석학은 어머니와 아기의 관계에서 성애적 욕망을 아기의 영역으로만 간주하는 경향이 있다(역시나 어머니는 성욕이 제거된 존재로 여긴다). 정신분석가 헬레네 도이치Helene Deutsch는 예외적 존재다. 그는 미치슨과 거의 동시대에 유사한 논조로 출산 시, 그리고 출산 이후 지속되는 신체 기관의 성애적 교환과 쾌락에 대해 묘사했다. 헬레네는 한치의 의심도 없이 이렇게 적는다. "성교 시 페니스가 젖가슴이 된다면 수유 시에는 젖가슴이 페니스가 된다." 상상하기 힘든 일이다(에리프의 딱딱해진 젖가슴이 근접한 이미지이긴 하다).[20] 하지만 대개 어머니가 아기와의 관계에서 쾌락을 느낀다는 점은 입에 담아서는 안되거나, 어머니를 범죄의 공범으로 만드는 일이다.

물론 모유수유협회나 순수 육아법에서 이런 쾌락의 흔적 — 절대로 안될 일이다! — 은 조금도 찾아볼 수 없다. 한편 그들이 모유 수유가 불안이나 고통의 잠재적 원천일 수 있다는 점에 대해서 완전히 입을 다물고 있다는 것도, 뻔한 사실이긴 하지만 못지않게 눈에 띈다. 스스로 선택해서건, 젖이 나오지 않아서건, 너무 고통스러워서건(쾌락은 극히 일부에 불과하다), 모든 어머니가 모유 수유를 하는 것은 아니다. 모유 수유의 복잡함 역시 어머니 노릇에서 좀처럼 언급되지 않는 주제이며 그 결과 '찬성'과 '반대'라는 빈곤한 양자택일만 남게 된다. 윌머스는 이렇게 썼다. "자연스러움, 자발성은 **진격 명령**과도 같다. 여기서 젖을 찾을 때마다 고함을 지르며 성을 내는 아기에게 우리가 분노를 느낄 수 있다는 점, 그리고 아기가 울부짖음을 멈춰야만 젖을 주고 싶어진다는 점은 거의 고려되지 않는다."[21]

2014년 어머니의 날 코트니 러브^{Courtney Love}는 런던의 셰퍼즈 부시 엠파이어에서 열린 자신의 콘서트 무대에 올라 이렇게 인사말을 했다. "어머니의 날을 축하합니다. 나는 엄마에게 '모유를 주지 않아서 감사해요'라는 쪽지와 함께 꽃을 선물했어요." 러브는 모유 수유를 주관하는 대사제가 되어, 이를 순수한 본성이 아니라 감각적이며 끔찍할 수도 있는 기술로 표현한다.

　　나는 너를 먹는다, 너무 많이 먹었다
　　내 입에 남은 너의 젖에 구역질이 난다.

　　그리고 너의 젖은 모두 시큼하고
　　그리고 내가 할 수 있는 것은 소리 내 우는 것뿐
　　그리고 내가 할 수 있는 것은 몸을 웅크리는 것뿐
　　그리고 내가 할 수 있는 것은 소리 내 우는 것뿐
　　모든 권력이 네게 있기에.

아이가 필요해, 아이는 어디 있지
아이가 필요해, 아이는 어디 있지
젖이 없어
젖이 없어.

　마지막 연은 「죽을 것 같아」^{I Think That I Would Die}라는 제목
의 노래에서 따온 것이다.[22] 혼돈스러운 이 시에서 어머니
의 젖은 물릴 정도로 넘쳐나며, 시큼하고, 역겹기까지 하
다. 어머니가 아기를 먹이는 것이 아니라 아기를 먹고 있
다. 우리가 아는 모유 수유의 전통적인 이미지, 즉 모든 체
액이 올바른 방향으로 흘러 올바른 장소에 도착하리라는
가정과는 전혀 동떨어진 이미지다. 이를 극단적 예로 치부
하고 묵살해버릴 수도 있다. 하지만 어머니라면 누구나 극
한상황의 육체 ── 육체로서의 자신을 강렬하게 경험하는 육
체 ──라는 인간의 현실을 접할 수밖에 없다. 물론 어머니
는 그걸 억제하고 아무런 문제도 없다는 듯 굴어야 한다.
어머니는 아기를 안고, 어르고, 사랑할 줄 알며, 또 그래야
만 한다. 단, 이때 피나 내장, 불행, 욕망과 같은 오염물이
유출되어서는 안된다. 강렬함이 지나쳐 도를 넘지 않게끔
하고 배수관을 깨끗하게 치우는 것이 어머니가 모두를 위
해 떠안은 임무다.

*

　그렇다면 어떻게 해야 어머니를 위한 어머니의 사랑 이
야기를 할 수 있을까? 어떻게 해야 어머니가 하고 싶은 이
야기를 들을 수 있을까? 우리는 서구 세계의 지배적 언어
가 이 문제에 대해 얼마나 (도덕주의적, 감상적, 강압적, 맹
목적으로) 결벽에 가까운 태도를 보이는지 살펴보았다. 마
치 어머니와 아기를 감정의 비닐 랩으로 꽁꽁 둘러싸버리
는 것이 최선이라는 듯한 태도다. 끔찍한 일이다. 만약 어
머니를 걸러내 가장 온건하고 달달한 감정만 남겨버린다
면, 인간이건 사물이건 아무것도 남지 않게 될 테니 말이
다. 어머니가 아기에게 젖을 물리고 조용히 아기만을 응시
하며 앉아 있는(엎드려도 안되고 희열을 느껴도 안된다)
모습이 최고의 어머니상으로 간주되는 순간, 어머니의 쾌
락, 어머니의 근심, 어머니의 세계는 바람 빠진 풍선처럼
왜소해진다. 무엇보다 중요한 것은, 아이에 대한 사랑이
어머니를 어디까지 몰아갈 수 있는가를 포함해 우리가 주
목해야 하는 이 불편한 이야기들을 무시한다면 결국 이것
이 —본질, 본성, 미덕의 이름으로— 시간대와 대륙을 넘
나들 수 있는 복잡한 길을 폐쇄해 지도에서 역사를 지워버
리는 격이 되리라는 점이다.

　토니 모리슨^{Toni Morrison}의 퓰리처상 수상 소설 『빌러비드』

Beloved, 1987는 자기 아이가 붙잡혀서 ─ 자신도 간신히 빠져나온 ─ 노예의 삶을 사는 걸 지켜보는 대신 아이를 살해하기로 선택한 어머니의 이야기다. 모리슨은 이것이 메데이아 서사의 반복이 아님을 분명하게 밝힌다. "쎄서는 메데이아처럼 어떤 사내 때문에 자기 아이를 죽이는 일 따위는 하지 않았다."[23] 자포자기적인 분노에 휩싸여 아들을 죽이는 것과, 딸이 팔려 가 노예가 되는 것 ─ 어머니는 아직도 이 기억 때문에 괴로워한다 ─ 보다 죽는 편이 낫다고 여기는, 일종의 궁극에 가까운 돌봄 행위는 전혀 다른 일이다. 물론 『메데이아』에서 메데이아가 자기 아이들을 죽인 것이 더 큰 불행으로부터 이들을 구원하기 위해서였다고 보는 해석도 존재한다(그가 아이를 죽인 적이 없다고 보는 해석도 있다).

쎄서는 사랑하는 마음에서 딸을 죽인다. 이 소설의 강렬함은 말할 수 없이 끔찍한 어머니의 행동이 어떻게 인간으로서의 책임감을 다하는 것일 수 있는지, 일체의 감상을 배제한 채 보여준다는 점에 있다. 어머니는 결정적이고도 주체적인 행위자이지만 역사적으로 자신이 할 수밖에 없는 행동을 한다. 동시에 그는 뼈 마디마디와 매 맞아 생긴 흉터 자국 하나하나를 통해 자신의 행동이 어떤 해결책도 되지 못하며, 선택에 따르는 후과가 영원히 곁에 남으리라는 점도 잘 알고 있다(쎄서의 딸 빌러비드는 유령이 되어 돌아온다). 모리슨은 어머니 노릇의 범위를 광범한, 그리고 가장 비난받을 만한 역사의 흐름으로 확장한다. 백인 독자를 상대로 ─그는 억압된 미국의 노예제 역사를 폭로하기 위해 이 소설을 썼다고 말한다─ 비인간적인 세계의 어머니는 역사가 허용하는 범위 안에서만 어머니가 될 수 있기에 이런 상황에서 아이를 살해할 수밖에 없음을 이야기한다. 돌아온 죽은 딸의 얼굴을 처음 알아본 순간, 쎄서는 오줌보를 비우러 서둘러 집 옆쪽으로 뛰어간다. 어린 소녀 시절 이후 한번도 경험해보지 못한 '통제 불가능한' 비상 상황이 발생한 것이다. 멋지게 직관을 배반하는 이 기막힌 순간에 모리슨은 예나 지금이나 어머니의 육체에서 쏟아져 나올 수 있는 액체는 젖뿐이라 믿고 있는 어린 이집의 지배자와 어머니 노릇을 추종하는 광신도를 향해 한방을 날린다.[24]

다시금 쾌락은 최대의 죄악이 되며, 이를 어떻게 규제하는가는 억압의 가장 분명한 척도라 할 수 있다. 빌러비드의 여동생 덴버는 생각한다. "노예가 혼자 힘으로 쾌락의 감정을 느껴선 안된다고들 하지. 그들 몸이 그래서는 안된다고, 그저 할 수 있는 한 애를 많이 낳아서 주인님을 기쁘게 해야만 되는 거라고. 어쨌건 저 깊은 곳에서 쾌락을 느껴서는 안된다고. 〔썩스 할멈은〕 그런 소리에 귀를 닫으라고 했어. 나는 내 몸의 소리를 듣고 사랑해야 한다고."[25]

의무적인 출산, 육체적 쾌락의 부인과 자기애의 부재(종종 자신 대신 아이를 사랑하라는 명이 떨어진다) ── 이것이 노예 소유제적 모성관이다. 모리슨은 마거릿 가너^{Margaret Garner}라는 실존 인물의 이야기를 토대 삼아, 이를 넘어서는 광범위한 역사적 현실을 수면 위로 끌어올린다.[26] 역사의 표면을 한꺼풀만 들추어보면 수많은 노예 여성이 아이의 생명을 지키지 않는 쪽을 선택했음을 알 수 있다(유아 사망률이 매우 높았다). 버지니아주 페어팩스 카운티에서 1935년 조지 밀러^{George Miller}의 노예 앨리^{Ally}가, 버킹엄 카운티에서 1918년 폴리^{Polley}와 1934년 케사이아^{Kesiah}가 유아를 살해한 죄로 기소되어 모두 교수형에 처해졌다. 1815년에 열린 노스캐롤라이나 그랜빌 카운티 출신의 노예 해나^{Hannah}의 재판에서, 한 증인은 해나가 자기 아이의 목을 벤 후 스스로의 목도 베려 했다고 증언했다.

때로 노예 여성은 유아 살해를 위협의 수단으로 사용하곤 했다. 예컨대, 한 엄마가 사소한 범죄로 아기와 격리될 위험에 처하자 아기 발목을 잡아 공중에 높이 들어올려 금방이라도 바닥에 머리를 내리치기라도 할 듯한 태도를 보인 사례도 있다(노예 소유주는 뒤로 물러설 수밖에 없었다). 낙태와 마찬가지로 유아 살해는 세상의 냉대에 대응해 가장 냉혹하게 자율성을 주장하는 방식이었다. 하지만 이것 역시 '어머니 노릇을 하기 위한' 행동이었다. "그들

은 어머니 노릇에서 나온 결정, 즉 어머니가 되지 않겠다
는 결정을 내렸다"(스테파니 쇼Stephanie Shaw의 지적으로, 그
는 남북전쟁 전 미국 남부의 노예 어머니들에 대한 에세이
에서 이 사례들을 인용했다).[27] 그들은 물론 모유도 빼앗겼
다. 노예 여성은 종종 주인댁 아이에게 젖을 물려야 했고,
여성의 생명은 ─ 죽었건 살았건 자기 자식에게 속한 생명
말이다 ─ 펌프로 뽑아내듯 젖을 빠는 압제자의 미래로 무
자비하게 유입되었다(물론 아기는 자신에게 젖을 물린 양
육자와 자신의 세계 사이의 격차에 대해 전혀 알지 못했을
테지만).

　간혹 자손이 장차 자유의 삶을 누릴 수 있게끔 준비시
키는 노예 어머니도 있었지만, 대부분은 살아남은 자식에
게 생존 기술을 가르치는 게 어머니의 주된 임무라고 생각
했다. 백인 서구 문화에서 이야기되는 어머니의 사랑은 일
종의 사치다. 생존 자체가 어려운 상황에서 모성은 아이
의 응석을 받아주고 착하게 굴기보다 앞을 내다보며 교활
해야 한다. "어머니는 감정적 파멸이라는 비싼 대가를 치
르고 나서야 딸의 생존을 확보할 수 있었을 것이다." 퍼트
리샤 힐 콜린스의 말인데, 그다음에 이어지는 그의 지적은
오늘날에도 여전히 시의적절하다. "이에 반해 억압적 상황
에 심각하게 도전하는 흑인 딸은 육체적으로 살아남기 어
렵다."[28] 콜린스의 글이 나온 것은 1990년대다. 그후 미국

내에서 인종화한 국가폭력의 증가로 '흑인의 생명도 소중하다'Black Lives Matter(아프리카계 미국인을 향한 폭력과 제도적 인종주의에 반대하는 사회운동―옮긴이) 운동이 촉발되었고, 2016년 11월 도널드 트럼프가 대통령에 당선되면서 미국 내 흑인의 삶은 한층 더 위협받고 있다. 정말로 전 세계는 전에 비해 훨씬 더 위험해졌다.

이어서 언급할 또다른 예는 앞의 예와 상이하되 무관하지 않은 남아프리카공화국 이야기다. 1991년 출판된 신디위 마고나Sindiwe Magona의 소설집 『살며, 사랑하며, 잠 못 이루며』Living, Loving and Lying Awake at Night에 실린 첫번째 이야기는 아파르트헤이트 아래 폭력적인 인종 간 불평등이 걷잡을 수 없이 만연한 상황에서, 사랑하기 때문에 아이를 버린다는 것이 무엇을 의미하는지를 매우 강렬하게 극화한다. 여자는 다섯 아이의 유일한 부양자다. 다섯 아이 모두 남편이 요하네스버그 금광에서 열한달을 일하고 잠시 집에 돌아온 사이 생겼는데, 이제 남편은 그에게 더이상 돈을 보내오지 않는다. "아무 풀밭에고 질질 흘리고 다니는 개새끼 같은 놈. 자기가 어느 풀밭에 오줌을 싸질렀는지도 싹 다 잊었다."[29] 다섯은 그중 살아남은 아이의 숫자다. "임신이 다 결실을 보고 아이가 어려서 죽지 않았다면, 아마도 그 수가 두배는 되었을 터였다."[30] 막내에게 아직 젖을 먹이는 중이지만 여자는 밤에 살며시 집을 빠져나와, 자신이 모욕당하고 학대당하고 착취당할 것을 알면서도 — 이후 이야기를 통해 확인된다 — 백인 "마님의" 집에 일거리를 구하러 간다. "아이들을 떠나는 게 그가 해줄 수 있는 유일한 엄마 노릇이었다"(자유간접화법을 통해 독자는 반박의 여지 없이 그의 마음을 들여다보게 된다).[31]

한편 터질 듯 관능적이고 가련하리만치 서정적인 문체는 이야기에 눈을 뗄 수 없을 정도로 강렬한 흡인력을 부여하며, 그로써 독자는 잔인한 경험을 만끽할 일종의 왜곡된 기회를 갖는다. 마치 마고나 자신이 언어를 어머니처럼 보살핌으로써 자신의 인물이 아이를 두고 가며 느꼈던 고통을 보상해주는 듯하다. "그녀는 일어나, 갈대처럼 몸을 곧추세운 채 조용히 깔개 위에 서 있었고, 그동안 그녀의 생각은 말처럼 질주해나갔다.""여자가 귀를 기울이니 소리가 들리는 것만 같았다. 음, 쉬, 음-쉬. 아이가 숨을 들이쉬고 내쉬는 모습이 보이는 것만 같았다.""4월 산들바람에 날리는 민들레 꽃씨처럼 가볍게, 여자는 아이들이 자고 있는 헛간에서 걸어 나왔다."[32] 그가 가시에 찔려 피를 흘리고, 여섯달 된 아기가 젖을 찾아 숨이 끊어질 듯 우는 모습을 그리며 멈추어 선 채 젖을 짜기 시작하는 장면에서 이야기는 절정에 이른다.

무릎을 꿇고, 우선 한쪽을 짜낸 뒤, 그다음 나머지 가슴을 짰다. 다급한 손길이 닿자 단단하게 부풀어 오르고 핏줄이 드러난 젖가슴이 뜨거워졌다. 찍-찍. 하얀 액체가 뿜어져 나와 거품을 일으키며 바닥으로 흘러내렸다. 찍-찍-찍. 탐욕스러운 흙바닥이 아기의 생명으로 갈증을 채우는 동안 무릎 옆에는 여자의 눈물 자국이 만들어졌다.[33]

그는 자신이 나선 길에서 조금도 망설이지 않는다. "자신을 떠나보낸 아이들을 위해 마지막 한숨을 내쉬었다. 그는 그들을 매우 사랑했다." 여기서 아이들이 그를 떠나보냈다는 표현에 주목해보자. 이것은 일체의 감상이 제거된 또다른 종류의 사랑이자, 사회가 바로잡아야만 하는 불의에 대한 증언이다. 이 단편집은 아파르트헤이트가 종식되기 3년 전에 출간되었다. 모리슨과 마고나가 들려주는 이두 이야기, 극단으로 내몰린 어머니의 사랑 이야기에서, 모성은 역사와 동떨어진 저 먼 해안가에 홀로 고립된 것으로(마치 어머니의 젖가슴이 아기에게 모든 것을 다 줘버려서 더이상 아기와 세계에 줄 수 있는 것이 아무것도 남아있지 않은 듯) 그려지지 않는다. 또한 이 작가들이 가차 없이 추적하는 병폐에 대한 해결책이 오로지 모성에 있다고 믿기란, 어떻게 생각해도 불가능한 일이다.

*

　서구에서 어머니는 어머니라는 이유로 처벌받는 동시에 무조건적인 사랑을 베풀 것을 요구받는다. 미움은 사랑에 정확하게 비례하고, 요구가 강할수록 기대는 기만적이며, 숭배는 질책의 눈가림일 확률이 높다. 따라서 현대 세계에서 어머니의 사랑이 어떻게 왜곡됐는가에 대한 증거를 찾기 위해 우리가 주목해야 하는 것은 모리슨과 마고나의 역사적 폭력과 유기에 대한 이야기가 아니다. 대신, 이 장의 마지막 대목에서는 모성과 관련해 가장 심오하면서도 가슴 아픈 진단과 비탄이 담겨 있는 서구의 고전문학을 더 깊숙이 들여다보도록 하겠다. 우연한 기회에 이디스 워튼Edith Wharton의 소설 『어머니의 보상』 *The Mother's Recompense*을 접했을 때, 나는 어떤 강력한 힘에 의해 이 소설이 내 무릎 위로 떨어진 것이 아닐까 생각했다. 이 소설은 모성에 대한 현대적 신화를 맹렬한 기세로 독자의 면전에 휘두르며, 지난 세기 ─ 지금도 여러모로 여전하지만 ─ 대도시 백인 지배층의 세계에서 정상으로 간주되던 광기를 산산이 해체한다.

　이 소설이 출판된 것은 1925년으로, 페미니즘이 모성이라는 불가능한 이상을 비판의 대상으로 삼게 된 1960~70년대보다 무려 반세기나 앞선 시기다. 오늘날에는 그다지 알려져 있지 않지만, 당대 이 소설의 판매 부수는 워튼의 가장 유명한 소설『순수의 시대』*The Age of Innocence*와『기쁨의 집』*The House of Mirth*에 버금갔을 뿐 아니라『위대한 개츠비』*The Great Gatsby*와 베스트셀러 자리를 두고 경쟁할 정도였으며 저자에게 불과 몇달 만에 5만 5000달러의 수입을 안겨주었다고 한다. 이 소설을 출판한 해에 워튼은 여성으로서는 처음으로 국립예술원*National Institute of Arts and Letters*에서 금메달을 받았다.『어머니의 보상』이 같은 해에 출판된 울프의 소설『댈러웨이 부인』*Mrs. Dalloway*의 "탁월한 실험주의"와 비교해 "구식"이라고 평가받은 것에 워튼은 매우 불쾌해했다고 한다.[34] 이 소설이 울프의 작품에 비해 좀더 전통적인 산문 양식으로 쓰인 것은 사실이다. 그럼에도 불구하고 딸에 대한 어머니의 사랑이 어머니와 딸 두 사람 모두의 인생을 파멸 직전까지 몰고 가는 이야기에 대해 구식이라는 표현은 어울리지 않는다.

케이트 클레페인은 딸 앤을 버린 엄마다. 물질적으로 궁핍하기는커녕, 오히려 그런 사정과는 매우 거리가 먼데도 말이다. 케이트는 뉴욕의 부유한 사교계 명사로, 어떤 대가를 치르더라도 강압적인 남편과의 숨 막히는 결혼 생활에서 탈출하기로 결심한다. 여러해에 걸쳐 그는 남편의 견해와 시어머니의 까다로운 기준, 그리고 "삶이라는 두려운 일에 맞서 그들이 스스로를 보호하기 위해 두른, 이해할 수 없는 온갖 의례"에 순응하기 위해 부질없이 애를 써온 터다.[35] 따라서 포기는 가벼운 결정이 아니다. 그것은 절망에서 나온 행위다(역시 여러해가 지난 후에야 페미니즘도 워튼의 뒤를 이어, 이른바 정상 가족 내 여성의 파괴를 중요한 쟁점 중 하나로 제기하게 된다). 새로운 세기의 출발과 함께 프랑스로 떠난 그는 분노한 시어머니의 주도와 "여성의 천적"인 변호사, 판사, 신탁관리인, 후견인의 협조에 의해, 딸과 접견할 기회를 완전히 박탈당한다.[36] 그들에게는 그의 삶을 좌지우지할 힘이 있다. 오랜 시간이 흘렀지만, 이러한 상황은 여전히 혼인 가정을 떠난 많은 여성이 겪는 현실이기도 하다. 나는 1980년대 초반 자녀 양육권을 빼앗긴 여성을 알고 있는데, 그의 친구와 지지자들은 하나같이 이혼 여성이거나 동성애자, 또는 둘 다라는 이유로 법정에서 그녀의 인성에 대해 증언할 수 없었다고 한다.

소설은 제1차 세계대전의 종전과 함께 시작하며, 케이트 클레페인의 곤경은 이후에도 한참이나 지속된다. 시어머니가 죽은 후 그는 너그러운 딸의 부름을 받아, 그의 표현에 따르면 딸애를 잃어버린 지 18년 만에 뉴욕에 돌아온다. "'잃어버리다'는 그가 만들어낸 완곡한 표현이었다(사람들이 분노의 여신Furies을 상냥한 이들Amiable Ones이라고 부르듯이). 엄마가 되어서, 자진해서 딸애를 버렸다고 가장 내밀한 자아 앞에서조차 고백할 수는 없었다."[37] 그가 돌아온 곳은 비정하고 부유한 세계로, 그 세계 속 인물들은 하나로 통합되어 "집단적 미국인의 얼굴"을 구성하며 기이하게도 자신들과는 거의 관련이 없었던 전쟁에서 위로를 얻고 있다.[38] 작가인 워튼이 그랬듯 케이트도 프랑스에서 했던 일로 훈장을 받는다. 이때 소설은 지나가는 말로 에우메니데스(Eumenides. 복수와 분노의 여신—옮긴이)를 언급하며—"분노의 여신, 상냥한 이들"—우리가 그리스비극의 세계로 들어섰음을 알린다. 여기서 우리가 명심해야 할 것은, 에우메니데스에게는 어머니를 무자비한 운명에서 구원할 힘이 없다는 점이다.

『어머니의 보상』은 아이 유기와 인과응보에 대한 이야기인 동시에 어머니의 질식할 것만 같은 사랑 이야기이기도 하다. 그런 사랑은 죄책감의 산물이다. 그 중심에는 크나큰 고통이 숨어 있다. 자신이 실패했다고 느끼는 어머니라면 누구라도 마땅히 그것을 찾아 나설 것이라고 이 이야기는 암시한다. 스스로를 구원하려는 임무는 실패할 수밖에 없다. 그렇다면 어떻게 그 모든 것을 아우르는 사랑에 세상의 구원을 기대할 수 있단 말인가? 따라서 제목에 나오는 '보상'이라는 단어는 반어적이며 일종의 미끼에 가깝다. 워튼은 작가 그레이스 아길라Grace Aguilar의 사후인 1851년에 출판된, 어머니의 사랑에 바치는 감상적 찬가의 제목에서 이 단어를 가져왔다. 아길라의 책에 등장하는 어머니는 오만함이 느껴지는 경건한 태도로 진술한다. "모성애에는 불가피하게도 많은 슬픔과 많은 근심이 따르기 마련이죠. 하지만 그들은 잊혀요. 완전히 잊히거나, 아니면 기억에 남아 뒤따라오는 감미로운 보상을 돋보이게 할 뿐이랍니다."[39] 워튼의 소설은 이와 전혀 다른 이야기를 들려준다. 이 소설의 제사—"황량함은 부서지기 쉬운 것"—는 셸리[P. B. Shelley]의 시극 「사슬에서 풀려난 프로메테우스」[Prometheus Unbound]에서 가져온 것이다. 워튼의 전기를 쓴 작가 허미온 리[Hermione Lee]가 지적하듯, 시는 이 구절에 이어 잠든 채 꿈에서 환영을 보는 사람의 이미지를 보여준다. "그 괴물을 사랑이라 불러라 / 그리고 깨어나, 고통인 그림자를 보아라."[40] 사랑 뒤에 고통이라는 그림자가 따른다는 생각은 상투적으로 여겨질지 모르지만 어머니라는 주제를 다룬 담론을 읽어본 사람에게는 전혀 그렇지 않으며, 워튼의 시대에는 더더욱 그랬을 것이다.

케이트가 딸과의 관계에서 되찾을 수 있기를 기도했던 그 사랑이 결코 좋은 결과를 낳을 수 없다는 점은 처음부터 명백했다. "케이트는 자신들이 한번도 분리된 적 없는 정교한 기구의 두 부품처럼 완벽하게 들어맞는다고 느꼈다. 마치 앤이 자기 삶의 나머지 절반인 것만 같았다. 그가 꿈꾸었지만 살아보지 못한 그 절반 말이다. (…) 그는 늘 완벽함을 희구했고 그리워했다"("완벽하게"와 "완벽함"

의 반복으로 미리부터 은연중 속내를 드러낸다).[41] 얼마간 그 꿈은 실현될 듯 보였지만, 딸이 크리스 페노[Chris Fenno]라는 남자와 결혼을 약속했다는 사실을 알게 되는 순간 이는 산산조각 난다. 볼티모어 출신의 젊은 청년 크리스 페노는 케이트가 남편과 딸을 버리고 선택했던 남자(고작 요트 한대를 소유한 야단스러운 옷차림의 남자였다는 게 나중에 밝혀졌다) 다음으로 인생에서 가장 진지하게 연애했던 남성이다. 이 지점에서 신파극의 세계와 그리스비극의 세계가 만나며, 이 때문에 이 소설은 손에서 놓기 어려울 정도로 흥미진진해진다. 케이트는 그 연애를 잊지 못한다. 딸에게 사실대로 이야기할 수 없다고 결정을 내린 그는 전 애인을 직접 만나 파국으로 이어질 수밖에 없는 이혼사를 깨보려 한다. 하지만 그의 노력은 허사로 돌아간다. 소설은 "완벽한 사랑은 두려움을 내쫓는다"(「요한1서」4장 18절—옮긴이)[42]라는 성서 구절을 인용하는데, 케이트에게는 암만해도 그렇지 않은 것 같다.

비평가들은 이 소설의 줄거리가 다소 황당하다고 이야기해왔다. 더 심하게는, 이 소설은 어머니와의 관계가 적대적이며 자식이 없는 여성 작가의 독하고 이해할 수 없는 불평에 불과하다는 평도 있었다. 워튼의 어머니는 워튼이 결혼할 때까지 소설을 읽지 못하게 했고, 워튼이 글을 쓰는 일을 조금도 지지하지 않았다고 한다. 물론 이것을 다르게 볼 수도 있다. 워튼이 자기 삶의 경험을 넘어선, 여성에 대한 미묘하고도 까다로운 주제와 대결함으로써 정신의 비범한 깊이를 드러낸 작품이라는 해석이 가능하다. 사실 역설적이며 직관에 반하는 의견이라고 지적할지 모르지만, 여기서 "가장 내밀한 자아 앞에서조차, 자진해서 딸애를 버렸다고 고백"할 수 있었던 것은 오로지 아이가 없는 여성이었기 때문에 가능했다고 볼 수도 있다. 이 대목에서 워튼은 아이가 없는 또는 — 리치가 더 선호하는 표현을 따르자면 — "아이를 안 가진"unchilded 여성의 증언이 없다면, 우리 모두는 아마도 정신적 영양실조에 걸릴지도 모른다는 리치의 견해가 사실임을 확인시켜준다.[43]

어느 쪽이건 있을 법하지 않은 줄거리 덕분에 워튼에게는 소설에서 어머니와 딸이 공통적으로 갈망하는 친밀함의 위험을 낱낱이 폭로하는 것이 가능했다. 매우 대범하게도 그는 어머니와 딸의 물리적 친밀함의 저류를 파헤치고 그 아래 숨은 근친상간의 그림자를 직시하기를 마다하지 않는다(언급된 적은 거의 없지만 그들의 친밀함이 찬사만큼이나 비난을 받은 것은 바로 그 이유에서다). 어머니와 딸이 같은 남자와 사랑에 빠졌으니 무엇보다 분명한 근친상간이다. 하지만 결정적으로 어머니와 딸 사이에 이들을 하나로 묶는 몸과 몸의 성애가 존재한다는 점에서 근친상간적이다. "그때 그에게는 자신과 아기가 두 사람이라고

136

생각되지 않았다. 그의 전 자아가 자신을 향해 애원하듯 몸을 밀착한 이 어린 육체의 일부가 된 것만 같았다. (…) 마치 온몸을 떨며 흐느끼는 딸의 흐느낌이 자신의 것인 것만 같았다."[44] 케이트는 앤에 대한 자신의 사랑이 "크리스에게 품었던 그 드물고 열렬한 감정"과 유사하다는 점에 소스라치게 놀란다.[45] 허미온 리는 "근친상간적 요소가 딸을 향한 엄마의 욕망 때문인지, 아니면 딸이 자기 연인과 함께 있는 장면에 대해 엄마가 느끼는 공포 때문인지 분명하지 않다"라고 지적한다.[46] 요점은 케이트 자신이 이를 구분하려고 애쓴다는 것이다.

이를 토대로 워튼은 조금의 도덕적 죄책감도 없이 어머니와 딸의 목가牧歌를 — 마치 그렇게 될 예정이었다는 듯 — 순전한 공포 속으로 내동댕이친다. 케이트는 이제 "정상적이고도 비정상적인", "소름 끼치고, 참을 수 없고, 피할 수 없는" 딜레마(근친상간처럼), 즉 "살아 있는 인체의 섬유질 깊숙이 박혀 있어 치명적 손상을 입지 않고 떼낼 수 없는" 문제를 마주하게 된다. 이와 유사하게 프로이트는 심리적으로 내장된 건강한 조직에 손상을 입히지 않고서 신경증적 증상을 도려내는 것은 불가능하므로 마음을 치료하는 응급처치란 있을 수 없다고 설명한다.[47] 케이트 앞에 "광기 어린 환영이 펼쳐졌다".[48] 마치 누구라도 마음의 이 영역에 들어서면, 거기서 무엇을 발견하든 이성적

한계 같은 건 없다는 걸 보여주는 듯하다. "그의 머릿속에서 어두운 무언가가 부글부글 끓어올랐다. 모든 생각과 감정이 기억과 얽혀 꽉 막혀버린 듯했다. (⋯) 질투인가? 그가 딸을 질투하는 것인가? 실제로 그는 질투를 느끼고 있는가? (⋯) 그래서 처음부터 그들 사이에 뭔가 근친상간적 공포의 기운이 서려 있다고 느낀 걸까? 그는 알지 못했다ㅡ자신의 고뇌를 분석하는 것은 불가능한 일이었다."[49]

케이트는 거의 자살 직전에 이르러, 어느날 밤 미친 듯 거리로 뛰어나간다. 한편 앤은ㅡ크리스가 약혼을 취소한 이유가 경제적인 격차 때문이라고 착각하고ㅡ어머니에게 자신의 상속권을 박탈해달라고 설득하지만 실패한다. "그러면 엄마는 내가 계속 고통받기를 바라나요? 날 죽일 생각이에요?"[50] 케이트는 "무자비한 불꽃"을 향해 "죽어라고 날갯짓하는" 나방에 비유되기도 한다.[51] 해결할 길은 없다. 만약 케이트가 뜻을 고집해 결혼을 막는다면, 머지않아 "환멸의 잿빛 세상에 엄마와 딸만 남아 유령처럼 서로를 마주 보게 될 것 아닌가".[52] 결국 결혼은 진행되고, 케이트는 고통스럽지만 마지못해 이를 묵인한다. 결혼식장으로 향하는 마차에서 케이트는 딸애가 세상에 존재하는 "상상 초월의" 모든 행복을 누리기를 기원한다. 앤은 답한다. "오, 엄마! 너무 과해요. 그렇게 말하니 겁이 나잖아요."[53]

너무 과한 친밀함은 심지어ㅡ특히ㅡ어머니와 딸 사

이에서도 치명적일 수 있다(모성애의 극단적 형태다). 워튼은 이 상투어(모성애)를 풀어 헤쳐, 문명이라는 허울 아래 그런 사랑 —— 오늘날에도 여전히 이상화되는 —— 이 매개하고 감추는 위험한 충동을 폭로한다. 소설의 마지막 대목에서 어머니가 얻는 보상이 있다면, 그가 모든 것을 포기하고 다시 프랑스로 떠나면서 보여주는 정신력뿐이다. 워튼은 케이트가 단호하고 사려 깊지만, 그럼에도 불구하고 구원의 지식에서는 완전히 단절되어 있음을 보여준다(그가 자신의 고통을 "분석하는 것"은 불가능했다). 하지만 그 시간, 그곳에 속했던 그 어떤 어머니가 전쟁에서 막 벗어난 세상의 역사적 잔인함이나 자신의 역경을 이해할 수 있었겠는가?

*

한 세기 뒤에 언론인 애리얼 리브Ariel Leve는 워튼의 이야기를 이어받아, 친밀함과 방임이라는 또다른 관점에서 어머니에 대한 회고록 ——『축약된 일대기』An Abbreviated Life라는 제목으로 2016년 출판됐다 —— 을 쓴다. 리브의 어머니는 엄밀히 말해 딸을 버리지는 않았지만, 단 하루도 오롯이 딸하고만 시간을 보낸 적이 없는 어머니였다(약속을 어기는 일이 끝없이 반복된다). 그럼에도 불구하고, 혹은 바로 그렇기 때문에 리브의 어머니는 딸에게 죽어라고 매달린다. 애리얼이 어린 시절 학교에서 집으로 돌아오면, 어머니는 종종 벌거벗은 채로 침대에 누워 있곤 했다. 어머니는 "내 삶의 가장 행복한 날"을 되살리자며 딸을 침대로 불렀다. 애리얼은, 그리고 한번은 집에 같이 왔던 친구까지도, 옷을 벗고 어머니 곁에 바짝 몸을 웅크린 채 태아의 자세를 취해야 했고, 어머니가 질 밖으로 애리얼을 밀어내는 시늉을 하면 애리얼은 어머니의 다리 사이에서 기어 나왔다(친구는 곧바로 집에 돌아가 자기 어머니에게 이 사실을 이야기했고 다시는 애리얼 집을 방문하지 않았다).

이것은 또다른 뉴욕 사교계 명사의 이야기로, 자기중심적인 엘리트 세계, 이 경우에는 대도시 고급 예술가의 보헤미안적 삶의 정신병리학을 파헤친다. 리브의 어머니 샌드라 호크먼 Sandra Hochman —— 리브의 책에서는 한번도 이름이 언급되지 않지만 알아채기 어렵지 않다 —— 은 성공한 시인으로, 전 세계 문화예술계의 명사들에 둘러싸인 어머니 덕에 집은 파티로 늘 번잡했고 애리얼은 학창 시절 내내 밤에 제대로 잠을 이룰 수가 없었다고 한다. 딸 애리얼에게 보여주는 어머니의 행동은 비뚤어진 기행 또는 순전히 미친 짓일 뿐이라고 묵살해버리기 쉽지만 —— 다른 한편 독자라면 이 이야기를 읽고 어린 소녀를 대신해 분노의 눈물을 흘리지 않을 수 없다 —— 이번에도 그렇게 볼 수만은 없다. 이 극적 사건은 난데없이 불쑥 벌어진 일이 아니다. 무한한 모성. 호크먼은 이 명령을 뒤틀린 의미에서 글자 그대로 복종하는 또 한명의 엄마다. 그가 딸을 방치하고 조종하면 할수록 완벽한 모성에 대한 그의 의존도 깊어진다. 다만 케이트와 앤의 이야기와 달리, 이번에는 딸의 관점에서 이야기가 서술된다는 점만 다를 뿐이다. 딸은 자신이 입은 피해를 외과적 정확성으로 기록한다. "나의 엄마가 경험한 것과 내가 노출된 것 사이에는 어떤 장벽도 없었다. '우리는 서로 비밀을 갖지 않는다'가 우리 사이에 통용되는 모종의 계명이었다. 아무것도 숨길 수 없었다."[54] 리브는 자신을 구원한 시적 호소력을 담아 이야기한다. "엄마가 헤엄치는 바다에 존재하는 것 말고 내게 다른 대안은 없었다. 그곳은 예고 없이 기온이 변하는 취약한 생태계였다. 나는 타고난 형체를 잃고 무정형의 존재가 되었다. 엄마의 기대라는 물결에 떠다니는 플랑크톤이었다."[55]

호크먼도 죄책감에 시달리는 어머니였다. 하지만 그 자신은 그것을 알지 못했다. 자신이 어머니로서 그저 완벽하다고 생각했다. 딸을 향한 제멋대로의 열정과 분리 불가능한 노골적 자기도취는 자기부정에 기초한 어머니의 정신을 보여주는 멋진 실례다. "진짜 피해는 표면 저 아래쪽에 묻혀 있었다. 그는 이 사건(방치와 부적절한 친밀함)을 부인했고 내가 부당한 분노로 자신을 처벌하려 한다고 비난했다.

학대를 지우는 것이 학대보다도 더 나쁜 일이었다."[56] 어머니 측의 이야기를 듣지는 못했지만, 딸의 이야기는 그를 돕겠다고 나섰던 아버지의 전 여자친구 리타[Rita]가 보낸 편지와, 이에 더하여 책을 쓰는 과정 중 딸이 자신의 과거에서 찾아내고 발견했던 수많은 사람들에 의해 사실임이 충분히 확인된다.

리브의 글은 이해를 갈구하는 일종의 탄원서였다. 그는 자신의 두뇌 깊은 곳까지 영향을 미친 손상에서 회복하기 위해 작가가 되었다(그 점에서 작가가 되는 데 어머니에게 빚졌음을 전적으로 인정한다). 하지만 그는 그런 어머니의 딸이라는 시련 — 딸이 된 자의 시련이라고 할 수도 있는 — 이 이성의 지시에 따라 강제적으로 몰아낼 수 있는 게 아니라는 점도 잘 알고 있었다. 그는 마리오[Mario]라는 남자와 새 삶을 꾸린다. 그는 발리에 사는 다이빙 강사인데, 그곳은 어쩌면 애리얼이 지금껏 살던 세계에서 가장 멀리 떨어진 장소다(기구와 편의 시설이 전무하고, 급할 것이 없으며, 보통은 말도 필요 없는 세계다). 글쓰기와 더불어 마리오와 그의 두 딸 덕분에 애리얼은 새롭게 숨을 쉴 수 있게 된다. 그러나 바다의 사내임에도 불구하고 마리오는 애리얼이 허우적거리고 있는 그 바다 — 부유하는 플랑크톤과 형체를 무화시키는 물결들 — 만큼은 참을 수 없어한다. "'왜 그냥 그 악마들을 잡아 없애버리지 못하는 거죠?'

그가 진짜 이해할 수 없다는 듯 말했다. '그러니까 내가 거기서 헤어나지 못하는 이유가 뭐냐는 건가요?' '그래요.' 그는 내가 생각하는 사람이면서 동시에 스스로의 생각을 통제할 수 없다는 게 말이 안된다고 여기는 듯했다. '헤어날 수 없다 해도 합리적이고 이성적으로 대처할 수는 있는 거잖아요.'"[57]

책의 한 대목에서, 리브는 뉴욕의 어느 서점을 방문했다가 우연히 모성을 주제로 한 시선집에서 엄마가 쓴 시 한 편을 발견했던 일화를 언급한다. 나는 그 시를 찾아낼 수 있었다('어머니와 시'로 검색해보면 끝까지 읽어내기 버거운 시들의 기나긴 목록을 확인할 수 있다. 어머니의 사랑은 선물이라느니, 혹은 진정한 사랑이라느니, 영원하다느니 하는 시들 말이다).「잠들기 전 내 딸을 생각하며」 Thoughts About My Daughter Before Sleep 라는 제목의 그 시는 시선집에 수록된 다른 많은 시들과 마찬가지로 어머니라면 누구라도 썼을 법한 사랑의 시다. "애리얼, 내 인생의 / 진짜 기적 같은 존재, / 내가 널 이렇게 완벽하게 만들었다니." 실비아 플라스 Sylvia Plath 는 적어도 '애리얼'이라는 이름을 자신이 키우던 말에 대한 시에 붙였다. (호크먼처럼) 애리얼의 길들여지지 않은 정신을 자신의 어린 딸에게 투사해 그의 삶을 대신 살거나 통제하려는 짓 따위는 하지 않았다. 다음은 호크만의 시 마지막 연이다. 이미 충분히 따분하고 상투적인데도 거기서 그치지 않고 한층 더 사악한 영역으로 살금 살금 넘어간다.

> 너를 통해 내가 태어났지
> 내 시작이 담긴 종자種子 상자 안에 누워서,
> 길들여지지 않은 나를 열고,
> 언젠가 잃어버린 것, 언젠가 잃어버린 것
> 어린 시절 포도나무 사이에서
> 나는 살아 숨을 쉬었네

어머니는 자신의 길들여지지 않은, 잃어버린 시작을 딸애의 몸 깊숙한 곳에서 찾는다(이는 딸이 왜 끊임없이 다시 태어나야 하는지를 설명해준다). 기적 ── 이번 장의 앞부분에서 했던 이야기로 돌아가자면 ── 은 어머니 혼자 이루어낸 것이다. "내가 널 이렇게 완벽하게 만들었다니." 이미 충분히 노골적인 외침이지만, 어머니는 더 나아가 아예 딸의 면전에 직접 대고 강요한다. "넌 내게 모든 걸 빚졌어." 그런데 갑자기 이런 생각이 든다. 앞서 등골이 오싹해지는 딸의 이야기를 읽지 않았다면, 내가 이 구절을 보고 잠시라도 멈칫했을까?

"당신은 어머니의 무의식이라는 프로펠러의 후류 속에서 태어났어요." 언젠가 심리치료사가 내게 해준 이야기다. 어머니에게 오로지 자식만을 위해 살라고 명령하는 문화에서 이만큼이나 적절한 표현은 없으리라.『축약된 일대기』는 이 명령의 잔인한 왜곡을 보여주는 하나의 예시에 불과하다. 지금까지 애착의 깊이에 대해 이야기했는데, 만약 우리가 외견상 아무 잘못도 없어 보이는 그 지시 ─ 자식만을 위해 살라 ─ 의 의미가 무엇인지를 깨닫지 못한다면, 어머니의 해방은 없으며 미래의 자손의 삶이 더 나아지리라는 보장도 사라질 것이다. 결국 이 지시는 우리의 생각을 통제하는 장치에 불과할 뿐, 합리적이고 이성적인 것과는 거의 관련이 없다는 점이 분명해진다. 조금만 노력하면 자식이 어머니의 영역으로부터 헤어나올 수 있다고 믿는 이가 비단 마리오만은 아니라는 점도 분명하다(그의 조바심은 마치 무의식의 짐을 어머니에게 떠넘긴 다음 어머니와 무의식을 한꺼번에 처리해버릴 수 있다고 말하는 듯하다). 하지만 이 역시 손상된 시각에서 비롯한 생각이다. 이성의 회복을 요구하는, 다소 짜증 섞인 마리오의 이야기와 어머니의 정서적 광풍은 동전의 양면과도 같기 때문이다. 우리는 더 깊이 들여다보아야 한다. 지금까지 살펴보았던 모성에 대한 설명에는 대부분 뭔가 빠져 있거나 밀려나 있다. 나는 그것이 다름 아닌, 자신의 마음에 대한 어머니의 알 권리라고 생각한다. 지금부터 그것에 대해 이야기하겠다.

증오하기

그렇다면 우리는 이렇게 질문해볼 수 있다. 모유수유협회의 광적인 모유 수유 장려 활동에서 시작해 '나쁜' 엄마를 배척하는 일, 어머니가 자기 아이에게 맹목적 애착을 쏟기를 기대하는 것에 이르기까지, 이 모든 방어전이 상정하는 적은 무엇일까? 모성에 대해 경건함을 가장하거나, 가혹한 태도를 보이거나, 또는 좀 모자란 듯 구는 이 입장들—상호 배타적이지 않다—은 도대체 누구를 대변하는 것일까? 1981년 출판된 엘리자베뜨 바댕떼르의 『만들어진 모성』ᴸ'ᴬᵐᵒᵘʳ ᵉⁿ ᵖˡᵘˢ은 선천적·보편적 모성 본능을 독창적으로 분석한 비판서로서 프랑스에서 큰 논란을 불러일으켰다. 이 책의 편집자가 당대의 저명한 정신분석가 브루노 베텔하임ᴮʳᵘⁿᵒ ᴮᵉᵗᵗᵉˡʰᵉⁱᵐ에게 서문 집필을 의뢰했을 때, 그는 다음과 같이 대답했다고 한다.

> 나는 평생 어머니의 증오 때문에 삶이 파괴된 아이들과 함
> 께 작업해왔습니다. (…) 이는 모성 본능 같은 것은 없다는 걸
> 증명해주며, 실제로도 물론 그런 건 없습니다. (…) 이 책이 여
> 성을 죄의식에서 해방하는 역할을 할지는 모르지만 사실 죄의
> 식이야말로 아이를 파멸, 자살, 거식증 등에서 구원하는 유일한
> 억제책이라 할 수 있습니다. 나는 불행한 수많은 아이를 파멸
> 로부터 지키는 마지막 버팀목을 뽑아내는 일에 내 이름을 보태
> 고 싶지 않습니다.[1]

이 신랄한 진술을 통해 우리는 문제의 핵심에 한발 더
가까이 갈 수 있다. 베텔하임은 모성 본능 같은 것은 없다
는 점에 동의하며, 그래서 그토록 많은 아이가 불운하다고
지적한다(이것은 베텔하임이 아이들에게 적용해온 치료
법이 폭로되기 전의 이야기다).[2] 앞서 살펴보았듯 여기에
서도 오직 엄마 이야기뿐이며, 아빠나 사회적 박탈에 대해
서는 어떤 언급도 없다. 그 말은 유아 놀이방 — 엄마와 아
기의 유대 — 바깥에는 그 어떤 세상도 존재하지 않음을
의미한다(그러므로 아기에 대한 어머니의 통제를 강화하
는 것은 다름 아닌 베텔하임 자신이다). 그에 따르면 오직
죄의식만이 어머니를 아이에게 안전하게 묶어놓을 수 있

는 듯 보인다. 죄의식이 없다면 아이는 살아남지 못할 것이다. 물론 그런 방식으로 아이가 결코 행복해질 수 없다는 점을 감안하더라도, 죄의식은 "불행한 수많은 아이를 파멸로부터 지키는 마지막 버팀목"인 셈이다.

베텔하임이 만들어낸 것은, 말하자면 프로이트가 이야기하는 초자아의 '어머니와 함께 듣는' 버전이라고 볼 수 있다. 정신에서 초자아는 사회적 통제의 매개체로 인간의 욕망을 억제해야 하며, 이를 위해선 무방비 상태의 가련한 자아를 정해진 사회적 역할에 강제로 고정시켜야만 한다. 프로이트의 견해에 따르면, 초자아가 맹렬한 기세로 자기 임무를 수행하고 있다는 것은 곧 우리가 문명 최고 명령의 억압적이고 자멸적인 속성을 수용해야만 한다는 뜻이다. 이것이야말로 정신분석이 절대로 가담해서는 안되는 일이다. 그 대신 만일 〔정신〕분석이 초자아의 냉엄함을 약화시켜줄 수 있다면 타자와 자기 자신을 처벌할 가능성은 줄게 된다. 한편 베텔하임은 어머니가 죄의식에 쫓겨, 그의 설명에 의하면, 가짜 역할을 맡아야 한다고 주장한다. 어떤 대가를 치르더라도 아이를 증오에서 구출해야만 한다. 베텔하임은 바댕떼르가 옳다고 생각하면서도 그의 책에 자기 이름을 넣는 것을 허용하지 않음으로써 진실을 억압했다. 따라서 증오는 죄인이 된다(일종의 동어반복이다). 어머니에게 요구되는 것은 — 어쩌면 온갖 요구의 배후에 자리한 요구인 ─ 증오가 사라진 세상인 셈이다.

위니콧이 1949년 「역전이에 나타나는 증오에 대해」Hate in
the Counter-Transference라는 제목의 논문을 썼을 때, 그는 자신이
금기를 깨고 있음을 인지했던 게 분명하다. 어머니가 자기
아기를 증오하는 열여덟가지 이유를 나열하면서도, 그는
[어머니의] 이상에 대한 자신의 도전이 지나치다는 점을
분명히 알고 있었다("어머니는 아기를 처음부터 증오한
다").[3] 이 목록의 마지막이자 가장 자주 인용되는 항목 역
시 정신분석 문헌에서 찾아보기 힘든 내용으로, 이 항목에
서 그는 어머니가 아기에 의해 성적 쾌감을 느낄 수 있다
고 지적한다. "아기는 어머니를 성적으로 흥분시키지만 좌
절감을 주기도 한다 ─ 어머니가 아기를 먹는 것도, 아기
와 성을 주고받는 것도 금지되어 있기 때문이다."[4] 어질고
헌신적인 모성이라는 상투적 관념을 타파하려는 여성에게
위니콧의 논문은 일종의 시원적 텍스트였으며 모성의 양
가성을 인정받기 위한 그들의 투쟁에서 쓸모 있는 무기가
되었다. 하지만 내가 보기에 양가성은 적확한 표현이 아니
며, 적어도 그것이 '관리되어야 하는' 감정 혹은 어머니의
임무에 창의성을 부여하는 일련의 감정을 의미해서는 곤
란하다. 페미니스트는 모성의 양가성에 대해 논하며 흔히
이런 보상적 태도를 취하곤 하는데, 이는 모성의 양가성을
다루는 길이 한손으로 준 것을 다른 손으로 다시 뺏는 방

법밖에 없다고 주장하는 것이나 다름없다(묘하게도 그 본성과 잘 맞아떨어진다).

위니콧의 어휘에는 보상^{reparation}이 중요하게 등장하지 않는다. 보상은 멜라니 클라인$^{Melanie\ Klein}$의 개념으로 어머니와의 관계에서 아이 내면에 서서히 생성되는 치유 능력을 의미하며, 어머니에 대한 아이의 분노—모든 아이는 생애 초기 좌절을 통해 불가피하게 분노를 경험하게 된다—를 완화시킨다고 이야기된다. 이와 달리 위니콧은 너무도 고통스러워 스스로 지워버리는 위험을 감수하지 않으면 느낄 수조차 없는 것에 대해 이야기한다. 그것은 일종의 증오로, 어머니는 비록 자신이 지닌 더 나은 그 모든 '본능'에도 불구하고 이것을 느끼고 있음을 알아야 하며 그것에 귀를 기울여야 한다. 그래야만 아이가 폭력적 분출이 아닌 다른 방식으로 자기 내면의 진정한 정념이나 감정을 경험할 수 있다. 그 대안은 마조히즘이며, 따라서 위니콧의 주장은 정치적이다. "만약 어머니가 아이에게 상처를 받고 자신이 무슨 짓을 할지 몰라 제대로 증오하지 못한다면 마조히즘에 의존할 수밖에 없다. 여성이 마조히즘을 타고난다는 거짓 이론이 생긴 이유가 바로 이것이라고 나는 생각한다."[5] 아이는 "증오하기 위해서 증오받을 필요가 있다".[6] 위니콧은 감상주의는 "부모에게 유용하지 않다"는 말로 자신의 논문을 끝맺는다.[7] 오늘날에도 여전히 유효한 주장이다. 데이지 워$^{Daisy\ Waugh}$는 『왜 그들은 짜증을 내는가: 철저히 현대적인 여성을 위한 죄의식 없는 모성』$^{I\ Don't\ Know\ Why}$ $_{She\ Bothers:\ Guilt-Free\ Motherhood\ for\ Thoroughly\ Modern\ Women,\ 2013}$에서 이야기한다. "우리에게 남은 것은 기껏해야 억압적인 감상주의나 여성의 순교를 승인하는 미소 띤 얼굴뿐이다. 그런데 때로 이것은 순교를 넘어 일종의 승인된 대중문화적 마조히즘으로 위태롭게 넘어가곤 한다."[8] 하지만 워는 이러한 자신의 통찰을, 만약 어머니가 벌을 받는다고 느낀다면 그것은 순전히 어머니 탓이라는 지적을 통해 가볍게 무화시킨다(제목의 "철저히 현대적"이라는 표현에서 은연중 진심이 드러난다). 어머니 자신을 위한 의무, 즉 죄의식 없는 모성이라는 게 결국 브루노 베텔하임의 설명만큼이나 처벌적이며 죄의식을 야기하는 것으로 밝혀지는 대목이다.

물론 위니콧은 어머니가 아이를 사랑하지 않는다고 주장하는 것이 아니다. 그보다는 오히려 앨리슨 벡델^{Alison} $_{Bechdel}$의 연재만화 『당신 엄마 맞아?』$^{Are\ You\ My\ Mother?}$에 등장하는 다음 구절에 가깝다. "엄마도 아이를 사랑한다. 하지만 핵심은 이것이다. 증오도 사랑의 일부다." 2012년 발간된 이 책은 벡델이 자신의 어머니와 일종의 상호 인정에 도달하기까지 탐색해나가는 과정을 그리고 있다. '한 가족의 희비극'$^{A\ Family\ Tragicomic}$이라는 부제가 붙은 그의 베스트셀러 『펀 홈』$^{Fun\ Home}$은 벡델과 아버지의 관계에 초점을 맞춘다. 아버지는 장례 관리자 — 책 제목 '펀 홈'은 장의사^{Funeral} ^{Home}의 줄임말이다 — 이자 동성애자로, 마흔넷의 나이에 스스로 목숨을 끊었다(이 작품은 브로드웨이 뮤지컬로 만 들어져 미국 전역에서 순회공연되었는데, 미주리주에서 는 지역 주민들의 항의로 책마저 도서관에서 퇴출되었다). 『당신 엄마 맞아?』는 위니콧의 입문서 같은 책이다. 위의 인용문이 실린 장에는 '증오'라는 제목이 붙어 있으며, 다 른 장의 제목 — '진짜 자아와 가짜 자아'^{True and False Self}나 '대 상의 활용'^{The Use of an Object} — 도 위니콧의 글에서 그대로 뽑 아낸 것이다. 벡델은 우리에게 위니콧의 인생 이야기를 들 려주고 어머니가 아이를 증오하는 열여덟가지 이유를 화 면에 펼쳐놓으면서, 위니콧이 그 누구보다도 수십년 앞서 "그 혹은 그녀"^{he or she}와 "그의 혹은 그녀의"^{his or her}라는 표현 을 사용했던 혁명적인 인물임을 상기시킨다. 벡델은 또한 위니콧과 그의 두번째 아내의 침실까지 쫓아가 부부가 성 의 낯섦에 대해 이야기를 나누는 장면을 그대로 옮겨 그렸 다(그의 두번째 결혼에서만 부부관계가 있었으리라 추정 하는 사람은 벡델만이 아니다). 화자는 치료를 받는 중 이 렇게 말한다. "나는 그 남자가 내 엄마였으면 좋겠어요."[9]

「역전이에 나타나는 증오에 대해」는 어머니의 정서를 전례 없이 승인하며, 그런 점에서 오늘날 정부가 후원하는 단기 속성 대화 치료에 관여하는 사람이라면 누구든 필수적으로 읽어볼 필요가 있다(인지 행동 치료 등도 마찬가지다). 위니콧은 극심한 불안증을 보이는 환자가 주는 압박으로 고통받는 정신분석가에게 이렇게 말을 건넨다. "자신의 공포와 증오"를 접해본 분석가만이 그런 환자에게 도움이 될 수 있으며, 오직 그런 분석가만이 환자의 요구 — 분석가 자신의 요구가 아니라 — 에 응할 수 있다고 말이다. 설문 조사와 즉각적인 결과물로 구성되는 인지 행동 치료의 목표는 가능한 한 빨리 치료실에서 이 증오를 몰아내고 치료자를 보호하려는 것이다. 하지만 위니콧이 보기엔 분석가는 스스로를 "태아나 신생아의 어머니 입장에" 놓아야만 한다.[10] 내가 보기에 이는 대부분의 분석가가 자처하는 바와 다르며, 분석을 "새로운 시작"의 탄생이라고 보는 마이클 발린트Michael Balint의 견해 정도만이 이와 유사하다고 볼 수 있다(따라서 여기서의 '탄생'은 애리얼 리브의 엄마가 딸을 데리고 즐겨 했던 놀이와는 전혀 관계가 없다). 앞에서 언급했던 리치의 발언도 상기할 필요가 있다. "모든 신생아는 인간성에 내재한 가능성의 폭과 복잡함을 보여주는 증거다."[11] 누군가 프로이트가 훈족의 왕 아틸라를 숭배했다고 말하자, 위니콧의 아내는 이를 듣고 삶의 "복잡한 사물들"에 대한 버지니아 울프의 관심도 프로이트가 사랑한 것 중 하나라고 답했다고 한다. 벡델은 이에 다음과 같이 응수한다. "훈족의 왕 아틸라와 버지니아 울프의 치명적인 심리적 한판 승부에서, 나는 50대 50의 승률을 예상한다. 주체가 되는 것은 일종의 공격이다."[12] 인간의 마음에서 폭력을 들어내거나 없앨 수 없다는 것을 어머니라면 누구나 안다.

위니콧이 우리에게 제시하는 선택지는 오늘날에도 여전히 냉엄한 현실이다. 하나는 심리적 복잡성의 흔적에 대한 가차 없는 공격, 즉 지하실에 연기를 피워 쥐를 몰아내는 것과 같은 응급처치적 치료법을 택하는 것이다. 이는 증오를 증오하는 길이다(베텔하임의 문제다). 혹은 그 대신 복잡하고 종종 고통스럽기도 한 모성의 현실을 우리의 사회적·심리적 행복의 모델로 삼을 수도 있다. 어머니가 세상을 지배해야 한다고 주장하는 것과 같은 의미는 아니지만, 그와 매우 비슷하기는 하다. 어머니가 그럴 자격을 갖는 이유는, 그들은 인간이 된다는 것이 무엇을 의미하는가에 대한 고뇌를 회피하지 않기 때문이다. 물론 어머니에게만 그런 통찰이 가능하다고 이야기하는 게 아니라는 점도 명시할 필요가 있으리라.

*

『당신 엄마 맞아?』에는 많은 작가가 등장한다. 위니콧을 제외하면, 전부는 아니지만 등장인물의 대부분이 여성이며, 리치, 울프, 플라스 등 몇몇은 우리가 이미 만나보기도 했다. 『당신 엄마 맞아?』는 여러 텍스트의 꼴라주다. 화자와 어머니의 투쟁은 언어로 구성된 텍스트 간의 맹렬한 대결을 통해 이루어진다. "언어는 우리에게 싸움터였다."[13] 벡델이 열한살 때, 그의 어머니는 로쉬 하샤나(Rosh Hashanah. 유대교의 신년제로, 함께 기쁨을 나누는 시기이면서 동시에 내적 성찰의 시간이다—옮긴이) 전날 딸의 일기 작성을 "넘겨받"는다. "인류의 행위가 심의에 공개"되는 날 "의인은 기록되"고 "악인은 지워진"다(벡델은 어머니가 이렇듯 신적 기술과 처벌의 역할을 떠맡는 데 문제가 있다고 보는 것 같지는 않다).[14]

벡델의 어머니는 열렬한 독서가에 교사 자격증을 얻기 위해 영어교육 석사학위를 취득했을 뿐 아니라 아마추어 배우이기도 하다. 젊은 시절에는 낙태권을 지지하며 로 대 웨이드 사건 시위에 참가한 경험도 있다(이후 그 판결에 대해 법적으로 여러차례 이의 제기가 있었고 또 지역에 따라 무시되는 경우도 있었지만, 트럼프의 당선 이후 오늘날의 상황은 벡델이 책을 쓸 당시보다 훨씬 더 악화되었다). 하지만 그렇다고 벡델의 어머니가 자신의 딸이 동성애자임을 받아들일 수 있는 것은 아니다. 딸이 대학 진학 후 용기를 내 편지를 보내자, 어머니는 이렇게 답한다. "그냥 네가 지금 하는 일을 계속할 수는 없을까? 너는 젊고, 재주도 있고, 무엇보다 네겐 머리가 있지 않니?" 재닛 윈터슨^{Jeanette} ^{Winterson}이 동일한 비밀을 털어놓았을 때 어머니 윈터슨 부인의 반응도 이와 섬뜩할 정도로 유사했다. "왜 너란 애는 평범한 것에 만족하지 못하니?"(이것은 2011년 발간된 윈터슨의 회고록 제목이기도 하다.) 벡델의 비극은 자신의 어머니가 딸에게 정신적 자유를 누릴 권리가 있다는 점 못지않게 인생에서 성적 선택의 자유를 누릴 권리 또한 있다는 점을 이해하지 못하는 데 있다. 그의 어머니는 그 두가지 권리가 모두 여성 투쟁의 결실이자 서로 연관된다는 점을 이해하지 못한 채, 둘을 서로의 대체물로 생각한다. "네겐 머리가 있지 않니."

벡델의 어머니는 젊은 시절 우울증을 앓았다. 정신분석은 그에게 가능한 선택지가 아니었다. 정신분석은 페미니즘과 마찬가지로 —벡델은 두 흐름에서 모두 영향을 받았다 —한발 늦게 왔다고 할 수 있다. "1963년 『여성의 신비』^{The Feminine Mystique}가 출판되었을 때, 엄마는 어린 두 아이와 집 안에 꼼짝없이 갇혀 있었다."[15] 벡델의 어머니 세대에서는 —나의 어머니도 같은 세대다 —무엇보다 어머니가 되는 것이 여성에게 주어진 운명이었고, 파괴적인 세계대전이 종료된 후 여성은 그 역할을 충실히 수행하며 이에 만족할 것을 의무로 강요당했다. 딸의 독립심을 북돋우고 스스로는 경험하지 못했던 자기만의 삶을 살아가도록 격려하면서 감정의 전 영역의 탐색을 금하는 명령에 묵시적으로 복종하다니, 어떻게 그 두가지가 동시에 가능할 수 있을까? 게다가 이 어머니가 딸에게 요구하는 것은 무엇보다도 경계를 지킬 것, 자신의 들끓는 마음을 조심할 것이었다.

그렇다면 1949년 발표된 위니콧의 논문은 난데없이 등장한 것이 아니라, 전쟁 직후 자식들이 떠맡게 된 숨 막히는 정신적 유산에 대한 반응이라고 볼 수 있다. 위니콧의 용어로 표현하자면, 그런 어머니의 아이는 어머니가 원하는 대로 하라는 어머니의 요구뿐 아니라 ─ 위니콧의 묘사는 주로 이 면에 집중된다 ─ 어머니의 숨겨진 내면세계, 어머니 자신도 허우적대고 있는 좁고 숨 막히는 그 세계에 순종하는 거짓 자아를 갖게 된다. 그렇게 되지 않으려면 딸은 자신을 가두는 어머니의 정신세계의 껍질을 깨고 나와야 한다. 어머니는 비록 자신의 잘못은 아니지만, 한번도 스스로의 기질과 진짜 모습 ─ 그 용어가 담고 있는 모든 의미에서 ─ 을 깨달을 기회를 갖지 못했다. 벡델이 자신의 질문 ─ "당신 엄마 맞아?" ─ 에 대해 최종적으로 내놓는 답은 긍정이다. 하지만 이해에 도달하는 길에는 그가 꿈과 악몽에서 길어낸 갈라진 얼음 조각, 박살 난 유리, 움푹 팬 벽 같은 이미지가 어지럽게 널려 있다. 작은 사고 후 벡델은 한쪽 눈에 안대를 한 채 누워서 혼자 생각한다. "엄

마에 대한 책을 쓰면서, 비로소 가족에 대한 진실을 '본'
나 자신을 벌주기 위해 내가 내 각막을 긁어 상처를 냈을
수도 있다는 생각이 불현듯 들었다."[16] 이로 인해 그래픽아
티스트가 되겠다는 벡델의 선택(우리로 하여금 볼 수 있게
하겠다는)은 또다른 중요성을 갖게 된다.

　여기서 질문을 조금 바꿔보는 게 좋겠다. 어머니는 무엇
이고 무엇이어야 하는가가 아니라, 어머니가 아이에게 귀
를 기울이기 위해서는 어떤 모성관이 필요한가라고. 오늘
날 서구 문화, 특히 미국과 유럽에서 어머니의 내적 삶은
불가능하며 처벌적인 이상이라는 무거운 짐을 짊어진 채
침묵을 강요당하고, '어머니'라는 말이 빈번히 자아 완성
을 향한 의지를 촉발하는 기폭제가 되면서 무엇보다 어머
니로서의 여성은 그 아래 깔려 압사당한다. 그렇다면 이런
상황에서 어떻게 어머니가 자기 아이의 울음에 주의를 기
울여 단지 칭얼거림이 아닌 ― 물론 이것도 충분히 어려
운 일이지만 ― 항의와 통곡으로 들어주길 기대할 수 있을
까? 어떻게 자신의 아이가 스스로를 구속하던 가짜 정신
적 안정을 내팽개치고, 그 결과 모성이라는 심리적 유산이
완전히 뒤집혀버리는 꼴을 견뎌낼 수 있단 말인가?

　내가 보기에 이는 실비아 플라스와 그 어머니의 관계
를 이해하는 가장 적절한 방법인데, 흔히 둘의 관계에 대
해 분석하며 과도한 친밀함이나 삼투현상에 주목한 것과

는 조금 다른 접근법이라 할 수 있다. 『당신 엄마 맞아?』를 보면, 벡델은 울프는 읽었지만 플라스는 읽은 적이 없고, 벡델의 어머니는 그 반대다(마치 적어도 어머니와 딸 사이에서는 한쪽이 다른 한쪽을 거부하는 게 필연인 것만 같다). 이는 두 작가 사이의, 특히 어머니라는 주제를 둘러싼 깊은 차이를 드러낸다. 사실 1962년 라디오방송으로 발표된 실비아 플라스의 운문극 「세 여성 ― 세 목소리를 위한 시」Three Women ―A Poem for Three Voices는 울프의 소설 『파도』The Waves에서 영감을 받았다고 한다.[17] 실비아 플라스의 어머니 오릴리아Aurelia는 죽은 딸에 대해 강연하면서, 「세 여성」 속에서 유일하게 마지막까지 아이를 지키는 첫번째 목소리에 속하는 구절을 인용하여 실비아를 추억하곤 했다(두번째 목소리는 아이를 유산하고, 세번째 목소리는 갓난아이를 버린다). 1968년 BBC는 이 대본을 공개하면서 첫번째 목소리에 '부인', 나머지 둘에 각각 '비서'와 '소녀'라고 이름을 붙였는데, 텍스트에서 아이를 유산한 여성만 남편이 있는 것으로 그려진다는 점에서 이는 무례한 수준의 개입이었다(아이가 있으니 부인임에 틀림없다는 생각이 깔려 있었던 게 분명하다). 어머니 집단의 목소리는 각자의 경험과 가정생활, 계급의 구분을 가로질러 서로 어우러지며, 플라스의 천재성은 이 세 여성의 목소리가 만들어내는 잘 조절된 혼동 상태에 있다. 오릴리아는 그중 첫번째 목소리의 구절만을 뽑아 인용한다.

내 아이를 안기 전에 내 손가락은 뭘 했을까?
그 사랑을 담기 전에 내 심장은 뭘 했을까?

그리고 이 구절도 인용된다.

정상이 뭔지 나는 명상하게 돼.
내 어린 아들이 뭔지 나는 명상하게 돼.
(…)
그 아이가 특출 나지 않았으면 좋겠어.
악마는 예외를 좋아하니까.

반면 이런 구절은 배제된다.

이보다 더 잔인한 기적은 없지.
(…)
잔혹함 한가운데 내가 있어.
내 어머니 노릇이 또 어떤 고통과 슬픔을 낳게 될까?
이 순진덩어리가 죽음을 가져오는 게 가능할까? 그게 내 생
명을 쪽쪽 빨아먹는구나.

세상처럼 나는 산산이 부서진다.[18]

요지는 플라스가 어머니의 사랑 한복판에서 잔혹함, 잔인함, 살의를 발견하고도 이를 회피하지 않았다는 데 있다. "세상은 종말을 품은 채 / 그리로 달려간다, 사랑으로 두 팔을 뻗고."[19] 하지만 플라스의 어머니는 그것을 견딜 수 없었다. 그는 어머니 노릇에 대한 딸의 표현을 검열해서 사고의 세계를 정지시켰다. 플라스가 어머니에게 보낸 마지막 편지의 한 구절이다. "세상엔 명랑한 이야기가 필요하다는 소리 따위는 하지 마세요! '점잖고, 용기 있는 사람'에 대한 이야기를 쓰라고 더이상 다그치지 마세요. 그런 이야기라면 『레이디스 홈 저널』(Ladies Home Journal. 1883년 창간된 미국의 가정주부용 월간지 — 옮긴이)을 보라 하세요."[20] 플라스가 여기서 이야기하는 것은 거짓 체면이나 용기, 명랑함(순응하는 자아의 완벽한 정의) 같은 것이 젊은 엄마에게 아무 소용도 없다는 점이다. 만약 이것이 단순히 딸의 자유를 속박하는 문제였다면, 가슴 아프긴 하지만 어머니의 맹목성을 지적하고 넘어가면 그만일 일이다. 하지만 이 유명한 일화는 분명 개별적인 비극을 넘어서는 함의를 지닌다. 사회에 어머니의 정신적 삶을 짓밟을 권리가 있다고 믿는 한, 도대체 우리는 무엇을 기대할 수 있을까?

*

　오릴리아 플라스와 마찬가지로 세상은 대체로 사랑하기의 어두운 이면에 대해서 알고 싶어하지 않는다. 대신 세상은 인간 정신의 복잡성에 대한 혐오감을 어머니의 마음과 몸에 투사해왔다. 모성에 관한 글을 읽으면 읽을수록, 경기장 한쪽 끝에서 다른 쪽 끝을 향해 던져지는 공, 아니 그보다 테니스 코트 한가운데를 팽팽하게 가로지르는 네트가 연상된다. 흥분한 선수는 할 수 있는 한 강하고 빠르게 공을 치면서도 네트를 건드리지 않도록 해야 한다(하지만 그들의 움직임은 모두 네트에 의해 결정된다). 이와는 매우 상이한 참조 영역인 집합론에 의거해 설명하자면, 어머니란 모든 가능한 집합들의 집합, 즉 그 자신을 포함하여 모든 것을 담고 있는 포괄적 집합이다. 물론 고전적으로 어머니는 무언가를 담는 그릇으로 간주되었으며, 자궁을 그저 수동적인 그릇으로 본 그리스적 관념이 그중 가장 지독한 사례라 할 수 있다. 하지만 어머니가 무엇을 담는다는 것은 분명한 사실이다. 처음에는 몸 안에, 그다음엔 품에 아기를 안는다. 한 정신분석 모델에 따르면, 아기 스스로 자신의 넘치는 충동을 담아내고 통제할 수 없을 때 이를 담아내는 것 역시 어머니의 몫이다. 그런 이유로, 어머니가 만약 다루기 어려운 감정을 밀쳐내고 고통과 분노는 서둘러 외면한 채 체면과 기쁨만을 찾는다면 그 어머니는 쓸모를 잃게 된다.

아기의 충동이 그저 인간이라면 누구나 발달 과정 중 마주하게 마련인 삶에 대한 불만에서 비롯한 결과만은 아니다. 멜라니 클라인은 1963년 발표한 『오레스테이아』에 대한 논문의 말미에 다음과 같이 지적한다. "아무리 사랑 넘치는 어머니라고 해도 유아의 가장 강력한 감정적 필요를 만족시킬 수 없다. 현실 상황에서는 그 어떤 것도 아이가 상상적 삶에서 갖는 모순적인 충동과 기대를 충족시킬 수 없다."[21] 이는 태초에 죄를 지은 자 따윈 없었다는 걸 의미한다(하지만 아기 마음의 동요에 대한 클라인의 극적인 설명을 토대로, 비평가들은 클라인이 정신분석에 원죄의 개념을 끼워 넣는다고 비난한다). 어머니와 아기가 서로를 위해 감당할 수 있는 영역을 넘어서는 것은 항상 존재할 수밖에 없다. 어머니가 아이를 위해 해줄 수 있는 것에는 한계가 있으며, 따라서 우리가 어머니에게 요구할 수 있는 것도 마찬가지로 제한되어야 한다(이는 불가피한 결과이지만 으레 회피된다).

정신분석학자 W. R. 비온[W. R. Bion]은 1962년 발표한 영향력 있는 논문 「담는 것과 담기는 것」[Container and Contained]에서 이렇게 이야기한다. "정신적 영역의 특징은 정신분석 이론의 틀 안에 다 담길 수 없다는 데 있다"(정신분석의 겸양이 표현된 아주 드문 순간이다). 클라인과 비온은 거의 같은 시기에 활동한 정신분석학자로 인간의 이해를 넘어서는 인간 정신의 측면에 주목했으며, 적어도 비온에게는 그 측면을 제자리에 잡아두는 것은 정신분석으로도 가능하지 않은 일이었다. 다음은 한 환자에 대한 비온의 언급이다. "나는 X씨를 관찰할 수 없다. 왜냐하면 그는 분석적 상황 '안'에 또는 심지어 X 자신의 '내부'에도 계속 머물지 않기 때문이다." X씨는 담길 수 없다(그는 사방으로 넘쳐흐른다). 결정적으로 비온에게 이는 단지 개인적인 병증이 아니라 사회적으로 광범위하게 영향을 미치는 것이었다. 이러한 양상이 (비온의 표현에 따르면) "점잖고", 규정을 따르며, "요컨대, 무엇에든 결코 폭발하지 않는" 집단이 되고자 하는 이들 모두에게 해당하기 때문이다.[22] "폭발하지 않는"이라는 말은 일반적으로 우리가 어머니에게 갖는 기대를 잘 요약하는 표현인데, 그럼에도 실상 어머니라면 경악스럽게도 종종 폭발하는 느낌을 경험했다고 증언할 것이다. 내 아이를 세상의 누구보다 사랑하지만, 동시에 그 누구도 내 아이만큼 나를 화나게 하지는 않는 것이다. 바로 이 요구 ― 점잖게 행동하고 폭발하지 말라 ― 가 어머니, 더 나아가 아기를 미칠 정도로 몰아세우고 있다고 나는 확신한다. 물론 이것이 이 문제에 대한 통상적 견해와 정반대되는 주장이라는 건 알고 있다. 어머니가 담지 못하면 그 누가 할 수 있겠는가? 이것이 통상적 태도다.

지금 언급하고 있는 이 맹목적 태도의 여파는 막대하다. 어머니의 경험 중 많은 부분이 대중의 시선 밖으로 조용히 사라져 — 우리가 자신을 어떻게 보는가는 부분적으로 타인의 인정에 달려 있다 — 어머니가 자신에 대해 감히 알거나 생각할 수 있는 범위를 벗어나게 된다. 사회정책의 영역에서 이는 심대한 함의를 지니며, 영국과 미국에서는 특히 사회적 불평등에도 아랑곳없이 어머니에 대한 살인적인 기대가 견딜 수 없는 지경에 도달했음이 분명해 보인다. 1998년 멀리사 벤은 "오만할 정도로 자족적인" 포스트페미니즘이 1970년대 페미니즘에 의해 열리기 시작한 모성의 요구와 고통스러운 감정의 뚜껑을 다시 닫아버림으로써 이를 억제하고 있다고 주장했다(잘못된 종류의 담기, 즉 억제라고 할 수 있다).[23]

에스텔라 웰던Estela Welldon은 자신의 책 『어머니, 성모마리아, 창녀: 모성의 이상화와 폄하』*Mother, Madonna, Whore: The Idealization and Denigration of Motherhood, 1988*에서 일부 어머니가 자기 자식을 대상으로 저지른 폭력 행위를 "모성의 왜곡"으로 묘사했으며, 이 책은 페미니스트 서점에서 추방당했다. 사람들은 웰던이 아이가 입은 모든 손상의 책임을 엄마에게 돌린다며 그를 비난했다. 하지만 웰던의 요지는 우리가 모성의 "어두운 면"을 인정하기를 거부한다면, 이는 그런 여성을 인정받지 못하는 고통 속에 유기하는 것이자 그들의 아이를 잠재적 위험에 빠뜨리는 일임을 지적하는 데 있었다. 웰던은 이 여성을 아무도 어머니로 받아들이지 않는 것 같았다고 말한다. "'여성'이 그런 행동을 할 수는 있지만, '어머니'는 그래서는 안된다."[24] 따라서 이 책은 관용과 이해에 대한 호소라고 할 수 있다. 물론 이 책이 우리 눈을 가리던 장막을 걷어내고 진실을 보게 해주었음을 감안하면 다소 맥 빠지고 자유주의적인 표현이긴 하지만 말이다. 웰던이 보기에 어머니의 왜곡은 어머니가 자신의 어머니에게 받은 학대나 방치의 결과였으며, 어머니의 어머니 역시 자신의 어머니에게 같은 일을 당했을 공산이 컸다("어머니의 어머니를 돌이켜 생각해보라"라는 울프의 명령의 뒤틀린 형태다). 따라서 모성을 이상화하거나 폄하하는 대신, 사회정책을 만들고 심리적 이해를 북돋워 "인간적 곤경의 중심"에 설 수 있는 응분의 자격을 지님에도 불구하고 거부당해온 모성이 제대로 된 자신의 자리를 찾을 수 있도록 도와야 한다(1992년판에 실린 줄리엣 미첼Juliet Mitchell의 서문). 흥미롭게도 웰던의 연구에서 어머니들은 자신의 아이를 이상화하며 소중히 여기다가도, 이어 유린하고 버린다. 영화 「스텝포드 와이프」The Stepford Wives, 2004에서 교외 지역 아내에 대한 중산층적 판타지를 충실히 수행하던 로봇처럼, 웰던이 책 속에 담아낸 어머니들은 사회가 어머니에 대해 갖고 있는 어리석고 큰 손상을 야기하는 환상과 대우의 양극단—이 세상 것이 아닌 듯한 기대와 분노—을 묵묵히 표현해내며 우리 사회를 거울처럼 반영한다.

그와 같은 난감한 사건을 다룰 때에는 사회복지 업무도 동일한 문제에 노출된다고 한다. 특히 사회복지 업무를 담당하는 이가 대부분 여성이며 그중 많은 수가 어머니라는 점이 중요하게 작용한다. 사회복지학 교수 브리드 페더스톤Brid Featherstone의 지적이다. "어머니가 자신의 아이(들)에게 방치, 구타, 질식, 살인, 성적 학대를 가했을 때 그 어머니와 가족을 조사·평가하고 돌보는 일에 관여하는 이들 또한 대개는 여성이며, 그들도 분명 누군가의 어머니이거나 딸일 수도 있다는 점은 놀라울 정도로 주목받지 못했다."[25] 어머니이건 딸이건, 아니면 둘 다이건 간에, 사회복지사 역시 그러한 상황에서 무엇을 느끼고 또 느끼면 안되는지에 대해 지시를 받는, 동일한 감정적 구속 상태에 갇혀 있을 확률이 높다(아마도 구속의 정도가 한층 더 높을 가능성이 있는데, 다른 이의 문제를 돌보는 직업을 택하는 것이 자신의 문제를 회피하는 길일 수 있기 때문이다).

예를 들어 어떤 어머니가 자기 아이를 향한 성적 욕망을 인정했다고 가정해보자. 그런 어머니가 자신의 감정을 행동에 옮겨 실제로 아이에게 위해를 가하게 될지 확실히 예측할 수 없을 경우, 이 고백 때문에 전문가의 전 네트워크는 혼돈에 빠질 것이다. 이 여성의 이야기를 듣고 사회복지사는 경악할 테지만, 동시에 그가 자유롭게 자기 마음을 털어놓을 수 있다는 점에 부러움을 느끼는 스스로를 발견하게 된다. 실제로 한 사건에서 우울증을 앓는 어머니가 자기 아이를 보호시설에 위탁해줄 것을 부탁했을 때 사회복지사는 격분했으며, 사회적 낙인의 언어를 사용해 그 어머니를 맹렬히 비난했다. 사회복지사 자신은 낙인에서 자유로우며 그로부터 아이를 보호하는 것이 임무라 생각했지만, 결국 자신에게도 아이를 때리고 싶은 욕망이 있다는 걸 알게 되었다. "여성 사회복지사가 아이, 특히 어머니에게 거부당한 취약한 아이를 때리고 싶을 수도 있다니, 그야말로 상상도 할 수 없는 일이었다."[26]

"어떤 어머니인들 '미쳐버리는' 것을 꿈꿔보지 않았을까?"[27] 『더이상 어머니는 없다』의 마지막 장에서 에이드리엔 리치가 던지는 질문이다. 이 장은 1974년 시카고에서 자식 여덟 중 둘을 살해한 어머니에 대한 이야기로 시작된다. 페미니스트 진영의 삭제 요청에도 불구하고 리치가 책에 싣기를 고집했던 장이기도 하다. 여기서 리치는 가장 급진적이며 어떤 이들에겐 결코 용납될 수 없는 것, 바로 공감을 요청한다. 우리에게 더 익숙한 것은 '어떤 어머니인들 그런 일을 꿈꿔보지 않았을까?'가 아니라 '어떤 어머니가 그런 일을 꿈꿀 수 있을까?'일 것이다. 하지만 그러는 대신 리치는 모든 여성에게, 그들이 어디에 있건 상상력을 발휘해 대단히 불행한 한 여성의 삶 속으로 뛰어들 것을 권한다. 너무도 많은 아이와 함께(그가 원해서 가진 아이는 없었다) 시카고 교외 지역에 꼼짝없이 갇혀 집안일을 도와줄 이도 쉴 틈도 없이 살아가고 있는, 하지만 이웃에겐 헌신적인 어머니의 표상이었던 그의 삶으로 말이다(설사 도움이 주어졌어도 그 어머니는 이를 거절했을 게 분명하다고 리치는 암시한다).

리치는 우리가 "우리 존재의 양가성 (…) 우리 각자의 내면에 잠재해 있는 창조적이면서 파괴적인 에너지"를 전적으로 인정해야 한다고 이야기한다.[28] 그는 보편적 연대를 호소한다. 대부분의 사람, 여성, 어머니로서는 —충분히 그럴 만하지만— 차마 생각하기조차 힘든 행동을 하는 스스로의 모습을 상상해보라고 여성들에게 호소한다. 그는 세상의 어머니들에게 단 한순간만이라도 그 끔찍한 이야기의 주인공이 자신이었을 수도 있다고 상상해볼 것을 호소한다. 이는 어머니들에게 매우 구체적인 윤리적 의무를 부과하는 셈이다. 자신을 자신이 가장 되기 싫은 사람의 모습으로 상상해보라고. 절대 고개를 돌려서는 안된다고. 사회적 포용성은 바로 매우 고통스럽더라도 무엇도 놓치지 않겠다는 가슴속 의지에서만 생겨날 수 있다고. 어떤 어머니도 이방인이 아니라고. 이는 내가 이 책의 첫 부분에서 묘사했던 세상과는 완전히 다른 곳임이 분명하다. 그곳은 소모적 삶에서 탈출한 난민 어머니에게 등을 돌리고, 그들을 특별한 증오의 대상으로 삼는 게 용인되는 세계였다. '물에 빠져 죽도록 내버려둬라.'

*

시몬 드 보부아르^{Simone de Beauvoir}는 20세기 중반 이후 서구 페미니스트의 어머니였고, 리치의 표현을 빌리자면 "아이를 안 가진" 여성 중 하나였다. 그가 없었다면 아주 많은 여성이 정신적 영양실조에 걸렸을 것이다. 보부아르는 지난 세기 중반처럼 불평등한 세상에서 어머니가 되는 것은 여성 스스로 자신의 근본적인 자유를 양도하는 행위라고 보았는데, 이러한 관점은 오늘날에도 변함없이 적용된다. 어머니가 되지 않는 것은 보부아르를 어느정도 본보기로 삼았거나 또는 본보기로 삼고자 했던 일부 1970년대 페미니스트에게 일종의 주문 ─ 아이를 갖지 마라, 갖더라도 딸이길 빌어라, 어찌 되었든 아이는 공동체 속에서 양육해라 ─ 과도 같은 것이었다. 보부아르에게 어머니 되기가 때로 증오스러운 전망이었다고 이야기한다면 이는 상당히 절제된 표현일 것이다(하지만 그가 여성을 향해 어머니가 되지 말라고 지시한 적은 없다). 그런데 이제 분명해

172

졌듯이 증오도 일종의 에너지이며, 그 소리를 묵살하거나 지우려 할 경우 어머니는 물론 그 누구에게도 파괴적 결과를 낳게 된다. 나는 이 장을 시몬 드 보부아르에 대한 이야기로 마무리 짓고자 한다. 오늘날까지 그의 영향이 지속되고 있을 뿐 아니라, 어머니와 관련해 가장 강력하게 반감을 불러일으키는 예를 그에게서 찾아볼 수 있기 때문이다.

보부아르의 모성상은 결코 경건함으로 고통받지 않는다. 그가 모성의 이상을 장려했다고 비난받을 가능성은 조금도 없다. 그는 여성에게 어머니가 되는 법에 대해 이야기하지 않는다(그는 여성에게 그 어떤 것이 되는 법에 대해서도 이야기하지 않는다). 보부아르의 글은 모성을 무엇보다 실존 사상──현대 서구 세계의 핵심 철학이면서도 현대 서구 세계에 한심할 정도로 부족한──의 목표에 견주어 평가한다. 실존주의에서 인간이 된다는 것은 어떤 방해도 받지 않고 자기 삶의 길을 만들어가는 것인데, 이러한 실존에 대한 전망은 아마도 어머니의 일상적 삶의 경험이나 세계와 가장 동떨어진 것이라 할 수 있을 것이다. 그런데 보부아르가 충만한 삶에 대한 모욕으로 외면했던 모성은 예기치 않게 그의 철학의 핵심에 구멍을 남기며 복귀한다. 보부아르의 반감에도 불구하고, 그의 사상에서 모성은 우리를 어머니 되는 일의 중심에 자리한 윤리적 난제로 인도한다. 즉, 모성은 여성의 자율성에 대한 도전인 동시에 인간이 할 수 있는 가장 통제 불가능한 지점에 접근할 기회이기도 하다.

여성은 어머니가 되면서 자유를 잃는다. 이 익숙한 불평에 ─ 그 다양한 예들이 이 책 전체에 산재해 있다 ─ 보부아르는 자신만의 독특한 차원을 더한다. 어머니는 착각을 하고 있다. 여성은 어머니가 되면서 "자신의 몸과 사회적 존엄성에서 소외된다".[29] 그는 자신의 몸 안에서 자라고 있는 존재를 자신이 창조했다고 생각하지만, 사실 그의 아기는 자신을 잉태한 몸에 전혀 무관심하다. "실제로 그가 아기를 만드는 것이 아니라, 아기가 그의 내부에서 스스로를 만드는 것이다."[30] 이것은 여성의 자궁이 수동적 그릇이라는 생각을 다르게 표현하는 것도 아니고, 아버지를 배아의 유일한 창출자라고 보는 그리스식 설명의 편에 서는 것도 아니다. 임신한 순간부터 여성은 유적 존재$^{species\ being}$를 위해 자기를 포기하고 스스로 통제할 수 없는 생물학적 순환의 일부가 된다. 이 현실이 그를 "집어삼킨다". 이렇게 보부아르는 과거 여성을 겨냥했던 욕설 ─ 집어삼키는 어머니 ─ 을 어머니의 감각된 경험으로 솜씨 좋게 바꿔놓는다.

실존주의에서는 자신의 활동을 통해 초월성을 성취한 자만이 유일하게 독자적으로 생존 가능한 실존이 된다. 삶의 우연성에 지배당하는 것은 완전한 전락이다. 그런데 아이를 낳고 젖을 먹이는 일은 물론, 유아부터 청소년이 될 때까지 아이를 양육하는 일에도 '활동'이라는 명예로운 지위가 부여될 수는(대부분의 어머니로서는 아마 처음 듣는 이야기일 것이다) 없었다. 그 일은 존재의 투기投企를 필요로 하지 않는다('투기'와 '활동'은 실존주의 어휘 목록 중에서 자기긍정을 표현하는 핵심 용어다).[31] 보부아르는 "여성은 [주체로서] 자신의 초월성을 주장하거나 대상으로 소외당하거나 둘 중 하나를 선택해야 한다"라고 말한다.[32] 모성에 대한 그의 견해는 일종의 항의다. "가정에 갇힌 여성은 자신을 위한 실존을 발견할 수 없다."[33] 그리고 이것은 보부아르의 철학적 의도가 지닌 논리적 효과이기도 하다. 인간을 생산한다는 것은 자유를 잃을 수도 있는 위험을 감수하는 것, 자신이 선택한 길에 대해 평생에 걸쳐 전적으로 책임을 지는 것이라는 의미다. 어쨌든 세계 내 존재를 구속받지 않는 자기완성으로 이해한다면, 모성은 약간의 충격일 수밖에 없다. 하지만 충격으로 느껴지는 것은 필시 그 관점에 문제가 있기 때문이며, 보부아르 역시 모성에 대해 설명하며 자신도 모르게 이 문제를 암시하기 시작한다.

"여성은 태어나는 것이 아니라 만들어지는 것이다." 보부아르의 이 선언은 오늘날까지도 페미니즘의 필수적인 주장으로 간주된다. 만약 우리가 되고자 하는 것이 단지 여성이라면, 여성이 되는 것이 무엇인가에 대해선 협상의 여지가 있다. 올바른 정치적 조건에서라면 우리는 여성이 안될$^{un-become}$ 수도 있고, 요구되는 역할의 옷을 벗어버리고 우리 자신이 될 수 있다. 여성의 몸에서 무언가가 태어나는 어쩔 수 없는 필연성의 순간은 아마도 여성성에 대한 이 진실에 있어 유일한 예외라고 할 수 있다. 모성이 우리를 유적 존재에 묶어놓는다면, 어머니가 아이를 그 자신의 행위로, 창조물로, 심지어 재산으로 생각하게 될 위험이 상존한다. 어머니는 모성만이 자신의 삶에 의미를 부여하며 진정한 존재(실존주의 철학에서 의식적이며 지각 있는 '대자적對自的' 존재를 뜻한다)로 인도한다는 믿음 아래 아이에게 지나치게 많은 것을 기대할 수 있다. 이런 관점에서 보면 모성은 자기 창조의 환상, 즉 있으라 하니 전 세계가 우리 자신으로부터 쏟아져 나왔다는 믿음을 조장할 수 있다. 실제로 아이란 죽음과 다를 바 없는 "순전한 우연성"을 특징으로 하는 원초적 물질의 "보잘것없는 확산"에 불과한데 말이다.[34]

매우 암울하게 들릴 수 있는 이야기다. 하지만 우리는 이 불온한 진술이 상상을 통해 완전히 뒤집힐 수 있음을 이미 알고 있다. 아기를 가짐으로써 어머니는 피할 수 없는 죽음에 직면한다. 어머니는 그리하여 모든 인간 안에 자리한, 자아 조작이 불가능한 것, 의도에 맞게 억누를 수도 없는 것과 접촉하게 된다. 바로 그 순간 어머니는 새로

운 힘을 획득한 것처럼 보이지만, 즉시 그것을 양도해야만
한다. 그는 소유하지만 소유하지 않는다. 그는 생명을 낳
되, 그것은 오직 생명이 (그를) 탈출하는 조건에서만 가능
하다. 그러면 이러한 질문이 남는다. 비록 보부아르가 명
시적으로 말한 적은 없지만, 여성의 입장에서 보기에 어머
니가 되지 않는 편이 더 낫다는 뜻인가? 아니면 이 지식을
통해 우리가 어머니를 이해하는 새로운 길(아기나 어머니
자신만을 위한 것이 아닌)을 발견할 수 있다는 뜻인가? 보
부아르는 남성에 의해 남성에게 유리하게끔 조직된 불평
등한 사회적 배치 속에서 어머니와 유아가 심각한 위협에
처해 있다는 점을 분명히 한다. 어머니에게는 자신의 전적
인 보호 아래 —— 짐짓 경건한 척, 대부분은 물질적 또는 실
질적 지원 없이 무작정 —— 맡겨진 아이의 생명을 안전하게
보장할 힘이 없다. "우리 삶의 방식 때문에 아이가 큰 위험
에 처했는데, 그 위험은 아이가 전적으로 매여 있는 어머
니라는 존재가 늘 결여된 상태에 처한 여성이라는 점에 있
다. (⋯) 현 상황이 여성의 실현을 얼마나 크게 가로막고
있는가를 이해하면 (⋯) 아이가 무방비 상태로 여성에게
떠맡겨졌다는 사실에 몸서리를 치게 된다."[35]

보부아르가 이야기하는 모성의 경험이 전적으로 어두
운 것만은 아니다. 그는 환희와, 일부 어머니가 경험하는
충족감, 기쁨에 대해서도 이야기한다(앞으로 우리가 이야

기할 핵심 주제다). 실제로 보부아르는 위니콧과 함께 모성의 양가성에 대해 공개적으로 발언한 최초의 이론가로 평가할 만하다(보부아르의 『제2의 성』^{La Deuxième sexe, 1949}과 위니콧의 논문은 같은 해에 출판되었다). 다음은 임신에 대한 보부아르의 발언이다.

임신은 여성 앞에 펼쳐진 자아와 자아 간의 드라마이며, 여성은 이를 통해 풍요와 손상을 둘 다 경험한다. 태아는 그 몸의 일부이자 그를 착취하는 기생적 존재다. 그는 그것을 소유하고 또 그것에 의해 소유된다. 태아에는 그의 모든 미래가 담겨 있으며, 그는 태아를 자신의 내부에 담고서 자신이 세상만큼 거대하다고 느낀다. 하지만 바로 이 풍요로움이 그를 파괴하며, 그로써 그는 스스로를 아무것도 아닌 존재로 느끼게 된다.[36]

보부아르, 정확히는 실존주의가 정신분석에 대해 비판적이었다는 점은 잘 알려진 사실이다. 처음부터 보부아르는 선택과 자유에 기반을 둔 여성의 운명에 대한 자신의 생각이 인간을 갈등적 욕망 사이에서 무의식적으로 추동되고 분열하는 존재로 본 정신분석적 견해와 상충한다고 주장했다.[37] 하지만 그 역시 어머니가 된다는 것이 여성에게 자신의 내면 가장 깊숙한 곳으로 추락하는 경험이라는 것을 알고 있었다. 모든 어머니는 한때 누군가의 딸이었다.

그들이 처한 상황이 어떠하건, 모든 어머니는 아이로서 자신이 경험했던 것을 파편적으로나마 다시 겪게 된다. 그 어떤 여성도, 반갑기도 하고 반갑지 않기도 한, 의도치 않은 이 회상의 영역을 ── 특히 어머니와 딸의 관계가 사실상 하나로 묶인 세상에서는 ── 수월하게 겪어낼 수 없다.

  어린 소녀가 성장하면서 진짜 갈등이 시작된다. 우리는 어린 소녀가 어떻게 자신의 어머니에게 맞서 자율성을 주장하고 싶어하는가를 보았다. 어머니의 눈에 그것은 가증스러운 배은망덕이다. 어머니는 자신을 벗어나려는 그 의지에 맞선다. 어머니는 자신의 분신이 **타자**가 되는 걸 용납할 수 없다. 여성과 관련해 남성이 맛보는 즐거움인 완벽한 우월감을, 여성은 오직 자신의 아이, 특히 딸과의 관계에서만 느낀다. (…) 어머니가 아이에게 열렬하건 적대적이건, 아이의 독립은 그에게 희망의 붕괴를 의미한다.[38]

어떻게 해야 어머니가 특권 남용이라는 유혹에서 벗어날 수 있을까? 그것은 어머니가 완벽하게 행복하거나 아니면 성인聖人이거나, 둘 중 하나가 되어야만 가능한 일이다. 자기 아이가 자신만의 자유를 누릴 수 있다는 사실 ── 이는 어머니로부터의 자유를 의미하는 것임이 분명하다 ── 에 직면했을 때, 어머니는 무엇을 하게 될까? 보부아르에 따르면, 어머니는 십중팔구 온 힘을 다해 이에 저항할 것이고, 그렇게 함으로써 아마 자기도 모르는 사이에 가부장제 세계에서 자신에게 주어진 최악의 운명을 되풀이하게 된다. 남자가 그러듯이 —최대의 아이러니인데— 여성을 자신의 남성적 자아실현의 도구로 이용한다. 어머니는 다른 누군가의 등에 업혀 자신의 존재를 창조할 수 있다(이것이 남성의 정체다)고 믿는 치명적인 실수를 범하게 된다. 여러 평자가 지적했듯, 보부아르가 여기서 묘사하는 것은 자기 어머니와의 싸움이다. 앞 장에서 소개한 이디스 워튼처럼 보부아르도 전쟁의 시기에서 벗어나 자유를 얻고자 애쓴다. 워튼이 그랬듯 보부아르도 감정의 역사, 즉 어머니라는 이유로 여성에게 부과된 불가능한 명령이 초래한 부정적인 심리적 결과를 추적한다. 어머니는 모든 것 혹은 아무것도 아닌 것이 되며, 그 결과 아이에게는 생명이면서 동시에 죽음이 된다.

하지만 만약 어머니가 과도한 요구에 시달리고 있다면, 딸의 자유가 오직 어머니의 자유를 대가로만 확보될 수 있다고 한다면, 어머니라는 존재의 핵심에 삶과 죽음이 결합해 끝없는 투쟁을 벌이고 있다면, 순수하고 합리적인 자기 긍정이라는 관념은 망상일 수밖에 없다. 어머니가 된다는 것은 "자아도취와 이타성, 꿈, 진실성과 부정직함, 헌신과 냉소" 사이에 낀 "기이한 절충 상태"에 놓이는 것이다

(꿈이 포함되었다는 점이 의식과 무의식 사이를 떠도는 상태를 암시한다). 상충되는 양극 사이에서 갈등하는 모성에 어떻게 자제력을 바랄 수 있겠는가? 이렇듯 시시각각 그 방향이 바뀌는데, 어머니가 되는 경험이 어떻게 가슴과 정신을 그리고 생명의 허약함을 일깨우지 않을 수 있겠는가? 비록 큰 소리로 입 밖에 내지는 않을지언정, 대체 얼마나 많은 어머니가 앞으로 10분 아니 10초만 버틴다면 ── 자신과 아이가 살아남기만 한다면 ── 다 잘될 것(이는 광적이며 아무도 귀를 기울이지 않기 때문에 한층 더 절박할 수밖에 없는 주장, 즉 간청이다)이라 믿고 있는 것인가?

모성은 지식이나 통제가 아니다. 모성은 계속해서 결정을 내리되, 공허한 지배의 논리를 따라서는 안된다. 어머니가 딸과 씨름하며 가부장적 세계 속 최악의 남성성을 흉내 낼 가능성이 있다면, 동시에 어머니는 자기 자유의 한계를 양도하는 것 역시 자신에게 주어진 책임이라는 점도 알고 있다고 보부아르는 지적한다. 어머니가 된 미래의 모습을 상상하던 중에, 나의 언니 질리언Gillian은 비록 우리가 되고 싶은 게 강한 여성이라 해도(당시 우리는 겨우 20대였다) 어머니가 되면 그 힘을 단념하는 법 또한 배워야 한다고 이야기한 적이 있다. 매우 맞는 말이다. 어머니가 된 내 모습을 언니가 기껏해야 1년도 못 보고 세상을 떠났다는 걸 생각하면 언제나 슬퍼진다. 내가 생각하기에 언니가 하고 싶었던 말은, 만일 자기 자신과 아이에게 지나친 것을 요구하지 않고자 한다면, 어머니가 아이에게서 취하는 즐거움은 간접적이고 에두른 것이어야만 한다는 점이다. 보부아르는 말한다. "어머니가 혼자서 이룰 수 없었던 충만함, 따뜻함, 가치를 아이를 통해 성취하고자 하면, 그는 필시 실망할 수밖에 없다. 아이는 오직 다른 이의 행복을 사심 없이 바랄 수 있는 여성에게만 기쁨을 가져올 수 있다. 그 여성은 자신으로 회귀하지 않고, 자기 자신의 경험을 넘어서길 추구한다."[39] 이것은 아이를 위해 어머니가 고통받아야만 한다는 마조히즘이 아니다. 또 언제나 아이를 최우선시하는 이타성에 대한 호소도 아니다. 이것이 의미하는 바는, 다른 누군가 — 우연히 당신의 아이가 된 이 — 의 행복을 바라며, 그 행복을 당신 자신의 자아를 위해 이용하지 않아야 한다는 것이다(그러지 못한다면 한손으로 준 것을 다른 손으로 빼앗는 것이나 다름없다). 이것은 타자가 거하는 방식이다. 그리고 보부아르라면 아마도 이의를 제기하겠지만, 이것은 정신분석적 무의식에 대한 훌륭한 정의라고도 할 수 있다.

모성을 여성의 신체적·정신적 예속으로 간주하는 보부아르의 해석은 가끔 진정으로 혐오스럽게 느껴진다(갓난아이는 마치 자신만의 잔치를 벌이는 사악한 요정처럼 묘사된다). 하지만 아마도 그런 까닭에 보부아르는 많은 이들보다 훨씬 앞서 모성의 깊은 양가성을 처음으로 파헤치고 모성을 통해 우리 가운데 이방인을 받아들이며 우리 땅에 찾아온 낯선 이에게 ─ 비록 그 결과 벽이 무너진다고 해도 ─ 자리를 내줄 수 있었다. 이 생각을 이어받은 것은 페미니스트들이었다. 불가리아계 프랑스 사상가이자 후대의 모든 페미니스트에게 영향력을 행사한 쥘리아 크리스떼바[Julia Kristeva]는, 비교적 정신분석에 가까운 노선을 취했지만 이 점에 대해서만큼은 보부아르와 의견을 같이했다. 어머니가 되는 것, 아이를 낳는 것은 이방인을 환대하는 행위이며, 그 결과 어머니 노릇은 그야말로 "우리에게 가까운, 그리고 우리 자신의 낯섦과의 가장 강렬한 형태의 접촉"이 된다(우리는 모두 근본적으로 우리 자신에게 이방인이라는 정신분석적 믿음에 어머니들이 덜 당혹감을 느끼는 게 바로 그 때문인 것 같다).[40] 리브카 갈첸[Rivka Galchen]은 2016년 새롭게 시작된 모성의 경험을 기록한 『소소한 작업들』[Little Labours]에서 다음과 같이 쓴다. "8월 하순, 아이가 태어났다. 아니, 내게는 퓨마 한마리가 내 아파트에, 무언에 가까운 강력한 힘을 지니고 들어온 것만 같았다."[41]

보부아르는 ─ 그다지 내키지 않는 듯한 태도로 ─ 모성을 자기 초월의 정반대 극, 즉 남성이 여성을 복속시키는 세계와는 완전히 동떨어진, 새로운 윤리의 길로 인도하는 경험으로 제시한다. 단순히 말해 어머니가 되기 위해선 무언가를 양보해야 한다. 당연한 소리로 들릴 수도 있지만, 이는 결코 감상적인 행위가 아니다. 또 여성으로서 당연히 누려야 할 자유를 양보하라고 요구하는 것도 아니다. 왜냐하면 이런 방식으로 모성을 경험하기 위해서 어머니는 아이에게 자유롭게 자신을 주어야 하기 때문이다. 물론 이 경험은 우리가 혼자 힘으로, 그 누구에게도 의존하지 않을 때만 진정으로 자유로울 수 있다는 믿음이 거짓임을 보여준다. 만약 모성을 통해 우리가 낯선 이와 접촉하게 된다면, '우리 가족'은 더이상 이 넓디넓은 세상에서 우리가 필사적으로 사수해야 하는 유일하게 중요한 것이 아니게 된다. 이번 장을 시작하며 우리는 그런 타락하고 비이성적인 어머니의 사랑에 대해 이야기했었다("그렇다면 우리는 어떻게 해야 문명화될 수 있을까?"). 오늘날 여성들이 그 도전에 응해 거리로 나서고 있다. 어머니의 날을 며칠 앞둔 2017년 4월, 맘스라이징^MomsRising 회원을 포함한 어머니들이 워싱턴의 트럼프 인터내셔널 호텔 앞에서 자유의여신상 모형을 들고 행진하며 미 행정부의 잔혹한 이민 정책과 강제 추방 조치에 항의하고 이들에게 정의와 연민을 보여줄 것을 요구했다.

엘레나 페란떼는 이야기한다. "존재의 부당한 양식들로 인해 생명의 힘이 손상되고 수모를 겪는다."[42] 모성이 더 넓은 세계와 절연될 때 피폐해지는 것은 모성만이 아니다.

어머니와 아이들의 세상이 파리지옥 같은 자신만의 세상에 갇히게 될 때, 손상되고 수모를 겪는 것은 어머니와 아이들만이 아니다. 오늘날 우리는 보부아르 덕분에 이 모든 것에 있어 우리가 치러야 하는 대가가 얼마나 큰가를 알게 되었다. 그렇다면 문제는 이것이다. 어머니가 자신의 귓전을 울리는 지시를 거부하고, 자신의 가슴과 그밖의 모든 쓰레기들을 뒤에 매단 채 이 낯설고 다른 길에 과감히 나선다면 무슨 일이 벌어질까? 그 길은 어디로 이어질까? 그 길에 어떤 쾌락과 위험이, 그리고 대가가 기다리고 있을까? 이 질문이 우리 시대에 갖는 의미를 탐구하기 위해 나는 엘레나 페란떼에 주목하고자 한다. 그가 자신만의 멋진, 하지만 불편한 대답을 들려줄 것이다.

고통과 희열

3

엘레나 페란떼

엘레나 페란떼, 21세기 유럽에 등장한 가장 중요한 문학적 현상 가운데 하나인 그는 우리를 ─그의 표현에 따르면─ 출발점으로, 즉 우리가 시작된 장소인 그리스와 로마의 세계로 이끈다. 2014년 『뉴욕 타임스』와의 인터뷰에서 그는 다음과 같이 말했다. "고대 그리스와 로마가 오래된 세계라고 한번도 생각해보지 않았습니다. 오히려 매우 가깝게 느낍니다."[1] 어렸을 때 페란떼는 세이렌들이 나뽈리만에서 그리스어로 떠들며 돌아다니는 광경을 상상하곤 했다. 스스로 밝힌 얼마 되지 않는 그녀에 관한 정보에 따르면 엘레나는 고전문학 학위 소지자이며, 고전문학을 공부하면서 "단어를 조합하는 법에 대해 많은 것을" 배웠다.[2] 그에게 영웅은 메데이아와 디도였다. 메데이아가 유아 살해라는 상상도 할 수 없는 영역으로 우리를 안내한다면, 카르타고 건설에 착수하는 디도는 공민적인 동시에 사적인 관대함을 보여준다. 결국 비극으로 끝났지만 디도는 이방인 망명객인 아이네이아스에게 도시의 문을(그리고 자신의 몸도) 열어주었을 뿐 아니라 결혼과 출산을 관장하는 헤라 여신의 신전 벽면에 전쟁의 대학살 장면을 일종의 상징물처럼 전시하도록 허용했다.

플로베르Gustave Flaubert의 에마 보바리와 똘스또이Lev Tolstoy의 안나 까레니나는 이 두 여성을 계승하면서도 "반역, 복수, 저주의 방편으로 유아 살해 또는 자살을 택하게끔 고대 세계의 여성 영웅들을 몰아세웠던 어두운 힘"³을 잃고 그 모습이 왜소해졌다. 보바리와 까레니나의 고통에는 공적 차원이 소실되어 있다. 페란떼의 설명에 의하면 그건 모든 도시가 품고 있는 뿌리 깊은 착각이다. 미로가 사라진 사랑의 도시임을 자부하며 복수의 여신의 잠재된 위협이 사라진 미래가 가능하다고 믿는 것 말이다. 현대 세계에서 어머니를 괴롭히는 대부분의 공적 담론도 이와 다름없이 편협하고 마취되고 무력한 전망을 보여준다.

페란떼가 사용하는 필명의 절반인 '엘레나'라는 이름의 배후에는 그리스신화에서 유래한 이야기가 자리한다. 그리스신화 중 비교적 덜 알려진 어느 판본에 따르면 제우스가 강간하고 수태시킨 것은 백조인 레다가 아니라 네메시

스였고, 제우스에게서 벗어나기 위해 네메시스가 거위로 변신했다고 한다. 그후 네메시스가 알을 낳자 한 목동이 그 알을 발견해 레다에게 주었고, 레다의 보살핌을 받은 알에서 엘레나가 태어났으며, 그후 레다가 엘레나를 ─ 페란떼의 암시에 따르자면 ─ "자신의 딸이 아닌 딸"[4]로 키웠다. 이는 가장 오래된 대리모 이야기 중 하나이자, 동시에 낯선 이를 품었다는 점에서 기득권이 없는 모성의 모범을 제공하는 사례다. 그것은 또 페란떼가 자신을 추적해 찾아내려고 시도하거나 또는 이미 찾아냈다고 ─ 마치 그것으로 뭔가 해결이라도 된다는 듯 ─ 주장하는 이들에게 보내는 은근한 경고로 읽힐 수도 있다. 그가 작가로서 선택한 이름 뒤에는 단일한 근원을 찾아낼 수 없는 잉태 이야기가 자리한다. 그의 글쓰기는 고대의 신, 동물, 인간 사이를 통과하며 다양한 종과 시간대를 경유해 탄생한다. 페란떼는 자신이 익명을 유지하는 이유에 대해, 자신의 책이 그라는 존재에 대한 대중의 관심과 헛된 유명세에서 벗어나, 마치 집을 떠난 아이처럼 자신만의 길을 걸어가기를 바라기 때문이라고 수차례에 걸쳐 밝혀왔다.

그럼에도 근대적인 작가 숭배 경향으로 인해 페란떼는 끊임없이 정체를 밝히라는 압박에 시달리고 있다. 문학작품은 보통 작가에게 묶이곤 한다. 텍스트에 있어 창조자의 존재를, 마치 자기 아이를 떠나보내지 못하고 지배하려드는 어머니인 것처럼만 여기는 것이다. 페란떼는 지배하려 드는 어머니에 대해 할 말이 많다. "만약 누군가 내 책을 읽는다면 내 말이 그 사람 어휘가 되는 게 아닐까? 내 말을 자기 것으로 삼아, 필요하다면 다시 사용하게 되지 않을까?"[5] 이 이야기는 위니콧의 또다른 핵심적 개념인 '대상의 활용'the use of an object, 즉 어머니와 맞선 투쟁에서 유아가 살아남기 위해 필연적으로 보일 수밖에 없는 무자비함을 뚜렷이 연상시킨다.[6] 페란떼의 두번째 소설 『버림받은 날들』 *I giorni dell'abbandono*, 2002에서 버림받은 아내이자 어머니인 올가는 자신의 새로운 삶이 처한 교착상태를 되돌아본다. "이 추론에서 나는 '나의 아이들', '나의'라는 형용사의 그 도저한 불합리함을 포착했던 것 같다"[7](울프의 소설 『세월』에서 파지터 대령의 손자를 겁에 질리게 한 것도 같은 표현이다). 시간이 필요한 일이다. 대부분 성공하지 못하지만, 어머니가 조금씩 버텨내는 사이 상실의 끔찍한 고통은 ─ 그와 그의 아이들을 위한 ─ 일종의 자유를 향한 몸짓이 된다.

말이 나온 김에 페란떼의 정체를 밝혀냈다고 주장했던 한 기자에 대해 얘기해보자. 기자는 페란떼가 범한 가장 중대한 범죄로 그가 자신의 어머니를 부정확하게 재현했다는 점을 꼽으며(실제로는 홀로코스트 생존자였는데 소설에서는 나뽈리의 재봉사로 그렸다는 주장이었다) 여성 혐오를 노골적으로 드러냈다. 마치 어머니를 재창조하는 일이 결코 있어서는 안된다고 주장하듯 말이다. 각색은 어머니라는 신성한 영역을 침범 — 위반 — 하지 않는 범위에서만 허용된다. 이 기자는 오만하고 천박한 폭로를 자행하는 자신의 모습이 페란떼의 첫번째 소설 『성가신 사랑』*L'amore molesto, 1999*에 등장하는 짐승 같은 남편과 닮았다는 점을 아마도 모르는 듯하다. 그 남편은 돈을 벌기 위해 아내를 거의 벌거벗은 것이나 다름없는 집시로 그려 버젓이 유포한다(그후 자신이 통제할 수 없는 섹슈얼리티의 징조가 엿보이자 아내를 때린다). 딸은 아버지의 행동을 의아하게 여긴다. "어떻게 아버지는 평소 살인도 불사할 것 같은 기세로 지키려 했던 육체가 노골적이고 매혹적인 포즈를 취하고 있는 그림을 천박한 사내들에게 넘길 수 있는 걸까?"[8] 『성가신 사랑』에서 그런 행동은 남성에게만 국한되지 않는다. 엄마에게 독립적인 성적 삶의 조짐이 보이자 딸도 마찬가지로 미친 듯이 분노하며, 실제로 엄마의 연애를 아버지에게 알린다.

페란떼가 보기에 세상은 어머니의 몸을 감추는 일에 공모하고 있다. 어머니가 몸을 가졌다는 사실 자체가 범죄다. "여성복 재봉사를 위시해 그 누구도 어머니가 여성의 몸을 가졌다고 생각해서는 안된다." 페란떼는 자신이 가장 좋아하는 이딸리아 여성작가 엘사 모란떼가 쓴 이 구절을 자신의 소설에서 제사로 사용한다.[9] 우리는 앞서 어머니의 성적 존재에 대한 혐오를 살펴보았으며, 이는—페란떼가 남긴 인상적인 표현에 따르자면—어머니의 몸에 대한 "부질없는 성애적 망상"에서 도망치는 일이기도 했다.[10] 페란떼의 대담한 폭로 작업은 소유욕과 분노에서 파생된 이 일련의 지겹고 추악한 전형을 활용해서 이루어진다. 대체 죄가 없다면, 여성이 됐건 어머니가 됐건 왜 자신을 숨기는 것일까?

엘레나라는 이름은 연작소설 '나뽈리 4부작'에서 화자인 엘레나 그레꼬의 이름으로 중요한 역할을 맡게 된다. 그런데 페란떼는 그에 앞서 2006년 출판된 세번째 소설 『잃어버린 딸』La figlia oscura의 주요 인물들에 그리스에서 연유한 레다와 엘레나라는 이름을 부여한 바 있다. 당시 그는 나뽈리 4부작으로 국제적 명성을 얻기 전이었지만 이딸리아에서는 이미 유명 인사였다. 레다는 "모성의 복잡한 현대적 문제"에 사로잡힌 중년의 어머니로 등장해 자신의 아이를 버리고 떠나는데, 물론 처음 있는 일은 아니었다. 다 자란 두 딸에 대한 부모의 책임감에서 벗어나기 위해 그는 이오니아 해안의 해변 휴양지로 향한다. 그곳에서 레다는 어린 소녀인 엘레나가 젊은 엄마와 노는 모습을 집요하게 지켜보다가 엘레나가 잃어버린 인형을 발견해 보관한다 (인형을 잃어버린 후 아이는 병이 들었고, 아이 엄마는 레다와 친구가 된 뒤 레다에게 딸아이의 인형을 훔쳐 간 사람이 뇌종양에 걸려버렸으면 좋겠다고 이야기한다).

이 이야기는 레다-엘레나의 원초신화를 뒤집고 있다. 레다는 다른 이의 아이를 너그럽게 양육하는 대신 그 아이에게 일종의 잔인한 짓을 한다. 자신의 행위에 대해 납득할 만한 이유를 찾아낼 수도 없거니와 그 행동을 제어할 수도 멈출 수도 없다.[11] 젊은 엄마였을 때 그는 살아남기 위한 방편으로 2년간 아이들을 방치한 적이 있는데, 스스로는 물론 어느 누구에게도 그 동기가 명확해 보이지 않았다. 이탈리아 밖에서는 상대적으로 주목받지 못했지만, 페란떼는 『잃어버린 딸』이 자신이 가장 위험을 무릅쓴 소설이자 고통스러운 유대감을 느끼는 작품이라고 밝힌다. 그리고 이 소설로 "엄청난 불안감"을 경험하지 못했더라면 나뽈리 4부작의 첫 작품 『나의 눈부신 친구』*L'amica geniale*는 아마도 나오지 못했을 것이라고 고백한다.[12] 그는 이 소설에 대해 느끼는 고통스러운 애착을 다음과 같이 묘사한다. "가장 이야기하기 어려운 것은 우리 자신도 이해할 수 없는 것들이다"(소설 속 레다의 말이다).[13] 레다는 곰곰이 생각한다. "내가 (내 아이들에게) 무엇을 원하는지, 나는 이해할 수 없었어. 지금도 모르겠어."[14] 자신이 모른다는 사실을 인정할 때, 그리고 어머니가 된다는 것이 인간 마음에 대한 통제권을 포기하는 것이라는 점을 받아들일 때, 어머니는 가장 명확한 의식을 보여준다.

여기서 페란떼는 최고의 문학적 글쓰기만이 모성이라는 잠긴 방을 여는 진정한 열쇠가 될 수 있다는 믿음에 또 다른 경고를 던진다. 그 믿음에서는 아이에게 어떤 비밀과 거짓말도 용납하지 않으며 아이의 마음을 완전히 알 수 있다고 주장하는 어머니가 연상된다. 이러한 믿음의 어리석음에 대해서는 『버림받은 날들』의 올가가 딸 일라리아와 함께 현관문을 열기 위해 자물쇠를 가지고 광적으로 씨름하는 일화에서 이미 넌지시 암시된 바 있다(어머니가 이 모든 난리법석이 얼마나 말도 안되는 것인지를 자기 자신과 딸에게 인정하는 순간만이 유일하게 정상적이다). 페란떼의 글에서도 모성의 문제 또는 질문에 대한 해답을 찾을 수는 없다. 다만, 우리는 어떤 위험을 무릅쓰고라도 그 공간 안에 들어서게 된다. 페란떼는 이야기한다. "모성의 문학적 진실은 앞으로 탐구되어야 한다." "오늘날 여성 작가의 임무는" 지침서가 그러하듯이 "그것에 대해 목가적으로 계속 이야기하는 데" 있지 않다. 지침서는 어머니들로 하여금 "외로움과 가책을 느끼게" 할 뿐이다. 여성 작가는 "가장 어둡고 깊은 곳을 정직하게 탐색해야" 한다.[15] 최근 연구에 따르면 어머니 노릇에 대한 지침서를 많이 접한 어머니일수록 높은 수준의 우울 증상을 보인다고 한다(많은 지침서를 읽고 우울 증상을 겪는 것인지, 아니면 우울해서

그것들을 읽게 되는 것인지는 분명치 않다).[16]

엘레나 페란떼의 문학이 보여주는 모성의 형상화는 우리를 설명서나 지침서의 세계와는 완전히 동떨어진 곳으로 안내한다. 페란떼의 문학은 내가 지금까지 읽어본 것들과 전혀 다르며, 그 때문에 나는 여기서 온전히 한 장을 할애해 페란떼만을 다루고자 한다. 스웨덴의 브롬베리[Bromberg] 출판사는 『버림받은 날들』의 판권을 구입해 번역을 완료한 다음, 작품 속 어머니의 행동이 "도덕적으로 비난받을 만하다"는 이유로 출판하지 않기로 결정했다.[17] 그들이 무슨 일을 염려했는지가 그저 궁금할 뿐이다. 사실 페란떼의 세계에서 어머니는 자주 아이를 버리고 떠난다. 글쓰기 그리고/또는 성적 열정을 위해 아이를 방치하거나 망각한다. 아이를 사랑하는 만큼 미워하며, 보호하는 만큼 화를 내고, 이끌어주는 만큼 좌절시킨다. 때로 아이는 어른들이 벌이는 성적인 게임에서 그저 노리개에 불과하기도 하다. 나뽈리 4부작의 마지막 소설에서 어머니는 자신의 딸은 방치한 채 친구의 어린 딸을 안고 한때 연인이었던 아기 아버지와 시시덕거린다. 그렇게 어머니가 잠시 한눈을 판 사이에 그 딸은 영원히 사라져버린다(페란떼의 세번째 소설의 제목인 『잃어버린 딸』과 공명하듯 나뽈리 4부작의 마지막 소설의 제목은 『잃어버린 아이 이야기』[Storia della bambina perduta]이다).

198

페란떼는 수많은 현대 어머니가 봉착한 난제의 정곡을 찌른다. "내가 보기엔 레다가 무릅쓴 위험이 바로 문제의 핵심이다. 현대 여성인 내가 부득불 나 자신을 희생하고 그 때문에 나 자신을 미워하는 일 없이 내 딸을 사랑하고 그들에게 사랑받을 수 있을까?"[18] 페란떼 소설의 평자들은 이를 종종 간과하지만, 어머니, 특히 어머니와 딸들은 어디에나 있다. 이 문제에 대해 페란떼 자신의 입장은 분명하다. 어머니-딸의 관계에 있어 페란떼는 이렇게 언급한다. "때로 생각해보면 나는 그외 다른 것에 대해선 써본 적이 없는 것 같다."[19] 모성은 그의 소설에서 환원 불가능한 핵과 같은 존재다. 왜냐하면 모성은 단순히 주제의 차원에 그치지 않는, 글쓰기 행위 자체에 가차 없이 뒤따라오는 문제이기 때문이다. 『버림받은 날들』에서 올가는 버려두었던 자신의 소설을 집어 들며 스스로에게 다짐한다. "진정한 글쓰기는 어머니의 자궁 깊은 곳에서 이야기하는 것이다."[20]

*

나뽈리 4부작에서 레누라는 애칭으로 불리는 엘레나 그레꼬와 라파엘라 체룰로는 이야기의 양 축을 이룬다. 레누는 체룰로를 릴라라고 부르지만, 그외 다른 이들은 그녀를 리나로 부른다. 그들 이름을 혼란스러울 정도로 유사하게 만든 것은 다분히 의도적이며, 레누와 리나를 하나로 묶고 있는 때로는 숨 막히는 친밀함을 드러내준다. 두 여성은 반복해서 서로 거리를 두려고, 심지어 서로를 거부하려고 애를 써보지만, 그에 못지않은 악의와 열정으로 다시금 서로에게 돌아오곤 한다(나뽈리 4부작은 여성 간의 우정에 대한 최초의 심충적인 문학적 표현으로 환영받았다). 소설은 레누의 목소리로 쓰였지만, 사실 그조차도 분명하지 않다. 레누에게 영감을 준 것은 릴라가 어린 시절에 쓴 한편의 글이다. 어린 시절 그들은 함께 빛나는 작가로서의 미래를, 자신들을 부유하고 유명하게 만들어줄 미래를 계획했다. 4부작의 말미에 레누는 나뽈리의 건축과 문화의 역사에 대한 릴라의 원고 뭉치를 발견한다. 릴라가 여러해 전에 발생한, 한번도 제대로 설명된 적이 없는 자기 딸아이의 실종에 대해 슬퍼하며 자신을 온전히 바쳐 집필한 글이다.

릴라와 레누는 사실 저널리즘적 성격의 글을 함께 쓴 적도 있다. 그들은 남성의 폭력이 나뽈리의 극도로 퇴행적이며 좁은 지역사회에서 그들 자신뿐 아니라 주변 모든 이들의 삶을 어떻게 통제하고 파괴했는가를 폭로하기로 마음먹었다. 레누는 유명 작가가 되어서 어린 시절의 꿈을 이루지만, 자기 작품의 진짜 작가는 다름 아닌 릴라라는 생각에 끊임없이 시달린다. 페란떼가 보기에 두 여성은 한 몸이나 다를 바 없다. 하지만 그는 소설의 핵심에 불확실한 저자 문제를 배치하는 방식으로 작가로서 자신의 미묘하고도 분열된 처지를 반영하는 것에서 한발 더 나아간다. 그는 새로운 공간을 연다. 그곳은 보는 시각에 따라 고통스러울 수도 있고 해방적일 수도 있지만, 적어도 여성이라면 여성의 창조성이 가장 빛나는 시간이라고 이구동성으로 이야기하는 순간과 관련해 자문할 수 있는 곳이다. 바로 이런 질문 말이다. 여성은 정확히 누구를, 또는 무엇을 낳는가?

종종 여자는 아이를 낳으면서 자기 어머니와 다시 만난다고들 한다(여자에게 그 경험이 너무 힘들어 마침내 어머니를 이해하고 모든 것을 용서하게 된다는 것이 아마도 가장 훈훈한 설명일 것이다). 또다른 설명에 따르면 첫아이가 어머니를 닮은 구석이 전혀 없이 아버지만 쏙 빼다 박았을 때, 어머니는 이것이 아버지로 하여금 아이를 자기 자식으로 —어느 아버지도 쉽게 확신하기 어려운 사실이다— 안심하고 받아들일 수 있게끔 하는 자연의 섭리라 생각하며 위안을 얻는다고 한다. 이와 유사하게 프랑스 아방가르드 영화감독 장뤼끄 고다르^{Jean-Luc Godard}는 1985년 작품인 「마리아에게 경배를」^{Je Vous Salue, Marie}과 관련해, 마리아의 수태 사실과 신을 영접했다는 그의 주장 —설마!— 을 접했을 때 요셉이 느꼈던 당혹감은 모든 남성이 아버지가 된다는 사실에 직면해 경험하는 것과 다를 바 없다고 냉소적으로 비꼰다. 프랑스 법에 따르면 "결혼한 여성의 아이는 그 남편의 아이로 추정된다"(이로써 법은 이것이 어느 누구도 확신할 수 없는 일이라는 점을 인정하는 셈이다).[21]

릴라는 첫아이 리노(오빠 이름을 따서 지었다)의 아버지가 처음에는 자신의 애인이라고 했다가 나중에 결국 마지못해 전남편임을 인정하는데, 그 과정에서 아버지 후보인 두 남자 모두가 고통받는다. 다만 페란떼는 남성의 씨를 받는 수동적 그릇이라는 그리스적 여성관에 고딕적이고 페미니스트적인 변형을 가해 이 진퇴양난의 곤경을 다른 측면에서 접근하도록 이끈다. 레누는 혼자 생각한다. 남자가 "우리 안에 불쑥 나타났다 사라지면서, 마치 잃어버린 물건처럼, 우리 육체에 숨겨진 형태로, 자신의 유령을 남긴다"고.[22] 이때 레누는 니노의 여러 자식에 대해 생각하는 중이다. 니노는 레누의 어린 시절 첫사랑이자 릴라의 아이 아버지 후보자 중 하나며, 레누도 장차 그의 아이를 갖고 싶어한다(소설이 진행되는 동안 니노는 적어도 한명의 아이를 더 낳으며, 결국 그의 아내가 된 여성과의 사이에서 두명의 아이를 더 갖는다). 늘 그렇듯, 릴라는 자신의 성격대로 좀더 직설적으로 표현한다. "남자가 자기 물건을 네 속에 삽입하면 너는 살아 있는 인형을 담은 육체 상자

202

가 되는 거야."[23]

인형은 핵심적인 요소다. 4부작은 릴라와 레누가 자신들이 아끼는 인형을 —등장인물 소개에서 "동화 속에 나오는 괴물 같은 사람"으로 묘사된 —무서운 돈 아킬레 카라치씨 집 지하실에 던지는 장면으로 시작된다. 그리고 마지막 장면에서 이 두 인형은, 사라져버린 릴라가 보냈으리라 추정되는 소포에서 마법처럼 레누 앞에 다시 등장한다 (레누 인형의 이름인 '티나'는 릴라의 잃어버린 아이 이름이기도 하다). 이는 그 자체로 또다른 경고로 읽힌다. 인형은 보통 모성 본능을 투사하는 물건으로 간주되지만, 페란떼의 인형은 이와 동떨어진 행성에 살고 있다. 이 점에서 페란떼는 프로이트와 유사하다. 프로이트는 인형을 갖고 노는 어린 소녀는 모성의 이상향을 꿈꾸는 것이 아니라, 엄마가 자신에게 했듯 이 불행한 존재를 지배하고 통제하려고 시도하는 것일 뿐이라고 말했으며, 이 대담한 지적으로 비판을 받기도 했다. 『잃어버린 딸』에서 레다는 자신이 훔친 인형을 상대로 여러가지 끔찍한 의식을 수행하며 혼자 생각한다. "어머니는 놀이하는 딸에 불과해. 나는 그저 놀고 있었던 거야."[24]

나뽈리 4부작에서 처음 임신을 하는 인물은 릴라의 오빠 리노와 결혼한 삐누차다. 그는 출산하자마자 자기 아이에게 적대감을 품는다. "못생겼어. 제 아비보다도 못생졌다고. 그 집안 사람들은 하나같이 못생겼잖아!" "다 내 잘못이야. 어렸을 때 뭐가 뭔지 몰라서 내가 신랑감을 잘 못 고른 거야. 내 아들 좀 봐."[25] 레누는 삐누차가 "아이에게 젖을 물린 채 행복한 표정으로 침대에" 있을 것이라 기대하며 그를 방문한 참이다.[26] 나뽈리에서 소녀들은 삐누차나 릴라처럼 보통 열여섯의 어린 나이에 결혼한다. 페란떼는 이에 대해 어떤 판단도 하지 않는다. 이 점에 있어 페란떼는 신중하다. 삐누차가 엄마로서 부족한 것이 아니다. 부족한 것은 그를 둘러싼 세상이다.

페란떼의 글에서 어머니를 대신해 비난받는 것은 잔인한 사회다. 잔혹한 남성 중심적 공동체에서 여성과 소녀는 가슴과 육체의 가장 깊은 곳에서 억압당하며, 삐누차의 분노는 ─ 불행한 결혼 생활 초기에 온갖 수를 써서 임신하지 않으려 버텼던 릴라의 분노도 마찬가지다 ─ 바로 거기서 비롯한다. 레누는 임신에 실패함으로써 남편의 남성성을 조롱거리로 만든 릴라에 대해 곰곰이 생각한다. "나는 그의 배를 보았다. 그리고 그 안에서, 매일, 매일 밤, 스테파노가 강제로 삽입하려 한 생명을 파괴하기 위해 전쟁을 치르는 그의 모습을 상상했다."[27] 지역사회는 그렇게 너그럽지 않다. 그리스비극의 코러스처럼, 그들은 릴라가 자궁 안의 태아를 질식시켜 죽였다는 소문을 퍼뜨린다. 여성이 태어나지 않은 아기를 질식시켜 죽일 수 있다는 오래된 믿음은 이처럼 페란떼의 손에서 억압받은 여성을 대신한 필사적인 행동이나 저항, 또는 언제나 그랬듯 어머니에 대한 악의적 공격으로 멋지게 표현된다.

페란떼의 세계에서 남성만 여성의 육체와 영혼을 침범하는 것은 아니다. 실비아 플라스와 마찬가지로 — 플라스와 페란떼, 두 사람의 생각은 같거나 종이 한장 정도의 차이만 있을 뿐이다 — 페란떼는 가부장제를 고발하고, 또 딸과 어머니의 관계에서 여성이 봉착하는 만만찮은 난관에 대해 질문을 던질 줄 안다("때로 생각해보면 나는 그 외 다른 것에 대해선 써본 적이 없는 것 같다"). 일단 어머니 몸속에 싹터 자리 잡은 게 과연 누구, 또는 무엇인지에 대한 질문을 던지고 나면 — 그 질문이 포용의 몸짓이건 두려움의 몸짓이건 간에 — 적어도 페란떼 소설 속 여성은 이제 무엇을 보게 될지 전혀 알 수 없게 된다. 페란떼는 '어머니 몸속의 이방인'이라는 생각을 당황스러운 방향으로 한발자국 진전시킨다. 어머니의 몸은 나뽈리의 지역공동체처럼 붐비는 장소이며, 그곳에서 모두는 서로를 밀치고, 침해하고, 침범한다.

레다가 해변에서 엘레나를 보았을 때, 그는 대가족이 어린 소녀를 포위하듯 둘러싸고 있는 모습에서 자신이 어렸을 적 도망쳐 나온, 아니 도망쳐 나왔다고 생각해온 관계를 목격한다. "그들이 모두 내 안에 살았다."[28] 그는 "조상

들이 아이의 육체로 압축되는 것"에 역겨움을 느끼고 엄마와 아이가 마치 인형의 목소리를 따라 하는 양 인형을 들고 어른과 아이의 목소리를 흉내 내는 것에 분노한다.[29] 그넌더리 나는 침투 과정과 반갑지 않은 내면의 손님에게서 도피해왔으면서도, 레다는 자신이 임신을 하면 멋진 신세계가 열릴 것이라고 꿈꾼다. "나는 (애가 일곱인) 나의 할머니가 아니었다. 나는 (애가 넷인) 나의 엄마와도 달랐다. 나의 이모와도, 나의 사촌과도 달랐다."[30] 한편 레누는 무엇보다 어머니에게서 벗어나기를 강하게 원하며, 소설 전편에 걸쳐 화가 난 어머니의 모습은 다리를 절룩거리며 그를 따라다닌다. "나는 엄마를 제거해야만 했다."[31]

이것은 물론 환상이다. 어머니를 떠나고, 성장해서 벗어나 자신만의 길을 구축할 수는 있지만, 어머니와의 끈을 제거할 수는 없다. 학생이 되어 피사로 탈출한 뒤 레누는 상대적으로 안전함을 느끼면서도 어머니가 된 자신의 미래를 생각하며 몸서리친다. "안전하다고 느끼는 바로 지금 엄마가 내 배 속에서 불쑥 나타나면 어쩌지?"[32] 그런데 삐딱하고 심술궂은 요정 할멈처럼 ─ 최고의 칭찬이다 ─ 페란떼는 소설 속 어머니에게 자유를 향한 강한 충동적 욕망을 부여한 다음 곧바로 그 욕망을 궁지에 몰아넣는다. 세번째 아이를 임신한 뒤 레누는 다리를 절기 시작한다. 딸들이 으레 그렇듯, 레누는 고통스러울 정도로 모호한 방식으로 어머니의 재능을 물려받았다. 어머니의 임종 자리에서 레누와 어머니는 부분적인 화해에 도달한다. 어머니는 레누에게 험한 말을 퍼부었지만 실은 그를 가장 사랑했고 어떻게 보면 유일한 딸이었다고 고백한다(신랄한 비난 자체가 그 증거다). 그러면서 동시에 레누가 자신을 떠나 자기만의 세계를 일구고 명성을 얻었다는 점에 대해 원망한다. 레누는 어머니와 나눈 대화를 다음과 같이 전한다. "엄마의 인생에서 유일하게 좋았던 순간은 내가 배 속에서 나온 바로 그때였다. 나는 그의 첫아이였다."[33] 그날까지 어머니는 자신이 낳은 다른 아이들을 일종의 징벌로 느꼈다(그리고 그 때문에 자신이 큰 죄를 지었다고 생각했다). 화해는 은총이자 저주다. "내가 떠나기 전에 엄마는 나를 안았다. 마치 내 안에 슬며시 들어와, 내가 한때 그랬던 것처럼, 그곳에 머물려는 것 같았다."[34] 레누는 어머니를 자기 안에 살려두려고 자신이 다리를 절뚝거리게 되었다고 릴라에게 이야기한다.

페란떼의 글은 여기, 즉 어머니가 아이에게 느끼는 친밀함의 위험에서 출발하며, 그런 점에서 실비아 플라스와 이디스 워튼 같은 작가의 뒤를 잇는 한편 애리얼 리브와 보조를 같이한다. 아니, 적어도 처음 출판된 작품의 출발점이라고 해야 할 텐데, 작가 자신의 설명에 따르면 페란떼는 『성가신 사랑』 집필에 앞서 많은 이야기를 "버렸"기 때문이다. 소설에서처럼 그의 글쓰기 작업에도 도중에 잃어버렸거나 버려진 아이의 잔해가 곳곳에 널려 있는 것만 같다. 『성가신 사랑』에서 자살한 어머니 아말리아는 "나도 모르는 사이에 내게 주입된 뜨거운 액체처럼"[35] 딸 델리아의 몸에 서서히 침입한다. 레누처럼 델리아도 "내 안에 자리한 나의 뿌리 전부를, 가장 깊이 박힌 것까지를 포함해 모조리 제거하고자 했다". 특히 — 광기 어린 연인처럼 — 자신이 알 수도, 통제할 수도, 심지어 닿을 수조차 없는 어머니를 말이다. 그는 실패한다. 델리아는 서서히 어머니의 모습에 맞추어 자신을 개조해 아주 작은 몸짓과 의복까지도 따라 한다. 종내 어머니 아말리아가 죽던 날 밤 들고 나갔던 여행 가방을 내려 어머니의 옷을 꺼내 입는다. "낡은 옷이 어머니가 내게 남긴 마지막 이야기인 것만 같았다. 필요한 만큼 손을 보고 나니 내게 맞춘 듯 잘 맞았다." 그다음 그는 "40년대에 유행했지만, 50년대 말 이미 찾아보기 힘들어진 구식 헤어스타일" — 오른쪽 눈 위로 머리를 동그랗게 말아 내려뜨리고, 이마 위에 넓은 머리띠를 물결모양으로 묶은 — 로 머리를 매만진다. 이 소설은 "[그것은] 내게 잘 어울렸다. 아말리아가 이랬지. 내가 바로 아말리아였다"[36]라는 구절로 끝을 맺는다. 페란떼가 초기에 쓴 짧은 소설의 이런 강렬한 집중은 다시 되풀이되지 않는다. 초기 소설은 이후 등장할 나뽈리 4부작의 장기 지

속$^{longue\ durée}$에 얽매이지 않고, 어머니 그리고/또는 딸의 삶
에서 극심한 위기의 한순간을 선택해 그것을 한계점까지
팽팽하게 잡아당긴다.

따라서 페란떼가 보기에 '성가신 사랑'은 어머니와 딸
사이의 사랑이며, 이것은 차후 이어지는 모든 감정적 애
착, 삶의 고뇌와 환희, 모든 연애의 원형이 된다. 그 말은
곧 여자와 남자의 관계에 그 어떤 시련과 트라우마와 기쁨
이 따르든, 그것은 그저 어머니와 딸의 관계 뒤에 놓인 창
백한 그림자에 불과하다는 의미다. 프로이트는 모든 에로
스가 어머니의 가슴에서 출발한다고 말했으며, 더 나아가
여성은 언제나 잃어버린 어머니를 대신하는 남자와 결혼
한다고 한층 더 강렬하게 시사했다(이 통찰은 우리가 가
슴 깊숙한 곳에서 발견할 수 있는 것은 오로지 어머니뿐임
을 함축하는데, 언젠가 한 학생이 이에 충격을 받아 나를
찾아온 적이 있다). 페란떼 소설 제목의 중의적 의미에도
주목할 필요가 있다. 『잃어버린 딸』, 『잃어버린 아이 이야
기』―이는 딸과 어머니의 관점에서 각각 '세상에서 길을
잃은 아이(구원받을 가능성이 있는)' 또는 '흔적도 없이
사라진 아이'로 해석할 수 있다.

페란떼는 자신이 정신분석과 프로이트에 끌리면서도
동시에 이에 대해 양가적 감정을 느낀다고 말해왔는데 ―
그는 정신분석을 "절벽에 선 어휘들"이라 부른다 ― 적어

도 이 점에 있어서는 프로이트에게 기꺼이 동의한다. 그의 설명에 따르면, 사랑의 관계는 그것이 좋건 나쁘건 모두 이 원초적 유대의 재활성화다. 어떤 결혼도 여성에게서 "모든 경우에 영원히 지속되는 유일한 사랑-갈등"인 최초의 성가신 사랑을 몰아낼 수는 없다. 『버림받은 날들』에서 올가가 버림받기까지 오로지 남편한테만 충실할 수 있었던 것은, 올가에게 남편이 "어머니와 묶인 환상 속의 보호막"이었기 때문이다(그 때문에 버림받고 나서 올가는 매우 큰 타격을 입는다).[37] 페란떼의 인터뷰를 보면 그는 이 문제에 대해 무엇보다 확신에 차 있는 듯, 바꿔 말하면 어머니-딸의 현실에 그 무엇보다 명확한 공포를 느끼고 있는 듯 보인다.

*

어머니 이야기가 여기서 끝난다 해도 충분히 성가신 일이겠지만, 페란떼는 어머니의 형상화에서 결정적인 한걸음을 더 내딛는다. 어머니-딸의 관계, 그리고 어머니와 어머니의 모든 선조를 품은 임신 ──"안전하다고 느끼는 바로 지금 엄마가 내 배 속에서 불쑥 나타나면 어쩌지?"── 에서 세상은 방향을 잃고 모든 경계가 사라진다(이는 어머니가 있기 때문에 모든 게 제자리를 유지할 수 있다는 믿음이 거짓임을 보여준다). 앞장에서 언급했듯, 경계를 개방하면, 즉 우리가 만든 경계선이 근본적으로 취약함을 인정한다면 그것은 아마도 우리가 어머니와 관련해 다른 윤리나 세계를 세울 수 있는 토대가 되어줄 것이다. 내가 보기에 페란떼는 이 가능성을 그 한계점까지 밀어붙이는 작가이며, 이는 우리 세계가 자기 충족과 자기통제의 신화를 선전하는 데 그 어느 때보다 열렬한 곳이라는 점에서 주목할 만하다.

이러한 신화에 대해 모성은 가장 성가신 모습을 한, 일종의 성나고 분노에 찬 응수라 할 수 있다. 나는 언제나 생각해왔다. 우리가 설명해야 하는 것은 소중한 개인성이 무너지는 시점이 언제인가가 아니라, 우리가 존재의 첫번째 늪에서 벗어나 스스로를 자족적이며 근본적으로 구별 가능한 개인들이라는 헛소리를 믿기 시작한 게 도대체 언제부터인가다. 우리의 몸은 우리의 재산이며 우리의 마음은 우리의 의지에 종속되고 —이것이 가장 위험한데— 전 세계가 우리 지배 아래 있다고 믿기 시작한 것 말이다. 페란떼는 이를 전혀 받아들이지 않는다. 그는 "우리의 경계가 잇따라 무너지면서" 이야기가 시작된다고 말한다.[38] 그리고 페미니스트적인 주장 —"경계는 우리에게 안정감을 준다"— 을 펼친다.

갈등의 전조가 보이자마자, 아주 작은 위협에도, 우리는 경계를 폐쇄한다. (…) 지난 수백년간 여성의 역사는 가부장적 문화가 강요한 '경계의 횡단'에 기초했다. 이는 모든 분야에서 대단한 결실을 거두었다. 하지만 전통적 경계를 회복하려는 힘도 그 못지않게 대단하다. 그것은 더없이 노골적이며 지독한 폭력의 모습으로 나타난다.[39]

릴라의 남편은 릴라를 때리고, 아이가 보는 앞에서 그녀를 성폭행하기도 한다. 릴라와 아말리아처럼 '예속을 거부하는' 여성은 최후통첩에 직면한다. "내가 말한 대로 하지 않으면 너를 죽을 때까지 패서라도 버릇을 고쳐놓고야 말겠어."[40] 여성에게 매우 익숙한 이 최후통첩에 페란떼는 자신만의 독특한 관점을 덧붙인다. 남녀의 투쟁은 단지 하나의 의지와 힘이 또다른 의지와 힘과 겨루는 것만을 뜻하지 않는다. 물론 그런 측면도 있다. 하지만 그보다는 가부장적 세계가 그려놓은 경계선을 존중하기를 거부하는 여성으로 인해 완전히 다른 차원의 섬뜩한 심리적 공간이 환기된다고 하는 편이 옳으리라. 페란떼는 자아의 단단한 껍질을 산산조각 내며, 신체적이고 정신적인 조각들, 우리 대부분이 그 존재 자체를 온 힘으로 부인하는, 가장 깊은 차원에서 진정한 우리를 구성하는 그 잡다한 작은 조각을 수면 위로 끌어올린다. 페란떼는 이야기한다. "우리는 우리

212

자신에 대한 열정과 우리를 가장 우선시해야 할 절박한 필요 때문에 타락한다."[41] 페란떼 자신도 그런 오만하고 타락한 자아 확신을 탈피하지 못한다. "너무나도 명백한 것은 내게 작가라는 권한을 부여한 것이 바로 나 자신이라는 점이다. (…) 이것이 오만이 아니면 무엇이겠는가?"[42]

오늘에 이르기까지 작가로서 페란떼의 인생은 우리에게 다시금 되돌아볼 것을 요청하는 일종의 호소였다고 볼 수 있다. 우리 모두의 출발이 '여자에게서 태어난' 인간임을 인정하고 완전히 다른 곳에서 출발하는 편이 정말로 더 낫지 않을까. 페란떼는 이야기한다. "나는 그야말로 산산조각이 난 것만 같았고, 세상에 우리가 나왔던, 세상에 우리를 있게 한 최초의 파편화로 거슬러 올라간 것만 같았다."[43] 페란떼는 자신이 모험을 감행하고 있다는 사실을 잘 안다. "나는 임신한 육체의 어두운 측면을 묘사하는 것 역시 매우 중요하다고 확신한다. 밝게 빛나는 측면인 성모마리아만 부각시키느라 그동안은 생략되어온 측면 말이다."[44] 그는 신적인 완벽함이나 도덕적 순결에 대해 이야기하지 않는다. 그보다 (그의 글에서) 임신한 육체를 통해 우리는 우리 본성을 구성하는 동물적 요소에 다가서며, 이는 "생명이 깃든 형태의 불안정성"을 환기한다는 점에서 공포스럽다.[45] 우리에게 주어진 과제는 바로 이러한 사실을 인정하는 것이지, 마치 임신이라는 진창을 벗어나는 것이 세상을 구원하는 유일한 은총이라도 되는 양, 임신을 넘어서거나 심지어 혐오하면서 규칙과 규범의 정제된 세계로 나아가는 것 ─ 그동안 우리가 그랬듯 ─ 이 그 목표가 될 수는 없다.

페란떼의 소설 속 어머니도 임신을 구원하려는 이 충동에서 자유롭지 않다(그들은 결코 결백하지 않다). 어머니들은 어쨌든 그에 깊이 연루되어 있다. 둘째 아이의 출산을 앞두고 레다는 "임신을 승화하는 일 따위를 포기해야만 할지도 모른다는 생각에" 심란했다고 털어놓는다. "내 몸이 피비린내 나는 액체가 되었다. 그 속에 떠 있는 흐물흐물한 침전물이 끔찍한 융종 모양의 덩어리로 자라났다. 인간과는 매우 거리가 먼 그것이 영양을 섭취하고 자라는 동안, 나는 생명이 없는 썩은 물질로 환원되었다." 반면 그의 첫아이는 곧바로 "체액과 피에서 정화된 후 인간화되고 지성을 갖춘 최고 상태의 존재가 되었으며, 생물체가 커가면서 보여주는 맹목적 잔인함을 상기시키는 그 어떤 흔적도 없었다".[46] 이제껏 임신이라는 주제를 이렇게 다룬 글을 나는 한번도 본 적이 없다.

두말할 나위 없이, 그리고 애를 낳아본 어머니라면 누구나 이야기하듯이, 아기의 기질은 임신 기간에 엄마가 예상했던 것과 정반대로 판명되는 일이 잦다. 마치 결국 어머니의 육체가 문제라는 점 ─ 또는 문제가 아니라는 점 ─

을 상기시키기라도 하듯 말이다. 그뿐만 아니라 임신의 경험은 여성에게 어머니로서 어떻게 자기 아이를 보살필 것인가에 대해 좀처럼 믿을 만한 지침을 제공해주지 못한다. 레누에게 임신은 확장과 기쁨의 원천인 반면, 릴라에게는 주로 불쾌함과 공포에 가까운 경험이다. 릴라는 레누가 자신을 안심시키려 시도할 때마다, 그가 "우리 어머니들의 감상적인 목소리"를 배워 따라 하는 것뿐이라며 레누를 나무란다.[47] 레누는 나중에 릴라와 자신이 둘 다 임신했다는 사실을 알게 된 뒤 이야기한다. "내가 모성에서 발견한 기쁨을 릴라는 모두 배신으로 받아들일 태세였다."[48] 하지만 아들을 낳고 "그 지역 최고의 어머니"가 되는 것은 바로 릴라다.[49] 삐누차는 어머니로서의 릴라의 재능이 자기 아들에게 도움이 될 것이라 기대하며 아이를 릴라에게 데려간다. 반면 레누의 첫아이는 병원에서 퇴원해 집에 오자마자 아주 잠깐 그녀의 젖을 빨더니 "화난 작은 짐승처럼 악을 쓰고" 몇 시간이나 몸을 비틀며 빽빽 울어댄다. "대체 왜 그랬을까? 내 젖에 독이라도 들어 있었나?"[50]

페란떼 소설을 읽어보면 모유 수유의 기쁨에 대한 대항 서사를 발견할 수 있으며, 또 모유 수유의 불미스럽고 근친상간적인 관능성에 대해 다른 곳에서는 좀처럼 찾아보기 힘든 증언도 만날 수 있다(종래의 서사에선 강렬한 두 경험인 성애적 즐거움과 고통이 등장하지 않지만, 이 둘은 분명히 연결되어 있다). 페란떼는 이를 묘사하면서도 전혀 머뭇거리는 법이 없다. 이딸리아 문학잡지 『린디체』*L'Indice* 의 편집자에게 보낸 한 편지에서 페란떼는 자신의 어린 시절에 대한 기억을 들려준다. 하루는 페란떼와 여동생이 새로 태어난 아이에게 젖을 먹이는 어머니의 모습을 지켜보았는데, 아기가 겨우겨우 잠에 빠져들자마자 "어머니가 검은 눈으로 미소 지으며 가슴에서 흐르는 하얀 액체를 우리 입속으로 방울방울 떨어뜨려주었고, 그 따뜻하고 달콤한 맛에 우리는 멍해졌다".[51] 편지와 인터뷰, 수필 등을 엮은 『프란뚜마글리아』*Frantumaglia*의 중심에 자리한 이 긴 편지글에서, 페란떼는 대담자의 질문에 답을 하면서 기뻤다고 매우 이례적으로 밝힌다.[52]

첫아이를 임신했을 때 릴라가 가장 염려했던 것은 두려워하던 일이 벌어져 그 자신이 산산이 부서지고 범람하게 되지나 않을까 하는 것이었다. 실비아 플라스가 떠오르는 대목이다. "세상처럼 나는 산산이 부서진다"(페란떼도 이와 유사하게 "나는 산산이 부서진다는 게 뭔지 알고 있다"라고 표현한다).[53] 그들만이 아니다. 루시 존스*Lucy Jones*는 임신 안내 책자의 "파스텔빛 꿈"과 같은 환상에 맞서 글을 쓴다. "분명히 나는 죽어가는 중이거나 적어도 두동강 나는 중이다. 그녀를 절개해, 그녀를 절개해, 그녀를 절개해. 나는 허리케인을 출산 중이다. 끝이 뾰쪽한 몽둥이. 가시 달린 철망. 날이 선 멜론. 부풀어 오른 복어."[54] 그런데 페란떼는 이 경험을 한번 더 비튼다. 릴라는 두려움 — 자신의 존재가 기계적 물질$^{blind\ matter}$과 세계의 파편화에 그처럼 긴밀히 닿아 있다는 — 을 통해 "저 우스꽝스러운 생명의 양상, 〔자신의 내부에서〕 팽창 중인 조그마한 결정체"를 사랑할 수 있게 된다.[55] 『잃어버린 딸』에서 레다는 훔친 인형의 배속에서, 마치 인형이 임신이라도 한 양 엘레나가 집어넣었던 벌레를 발견한다. 레다는 생각한다. "나는 기어다니는 것들을 아주 싫어하는데, 그 체액 덩어리에 대해선 무방비의 연민을 느꼈다."[56] 문자 그대로 가장 깊은 곳을 건드리는 글이다.

그렇지만 이러한 상황을 통해 페란떼는 윤리적 삶의 토대가 될 씨앗을 재창조한다. "나는 누군가를 보살펴야 할 필요성, 다시 말해 사랑을 통해, 여성이 어떻게 육체의 불쾌함에 접근하는가에 대해 유의미한 방식으로 이야기하고 싶다. 그 지점은 세상의 중재가 약해지는 영역이다."[57] 육체의 불쾌함, 세상의 중재가 불안정하다는 것 — 이는 보통 우리가 사랑이나 모성과 관련해 생각해보지 않았던 것들이다. 우리는 이제 모성의 임무를 규정하고, 정화하고, 무해한 것으로 만들기 위해 주로 사용되어온 용어들로부터 멀리 떠나왔다. 그만큼 어머니가, 아니 그 누구라도 자신 안에 낯선 이를 받아들일 때 마주하는 위험을 이해하는 일에는 한층 가까워졌다고 할 수 있다. 아마도 아이를 낳기 위해 우리 해안에 상륙한 외국인 어머니가 그토록 본능적인 혐오감을 유발한 것도 바로 그 위험 때문일 것이다.

*

페란떼는 어머니가 자신에게 물려준 것을 설명하기 위해 '프란뚜마글리아'라는 단어를 제안한다. 사실 이 단어는 암시와 속삭임, 우연히 귀에 와 부딪치는 소리일 뿐 아무것도 설명하지 않는다. 이것은 페란떼의 수필과 서면 인터뷰를 모아 엮은 책의 제목이기도 한데, 지금까지 이 장에서 언급된 페란떼의 진술은 대부분 이 책에서 인용되었다. 『프란뚜마글리아』는 무엇보다 페란떼가 진짜 이름을 밝히고 자신의 글에 제대로 책임지기를 거부함으로써 촉발한 분노에 대한 한결같은 응답의 성격을 지닌다. 페란떼는 이 책에서 자신의 글쓰기, 자신의 인물과 소설이 갖는 의미에 대해서 충분히 많은 이야기를 들려준다. 하지만 자신의 책을 어떻게 읽어야 하는가에 대해선 이야기하지 않는다. 내가 보기에 페란떼는 인터뷰마다, 주저하는 것 같으면서도 동시에 열정적으로 자신의 작품의 '꿈-독해' dream-reading를 시도하는 것만 같다. '꿈-독해'란 페란떼가 진짜 문학작품이 작가를 떠나 독자의 내면에 새롭고 예상하지 못했던 무언가(모든 새로운 탄생에 뒤따르는 무의식을 구성하는)를 불러일으키는 과정을 묘사하기 위해 사용하는 용어다.[58]

이것은 페란떼의 글에서 가장 핵심적인, 어머니의 자아 상실과 붕괴가 시작되는 지점이기도 하다. 프란뚜마글리아는 페란떼의 어머니가 "갈가리 찢기는 것만 같은 모순된 감각에 시달릴" 때 사용하던 사투리로, 그 감각 때문에 어머니는 침울해졌고, 정신이 아득해졌으며, 입에서 쇳내가 났다.[59] 이 단어는 불가해한 불안을 표현하며, "어머니의 머릿속에 빽빽이 들어찬 잡다한 것들, 뇌의 흙탕물 바닥에 가라앉은 찌꺼기들"과 "단 하나의 명백한 원인으로 소급할 수 없는" 모든 고통의 원천을 지칭한다.[60] 이 단어와 연관된 그의 가장 강렬한 기억은 어머니가 "프란뚜마글리아 눈물"을 흘리던 모습이다.[61] 프란뚜마글리아는 어머니가 자제력을 잃을 때 경고처럼 찾아온다. 어머니는 난로 위에 끓는 냄비를 올려놓은 채 갑자기 집을 나가버리곤 했다. 고통받는 어머니에 대한 기억은 페란떼의 글에 자양분을 제공한다. 올가는 미친 듯이 집을 나가고, 『나의 눈부신 친구』에서 구리 냄비의 폭발은 릴라가 세상의 윤곽을 산산조각 낼 수 있는 재능을 저주처럼 짊어지고 태어났음을 알리는 첫 경고사격이 된다.[62]

이 기억은 매우 생생하고 통렬하면서 동시에 철저한 수

수께끼이기도 하다. 어머니 자신에게 그랬고, 이후 페란 떼에게도 마찬가지였다. 딸은 이제 어머니에게 그 단어의 의미가 도대체 무엇인지 물을 수 없고, 바로 그러한 까닭에 — 무서운 만큼 생성적이기도 한 유산에 순종해 — 이를 자신의 것으로 삼을 수밖에 없다. 페란떼는 또한 어머니는 딸에게 언어를 물려주며, 그것은 그저 도구가 아니라 끝없이 우리의 손아귀에서 미끄러지듯 벗어나는 말의 형태를 취한다는 점에 대해서도 이야기한다. 이는 언어가 지닌 근본적인 고집스러움, 즉 그것이 고취하고자 하는 의미에 대항하는 언어의 내적 저항이다(어떤 어머니도 완전히 이해하거나 인정할 수 없는 성욕과 같다). 장 라쁠랑슈는 바로 이 점에 근거해 모든 어머니가 자신의 아이에게 불가사의한 존재라고 주장한다. 어머니는 아이에게 풀리지 않는 성적 수수께끼를 제공하며, 이는 삶에 대한 아이의 호기심을 북돋운다.

페란떼가 프란뚜마글리아란 단어를 찾아낸 후 그 의미는 흔들리고 한층 더 어두워진다. 페란떼는 그것을 릴라에게 유산으로 물려준다. 릴라는 페란떼가 가장 사랑하는 등장인물이며, 페란떼는 자신이 그토록 열심히 글을 쓴 이유가 릴라 때문이었다고 인정한다.[63] "프란뚜마글리아는 자아the I가 보기에 무참하게도 자신의 진정하고 유일무이한 내적 자아를 구성하는 것만 같은, 불안정한 풍경이자 막대한 양의 기체와 액체의 잔해 더미다."[64] 페란떼는 이것에 대해 매우 잘 알고 있다. "나는 때로 올가의 병을 앓곤 한다. 내게 그것[프란뚜마글리아]은 점점 증폭되는 잡음, 그리고 살아 있거나 죽은 물질에 소용돌이처럼 발생하는 균열과 같은 모습으로 찾아온다. 고요한 나무 꼭대기로 몰려드는 한 무리의 벌 떼처럼. 느리게 흐르던 수면에 갑작스레 나타나는 소용돌이처럼."[65] 이미 살펴보았듯 페란떼가 어머니의 육체에서 그 원천을 찾는 존재의 진동은 매우 고통스럽지만 창조성의 전제 조건이 된다. 프란뚜마글리아는 언어와 함께 말하는 능력을 갖게 되기 이전의 어린 시절, "소리의 찬란한 폭발, 수천마리 나비의 웅웅거리는 날갯짓"과 같은 순간을 떠올리게 한다.[66] 어머니에게 프란뚜마글리아는 집 안에 거하는 사악한 기운이었으며 그것이 흘러넘쳐 가정의 취약한 규율을 서서히 좀먹었다. 딸이자 작가로서 페란떼는 자기 어머니의 괴로움에 색과 소리를 더해 우주적 규모를 부여한다.

페란떼가 자신이 창조한 인물인 올가와 그가 겪는 병에 공명하는 이 드문 순간—"나는 때로 올가의 병을 앓곤 한다"—에 대해 우리는 진지하게 생각해보아야 한다. 릴라나 그밖의 모든 어머니와 더불어, 페란떼의 고통받는 어머니에게 아픈 사람이라는 딱지를 붙여버리는 것은 아마도 이 혼돈에서 벗어나는 쉬운 방법 중 하나일 것이다. 이는 어머니가 남편이 아닌 남자와 사랑에 빠졌거나 또는 불만의 기미를 조금이라도 보였을 때 우리가 비난해온 방식이다. 또다른 계책은 어머니의 모든 불행을 폐경 탓으로 돌리는 것이다(한 어머니가 아이들 아버지를 떠나며 내게 이야기해준 바에 따르면, 남편이 결혼 생활 동안 적어도 네 차례 이상 그에게 폐경 증상이라는 진단을 내렸다고 한다. 이는 최소한 생물학 법칙에도 위배된다).

릴라가 겪는 이 "경계의 사라짐"——릴라 자신의 표현이다——은 릴라 자신은 물론, 릴라를 가장 사랑하는 사람이라 할 수 있는 레누로서도 더이상 견딜 수 없는 지경에 도달한다. 그 순간이 찾아오면, 마치 검은 폭풍이 빠르게 밤하늘을 가로지르며 달빛을 빼앗아 세상이 온통 어두워지는 듯하고, 지진의 와중에 릴라가 앉아 있는 자동차와 운전자의 경계 자체가 녹아 사라지는 것만 같다. "사물과 사람이 형체를 잃고 쏟아져 나와 금속성 액체와 살이 뒤섞였다."[67] 레누는 이 환상에 맞서 저항하지만, 가끔은 그 역시 동화된다. "나는 생각에 잠겼다. 릴라가 옳았다. 사물의 아름다움은 눈속임일 뿐이다. 하늘은 공포의 군주이고 (…) 나는 전 우주적 공포의 일부에 불과하다. 지금 이 순간 나는 지극히 작은 입자일 뿐이며, 이 입자를 통과하는 모든 것은 그제야 스스로의 두려움을 자각하게 된다."[68] 해변에 앉아 레누는 미친개, 독사, 전갈, 거대한 바다 괴물이 나와 자신을 고문해주었으면 하고 바란다.[69] 이것은 두려움을 주지만, 환자를 자신의 머릿속에 가두는 정신적 장애와 달리 두 친구 사이에 주고받으며 나눌 수 있는 것이기도 하다. 곧 살펴볼 텐데, 릴라가 모두를 대신해 우리에게 일깨우는 특별한 통찰 덕에 이 땅의 어두운 본질은 그것의 정치적 공포와 함께 표면에 드러난다.

따라서 나뽈리 4부작을 읽는 하나의 방법은 레누를 단지 릴라의 가장 친한 친구가 아니라(둘은 서로의 가장 내밀한 존재를 구성한다) 아이의 악몽을 억제하고 물리치는 일을 인생의 유일한 의무로 여기는 일종의 어머니로 이해하는 것이다. 레누는 4부작 마지막 소설의 종결부에서 그런 방어적 충동에 찬 몸짓으로 작품의 전편을 훑어보며 이야기한다. "나는 여러달 동안 글쓰기를 통해 릴라에게 형태를 부여해 그녀의 경계가 사라지지 않도록 했으며, 릴라에게 평안을 찾아주고, 그로써 나도 평안을 찾으려 했다."[70] 4부작의 마지막 구절이다(그뒤로는 에필로그만 이어진다). 이로써 4부작은 일종의 어머니 노릇이 된다. 차이가 있다면, 세상을 진정시키기 위해서는 우선 가장 끔찍한 악령을 불러내야만 한다는 점이다. 내가 세상에서 가장 사랑하는 사람 가운데 하나가 내 어린 딸에 대해 물은 적이 있다. "딸이 공포를 느낄 때 어떻게 도와줄래?"(이 질문은 적어도 공포를 인정하지 않고는 아이가 느끼는 공포 ── 사실상 그 누구의 공포도 마찬가지다──를 달랠 수 없음을 드러낸다는 장점이 있다). 레누 또한 그런 공포가 없었다면 분명 글을 쓸 수 없었을 것임을 알고 있다. "릴라가 없었다면 내가 어떻게 그런 것을 상상이나 했겠는가? 내가 어떻게 모든 사물에 생명을 부여하고, 나의 삶과 조화를 이루도록 변형할 수 있었겠는가?"[71] 결국 이것이 나의 눈부신 친구인 릴라가 가진 특별한 재능이다.

어머니의 역할과 우주의 윤곽선을 연관시키는 것이 페란떼만도 아니고, 또 그가 처음도 아니다. 아들의 관점에서 쓴, 뛰어난 하나의 예만 들어보자. 1937년 발표된 윌리엄 맥스웰William Maxwell의 소설 『그들은 제비처럼 왔다』*They Came Like Swallows*는 엘리자베스라는 한 어머니의 생생한 초상이다. 엘리자베스는 1918년 유행한 스페인 독감에 걸려 두 어린 아들을 남겨놓고 사망한다. 여덟살 먹은 아들 버니의 마음속에서는 모든 선*이 어머니의 육체로 수렴한다. 집 안의 공간을 안전하게 지키기 위해선 어머니가 있어야 했다. "방의 모든 선과 면이 그의 어머니를 향해 휘어 있었다. 그래서 그의 눈엔 바닥 깔개의 무늬가 어머니 신발의 발가락 부분과 이어진 듯 보였다."[72] 그때야 비로소 그의 물건들은 "실제의 본모습"을 찾고, "기사와 십자군 전사, 또는 비행기나 열을 지어 늘어선 코끼리"가 된다.[73] 어머니가 세상의 형체를 유지해주지 않는다면 상상의 자유는 있을 수 없다.

어머니가 없다면 세상도 존재할 수 없다. 하지만 그 어머니는 어머니 자신이 지탱하는 바로 그 윤곽선을 위협하기도 한다. 어머니가 버니에게 입을 맞출 때면 "모든 게 흐릿해졌다". 버니가 침대에 누워 반쯤 잠이 든 채로 어머니와 아이린 아주머니가 이야기 나누는 소리를 들을 땐 "벽 위 하얀 나무 장식이 떠다니고, 의자의 형체가 모호해졌다. (…) 그가 눈을 가늘게 뜨자, 벽들이 긴장을 풀고 흐물흐물해졌다".[74] 페란떼가 보여주는 것은 모든 형체에 내재한 이 불안정성의 현대적 판본으로, 릴라는 이것을 더할 수 없을 최대치까지 증폭시킨다.

*

앞서 살펴보았듯 오늘날 서구에서 현대 어머니가 경험하는 불만과 제약 중 하나는 어머니들 자신이 자주 더 넓은 세계, 즉 공적·정치적 삶에서 분리되어 떠도는 것만 같다고 느낀다는 점이다. 그런 만큼 나는 '일하는 엄마'가 부적절한 명칭이라고 생각한다. 왜냐하면 그런 엄마에게 자기 아이를 일터에 데려가는 것은 꿈도 꿀 수 없는 일이기 때문이다. 메데이아와 디도가 페란떼의 여성 영웅이라면, 그것은 그들의 분노가 개인적 절망에서부터 외부로 분출되어 왕조와 도시 전체를 붕괴시켰다는 점과 무관하지 않다. 반면, 페란떼의 표현에 따르면, 오늘날 여성은 도시를 재발명하지 않고선 도시에 들어갈 수 없다.[75] 상황이 결국 비극으로 끝나더라도 그런 여성은 강하고 세상과 관계를 유지한다. 그들은 자신이 겪는 가장 은밀한 형태의 거절들이 부당하다고 생각하며, 전 세계는 이에 귀를 기울일 필요가 있다.

페란떼의 소설이 내가 이 책에서 주장하는 바와 크게 공명하는 이유는 무엇일까. 이는 그저 페란떼가 어머니 심리의 가장 어두운 심연을 갈아엎어 그 누구라도 응시하기 쉽지 않은 인간됨의 양상을 공포이자 미래의 전망으로 제시하기 때문만은 아니다. 또 문학적 가공을 거쳐 임신을 모든 형체의 원형적 해체로 그리며, 만약 세상이 가장 억압적이고 자기중심적인 환상을 버리기만 한다면 스스로를 자각하게 될 것임을 보여주기 때문만도 아니다. 그는 결정적인, 그리고 아마도 전혀 예기치 못했을 변형을 통해 이러한 전망을 정치적 현실과 뒤섞는다. 적어도 어느정도는 그 정치적 현실에서 배태된 것이자 그에 기생해 맹렬히 번식하는 전망을 말이다.

페란떼가 보기에 어머니의 육체와 어머니를 둘러싼 공적 세계는 불가분의 관계에 있다. 이는 그간 우리가 익히 들어온 관념, 즉 어머니 되기에 있어 이 두 요소가 완전히 상반되는 영역이며 따라서 열외로 취급하거나 언급하지 않는 편이 낫다는 관념에 대한 반박이다. 릴라와 레누가 살고 있는 나뽈리의 지역공동체는 전후 이딸리아 파시즘의 부활에서 비롯한 폭력에 깊이 침윤된 곳이다. 폭력은 릴라의 일터이자 비인간적인 작업 조건을 지닌 햄 공장에도 만연해 있다. 이곳에서 공산주의자와 파시스트 간에 일종의 전쟁이 벌어지고 결국 사장이 살해된다. 성공을 위해 발버둥 치는 이 오만한 지역 기업체는 더러운 돈과 뇌물, 부패에 깊이 연루되어 있다. 여성을 대상으로 한 신체적·정신적 폭력이 자행되며, 안전한, 아니 오히려 안전하지 못한 거리에서 아이들은 어떤 예고나 보상도 없이 잡혀간다. 임신한 딸들의 몸속에서 환영받지 못한 채 자라고 있는 것은 어머니만이 아니다. 그 몸에서 사악한 정치체제 전체가 금방이라도 다시 태어날 것만 같은 위협이 느껴진다. 따라서 레누가 해변에서 경험하는 두려움은, 육체에서 육체로, 근근이, 무차별적으로 이동하는 정치적 두려움이기도 하다. 이 여성들, 이 어머니들은 그 누구보다 이를 경계한다. 어머니의 몸이 경험하는 고통은 ─ '진통'이라는 단어에 하나의 해석을 더해 ─ 그 고통을 발생시키는 공동체의 흐름과 한 몸을 이룬다. "릴라와 엘레나〔레누〕를 만든 것은 이웃들의 상황이며, 이는 유동적이라 그 흐름을 따라 모든 게 흘러간다."[76]

이런 상황에서 어머니가 된다는 것은 자신의 아이를 구

하기 위해 —실패할 것을 알면서도— 발버둥 치는 일이다. 세상은 나아지지 않을 것이고, 우리가 만들어낸 생명은 더 나은 삶을 누릴 수 없을 것이다(세상의 많은 이가 그렇게 느끼며, 이 책을 쓰는 동안에도 그 느낌은 하루하루 강해지고 있다). 폭력은 폭력을 낳는다. 릴라는 자신과 아들을 구하기 위해 "자신을 위협하는 이들을 위협해야 했다. 자신을 두렵게 만들려는 이들에게 두려움을 불러일으켜야만 했다".[77] 동일한 생각이 때로 글쓰기에도 영향을 미친다. 레누는 솔라라 형제와 갈등이 한창인 상황에서 골똘히 생각한다. "글은 그저 쓰기 위해 쓰는 게 아니야. 정말 상처 주고 싶은 자에게 고통을 주기 위해 쓰는 거야."[78] 그러려면 먼저 시작해야 한다(경계를 가로지르는 교류를 보여주는 또 하나의 극단적인 예다). 아이라고 화를 면할 수 있는 건 아니다. 정치 활동가 실비아가 파시스트에게 폭행과 강간을 당한 뒤 릴라의 집에 도착하는 장면은 4부작에서 가장 암울한 대목이다. 실비아는 "마치 끔찍한 동요를 부르듯" 릴라에게 자신의 이야기를 들려준다.[79] 방에는 레누의 딸인 엘사가 있다. 또다른 딸 데데를 찾으러 간 레누는 데데가 실비아의 아들인 미르꼬(니노의 자식이다)와 놀고 있는 것을 발견한다. 데데는 미르꼬에게 지시한다. "날 때려야 되는 거야, 알겠지?"[80] "새로운 인간이 놀이를 통해 낡은 인간을 복제하고 있었다."[81]

그런 세상에서 어머니가 무엇을 해야 할까? 어머니의 정신과 육체가 세상을 바로잡고 안전한 곳으로 만들어줄 것이라는 불가능한 기대에서 벗어날 수 있도록 돕는 게 옳지 않을까? 만약 세상이 자신이 만든 혼돈에 대한 책임을 스스로 떠맡았다면 어땠을까? 페란떼는 이야기한다. "우리를 괴롭히는 불안정한 조건을 만든 것은 바로 우리 자신이다."[82] 나뽈리는 "개인의 태도와 공적인 행태 모두가 제멋대로인 남성적 도시"다.[83] 그런데 페란떼는 시간이 흐른 뒤에야 나뽈리에서 도피하려던 자신의 시도가 — 이는 무엇보다 나뽈리의 어머니들로부터 벗어나려는 것이었다 — 부질없었다는 점을, "남성적 도시가 여성이라는 존재에게 지운 부담을 느끼고 여성의 극심한 고통"을 인식했어야 함을 깨닫는다.[84] 그런 까닭에 어머니로부터의 도피는 일종의 정치적 외면이며, 더 정확히는 어머니에게 정치적 재난의 책임을 미룸으로써 그를 희생양으로 삼는 행위다. 어머니는 정치적 재난을 초래한 단일한 원인일 수 없지만, 바로 그렇기 때문에 필연적으로 비난받게 된다. 4부작에서는 때로 도시의 거리에서 벌어지는 폭력적인 정치로 인해 모든 형체가 무차별적으로 분해되는 것처럼 보인다. 페란떼가 도시를 묘사하며 사용하는 어휘는 릴라를 압도하는 불길한 분위기를 기막히게 환기시킨다. "주민을 짓누르는 세상의 어두운 힘, 오늘날 우리가 위협적 현실이라고 부를 수 있는 모든 것이 폭력을 통해 인물 내부와 주변의 사회적 관계, 그리고 매개의 전 공간을 집어삼켰다."[85] 릴라는 사물의 폭력적 핵심을 간파하는데, 그 어떤 것도 아내이자 어머니이자 딸로서 그 자신이 저지른 잘못은 아니다.

"오늘날의 정치적 지배계급에 대해 어떻게 생각하시나요?" 한 인터뷰에서 페란떼는 이런 질문을 받고 답한다. "구역질이 나지요."[86] 그러곤 설명을 덧붙인다. "이야기, 특히 문학만이 한층 더 직접적으로, 시민으로서 우리가 느끼는 반감이 왜 필요한지를 분명하게 제시할 수 있습니다."[87] 그가 시민의 자격으로 이야기한다는 점에 우리는 주목해야 한다. 현대에 들어서, 비록 항상 그렇지는 않지만, 어머니는 모두 당연히 시민이다. 그러나 온전한 시민이 되기 위해서는 우리가 역사적 사건의 커다란 흐름에 속해 있음을 알아야 한다. 페란떼의 시야는 광활하다. 공포와 반감이 나뽈리에만 — 집중적으로 — 한정된 것일 수는 없다. 그 대도시는 "이딸리아, 아마도 유럽 전체의 문제를 앞질러 보여주었으며, 보여주고 있었다".[88] 레누는 서서히 나뽈리가 연쇄의 일부였음을 이해하게 된다. "넓디넓은 관계 속에 있었다. 이웃은 도시와 연결되었고, 도시는 이딸리아와, 이딸리아는 유럽과, 유럽은 전 우주와."[89] 그렇다면 릴라가 신경쇠약을 겪는 순간 역시 그 혼자만의 것일 수는 없다. 그보다는 그가 모든 이를 대신해 유럽과 전 우주의 썩은 미래를 기록하고 있다고 해야 할 것이다. 이 점에서 릴라는 프로이트가 이야기하는 히스테리 발작을 연상시키는데, 그 증상 덕택에 히스테리 환자를 제외한 나머지 가족은 마치 자신들은 괜찮다는 듯 처신할 수 있게 된다. 그렇다면 릴라는 환자가 아니라—한번 더 그리스로 돌아가—예언자다. 또는 둘 다일지도 모른다. 그는 마음에 병이 들었고, 세상의 걱정거리를 가득 지고 있다(두번째가 모성에 대한 일반적 정의에 해당한다).

*

이 책을 쓰면서 나는 어머니 되기라는 문제의 표면 아래 페란떼가 무자비할 정도로 강렬하게 포착한 현실이 잠복해 있기 때문에 모성에 대한 대부분의 공적 담론이 그처럼 그럴듯하고 잘못된 지식으로 점철되어 있으며, 고통을 진정시키는 방향과는 정반대 쪽으로 질주하는 경향을 띠게 된다는 결론에 도달했다. 누군가의 어머니이자 페란떼의 열렬한 팬인 내 친구들과 대화를 나누어보니, 페란떼가 거둔 놀라운 성공에는 어머니라는 주제에 대한 그의 거리낌 없는 태도가 결정적인 역할을 한 듯싶다. 페란떼 소설의 독자층—여성이 압도적으로 많다—은 일종의 동호

회나 비밀결사로, 그들은 자신들이 동호회에 가입한 이유와 자신들이 비공개로 나눈 이야기에 대해 절대로 누설하지 않겠다고 맹세한다. 작중인물의 경계가 사라지는 순간, 페란떼는 자신의 글쓰기를 주시해 다음과 같이 이야기한다. "그들이 스스로에 대해 뭔가 말하려 사용하는 언어 또한 느슨해지고 속박에서 풀려났다."[90] 말문이 열리고 죄의식의 짐에서 벗어나는 순간이다(베텔하임과는 전혀 다르다). 결국 궁극에 가서 중요한 것은 무엇이 이야기될 수 있고 무엇이 이야기될 수 없는가의 문제다. 이는 새로운 검열의 시대인 우리 시대에 한층 더 중대한 정치적 절박성을 지닌다. 페란떼는 이야기한다. "가장 효과적인 이야기는 성벽 같은 이야기다. 그 위에서 우리는 배제된 모든 것을 지켜볼 수 있다."[91] 성벽은 인상적인 비유다. 보부아르의 관심사가 어머니 노릇에 따르는 정신의 근본적인 혼란에 있었다면, 페란떼는 우리 땅에 상륙한 이방인에 대한 이야기를 들려준다.

그렇다면 페란떼에게 글쓰기라는 경험과 그가 말하고자 하는 주제가 그토록 근접해 있는 것은 그리 놀랄 일이 아닐 것이다. "나뽈리 4부작에서 나는 모든 것이 형체를 갖추었다가 그것을 잃어버리길 원했다."[92] 처음에 그는 "아름다운 형태를 실증"하는 팽팽하고 명확한 공식을 필요로 했는데, 이는 단지 "일관성이 없고, 불안하고, 완벽한 붕괴의 가능성을 증가시키는" 글쓰기로 가기 위한 경로였다 (경계가 붕괴하며 "이야기가 시작된다").[93] 그는 "이야기가 스스로 이야기를 쓰게 되는" 순간을 두려워한다.[94] 그는 수백장을 멈추지 않고, 때로는 단어 하나도 수정할 필요를 느끼지 않은 채 글을 쓴다. 하지만 그는 여전히 "자신에게 만족하지 못하는 글쓰기"인 초고를 완성된 원고보다 선호한다.[95] 그의 말에 따르면 "꿈틀거리는 물질"을 놓아주는 것은 "작가가 범할 수 있는 최악의 범죄"다.[96] 임신한 육체처럼, 릴라의 마음처럼, 혹은 도시처럼 ― 서로 협조해, 아니 더 정확히 말하면 불협화음을 내면서 ― 글쓰기는 팽창하고, 분비하고, 쏟아지고, 흩어지고, 해체된다. 기억해야 할 것은 경계가 가짜라는 점이다. "우리가 이야기를 할 때 유일하게 중요한 것은 명확하게 구획 지어진 영역을 마치 끈적끈적한 점액질처럼 ― 설사 그것이 파괴적일지라도 ― 온통 뒤덮을 수 있는 말의 폭포를 찾아낼 수 있는가이다."[97] 이것은 레다가 발견한 벌레, 아이를 임신한 양 엘레나의 인형 깊숙이 박혀 있던 벌레와 마찬가지로 가공되지 않은, 끈적거리는 글쓰기다. 『버림받은 날들』 중 올가의 말을 떠올려보라. "진정한 글쓰기는 어머니의 자궁 깊은 곳에서 이야기하는 것이다."[98]

이 장의 제목은 '고통과 희열'이다. 둘 중에서 고통의 목소리가 더 강했다는 것을 안다. 사실 페란떼의 소설 속 어머니와 그의 글이 보여주는 거친 모서리들은 주로 세상의 슬픔과 공명한다. 하지만 거기에는 희열도 존재한다. 시간이 지나며 페란떼는 글쓰기가 "희열의 상태"에서 나온다는 생각을 점점 받아들이게 된다. "글쓰기의 희열은 육체에서 해방된 단어의 숨결이 아니라 육체가 단어의 숨결과 하나 됨을 느끼는 것이다."[99] 페란떼는 이를 '육체에서 벗어남'disembodiment이라고 부르는데, 이것의 의미는 우리가 통상적으로 이해하는 것과 다르다. 왜냐하면 이 표현에서 육체는 초월된 것이 아니라 단어를 통해 숨 쉬고 있기 때문이다. 그가 묘사하는 글쓰기는 밑바닥까지 깊이 침잠했기에 비로소 솟아오를 수 있는 것이며, 대부분의 경우 이는 어머니와 함께 시작된다. "〔모성의〕 문학적 진실은 아직 탐구되어야 한다. 오늘날 여성 작가의 임무는 (…) 가장 어두운 심연을 철저하고 정직하게 파헤치는 것이다."[100] 더 간단히 말하자면, 엘레나 페란떼는 모든 어머니를 대신해 비밀을 누설했고, 나는 어머니 중 한명으로 그것이 그렇게 고마울 수가 없다.

뒤집어보기

어머니가 되면 시대의 행복과 불행에 흠뻑 젖게 된다. 하지만 운이 매우 좋거나, 특권층이거나, 또는 둘 다인 경우를 제외하곤 언제나 불행에 뒷덜미를 잡힐 가능성이 크다. 종종 내게 20여 년 전 당신의 딸(나의 언니)을 잃은 영원히 끝나지 않을 슬픔에 대해 이야기하는 내 어머니의 경우처럼. 모든 탄생은 적어도 전체주의적 논리의 압박에 맞선 새롭고 예측 불가능한 시작 ── 한나 아렌트의 외침이다 ── 인 동시에, 스스로 선택하지 않은 역사를 짊어진 채 시작되는 것이라 말하는 게 온당할 듯하다. 진부하게 들리겠지만, 우리 앞에 어둠과 빛이 공존할 것이 분명하기에 자신의 아이에게 자유롭고, 새롭고, 가장 좋은 것만 주기를 강하게 갈망하는 ── 어머니는 대부분 그럴 수밖에 없다—어머니일수록 아이의 몸과 마음에 역사의 부정과 고통으로부터의 도피를 각인시킬 위험이 있다.

실비아 플라스는 「아침의 노래」Morning Song라는 시에서 새로 태어난 딸에게 말한다. "벌거숭이 네가 우리의 안전에 그늘을 드리운다."[1] 「아침의 노래」는 사랑시로, 새로운 탄생을 축하하며 그 연약함에 바치는 찬사이다. 하지만 플라스는 어머니가 세상을 안전하게 만들 수 없다는 걸 알고 있다. 만일 플라스가 자신의 뜻대로 했다면, 시선집 『애리얼』Ariel 출판본은 현재처럼 첫 단어가 '사랑'인 시로 시작해서, 아마도 '벌 연작'Bee Sequence으로 알려진 시들로 마무리되었을 것이다. 벌 연작의 마지막 시 「겨울나기」Wintering는 '봄'이라는 단어로 끝난다. 남편 테드 휴스Ted Hughes가 실비아 플라스의 시 중에서 둘의 파탄 난 결혼 생활을 분명하게 암시하는 것들은 삭제하고, 플라스의 죽음이 마치 시적인 필연성을 지닌 사건이라도 되는 양 그가 죽기 전에 쓴 시들로 시선집을 마무리했다는 일화는 악명이 높다.[2] 하지만 플라스 자신이 정성 들여 엮은 시선집의 작품 순서는 큰 울림을 갖는다. 시선집은 아이의 탄생에서 시작해, 기쁨—사랑, 봄—이 그림자의 어둠에 가닿고 그것에 틀을 부여하게끔 한다. 물론 페미니스트들은 여성으로서 플라스가 품은 분노를 침묵시켜 자신의 책임을 면하려 시도했던 휴스의 뻔뻔함에 대해 이의를 제기해왔다(최근 플라스가 전직 심리 치료사에게 보낸 편지에서 휴스로부터 폭력을 당했음을 시사하는 대목이 발견됨에 따라, 휴스에 대한 비판은 새롭게 힘을 얻고 있다).[3] 하지만 오늘날 내가 생각하기에 휴스가 플라스 작품의 편집자로서 가장 크게 잘못한 점은 어머니의 모든 것을 아우르는 그녀의 목소리를 대폭 생략하고 그것에 틀을 부여했다는 점에 있다.

'내가 원하는 것은 너의 행복뿐이야.' 이것이 아무리 불가능한 요구라 해도 그 호소를 지지하지 않을 수 있는 어머니가, 부모가 있을까? 첫째로, 그것은 말하자면 자신의 삶을 한껏 누리라기보다, 그저 행복하라는 요구다. 또한 아이를 통해 일종의 대리 인생을 살고자 하는 마음이기도 하다. 마지막으로 이는 행복의 가능성에 울리는 조종弔鐘이 될 확률이 높은데, 누군가에게 다른 누군가를 대신해 행복하라고 요구하는 것은 바로 행복을 죽이는 일이기 때문이다. 앞서 언급한 나의 언니가 언젠가 몹시 기뻐하며 기차에서 만났던 한 여성의 이야기를 들려준 적이 있다. 1950년대에 카리브해 지역에서 이주해 온 그 여성은 체제 내에서 자기 길을 애써 개척한 결과, 상당히 불리한 입장임에도 불구하고 런던의 한 학교 교장이 되었다. 그는 부모라면 마땅히 아이의 행복을 바라야 한다는 의견에 대해 머리를 뒤로 젖히고 발작적으로 웃어댔다고 한다. 마치 그 생각 전체가 말도 안되는 농담, 즉 어머니가 자기 아이를 위해 — 아이

238

에게 ─ 절대로 요구해서는 안되는 일이라도 되는 양 말이다. 그는 세계의 병폐를 훤히 알고 있되 염세적이지 않았고, 오히려 자신의 역할이 있다는 점에 커다란 자부심을 보였다. 이는 1970년대에 있었던 일로, 그로부터 꽤 시간이 흐른 후 그의 아들은 영국과 그 너머에서 가장 저명한 반反흑인 인종주의 분석가가 되었다(아마도 그는 아들을 자랑스러워했으리라).

우리가 어떻게 어머니에게, 특히 처음 어머니가 된 위태로운 순간에 일체의 절망감을 보이지 않게 감추어둘 것을 요구하는지에 생각이 미칠 때마다, 내게는 언제나 그 이야기 ─ 완강하면서도 활발하고 너그러운 정신 ─ 가 떠오른다. 어쩌면 보통 우리가 '산후 우울증'이라고 부르는 것은 과거, 현재, 미래의 슬픔을 표현하는 방식이며, 이것은 감내하기 힘든 역사적 기억 그리고/또는 선견지명의 무게를 포함하기에 모성의 이상에 손상을 입힌다. 최근 '양극성 신경증'bipolar ─ 깔끔하고 지나치게 단정적인 분열을 표현하는 동시에 규정하는 용어 ─ 대신 '조울증'manic depressive이라는 이전 용어를 다시 사용해야 한다는 주장이 제기되고 있다. 그렇게 되면 환자는 적어도 비탄의 위엄을 회복하고 그 결과 잠재적 자기이해의 가능성도 확보할 수 있게 될 것이다.[4] '산후 우울증'이라는 용어는 여전히 비탄과 관련되지만, 현재 이 증상은 호르몬 불균형 영역의 문제로 규정되어 대개 약물이나 인지 행동 치료라는 이름으로 알려진 임시변통 처치, 경우에 따라서는 피오나 쇼의 자서전에 그 과정이 생생하게 기록된 전기충격요법으로 처치되고 있다.[5] 우리는 이것을 순전한 임상적 문제가 아닌, 인간의 정신적 고통의 주요 목록에 다시 포함시킬 필요가 있다.

최근 남아프리카공화국을 방문했을 때 산후 우울증이 "대유행"이라는 이야기를 들었다. 특히 가난한 흑인 사이에 가장 만연했는데, 이들은 물론 그 나라의 끈질긴 흑인 인종주의와 악랄한 형태의 사회적·경제적 불평등의 지속에 가장 크게 영향을 받는 집단이다. 최근 남아프리카공화국에서 극도의 자포자기 상태에 이르러 자녀 중 나이가 든 아이에게 폭력적인 분노를 표출하는 저소득층 흑인 어머니들의 우울증에 초점을 맞춘 연구가 수행되었다. 자신들의 분노와 공격성에 대해 어떻게 생각하는지 묻는 질문에, 그 어머니들은 세가지를 주된 이유로 꼽았다. 첫째, 아이가 너무 많은 걸 요구하지만 어머니는 "늘 너그럽고, 늘 베푸는 엄마"가 되고 싶어한다는 점. 둘째, 매정한 아이로 인해 어머니 자신 또한 배려와 지원, 존경을 필요로 한다는 걸 뼈저리게 느끼게 된다는 점. 셋째, 폭력과 약물에 빠진 아이 때문에 "아이를 통해 새로운 정체성과 새로운 삶"을 꿈꾸는 어머니의 갈망이 좌절된다는 점.[6] 여기서 우리는 우울증에 빠진 어머니와 아이를 하나로 묶고 있는 거울형 반사 구조 또는 하강형 순환 구조에 유념할 필요가 있다. 아이의 요구는 어머니로 하여금 비상식적인 완벽함을 추구하도록 몰아세운다. 매정한 아이는 어머니 자신의 삶이 방치되고 있음을 분명히 보여준다. 난폭한 아이는 그 아이로 인격화된 더 나은 미래에 대한 희망을 파괴해버린다.

연구에 참여한 전문가들이 주장하듯, 이 사례는 "주요" 우울증과 빈곤 사이에 높은 상관관계 — 임상적으로는 이 연관성이 간과되는 경향이 있다 — 가 있음을 증언한다. 아파르트헤이트 종식과 함께 삶이 나아지리라 기대했지만 남아프리카공화국의 대다수 흑인에게 이 약속이 실현되지 않자 그러한 상관관계 역시 심화되었다. 이는 또한 여성들이 과거에 그랬듯 어머니로서 인정과 지지를 받을 수 있기를 희구하지만 여성의 분노가 사회적으로 용납되지 않기 때문에 그 분노를 자기 자신 그리고/또는 자신의 아이를 향한 폭력으로 내면화하는 오래된 유형을 되풀이하고 있음을 보여준다. 하지만 여기서 무엇보다 두드러지는 것은, 이 여성들이 이상화의 악순환에 갇혀 있다는 점이다. 여성들 모두 자기 분노의 원인을 "스스로 원했던 엄마가 되지 못한 데서 오는 고통과 실망"에서 찾는다.[7] 그들은 자신이 아이들에게 폭력과 폭언을 퍼붓기 때문에 스스로 실패했다고 느낀다. 하지만 실상 그들은 스스로 실패했다고 느

끼기 때문에 아이들에게 폭력과 폭언을 퍼붓는 것이다. 이
연구의 제목은 '우울한 살의'^{Melancholy murderousness}다. 이 부당한
세상에서 어머니 ― 특히 극빈층과 취약 계층에 속한 어머
니들 ― 를 압박하는 이상화가 패배감과 폭력을 유발한다
는 사실을 이만큼 분명하게 보여주는 예는 없다. 다시 한
번, 우리는 세상이 험해지고 잔인성을 통제하는 것이 불가
능해질 때면 어머니에 대한 처벌 역시 음울해지고 강화되
는 것을 확인할 수 있다.

*

이 책의 첫장에서부터 지금까지, 이상이 지닌 치명적 힘
에 대해 논박했다. 하지만 현대 세계가 어머니에게 부과
한 최악의 요구이자 가장 견딜 수 없는 요구는 더 나은 미
래를 기대하며 어머니 위에 펼쳐놓은 달콤한 이미지가 아
니라, 그렇게 함으로써 우리가 어머니에게 광범위한 역사
적·정치적·사회적 괴로움을 무효로 만들어주기를 기대하
고 있다는 사실이라는 점을 나는 이 책을 쓰면서야 비로소
깨닫게 되었다. 우리는 어머니가 미래를 바라보고 책임져
주길 기대하는데(그밖에 그에게 무엇을 기대하겠는가?),
천진난만하기만 한 그 기대는 환상에 불과하다. 이는 결국
어머니의 의무가 과거를 짓밟고 우리를 역사적 시간에서

구출해주는 데, 또는 ─ 적어도 정서적이라는 미덕을 지닌 표현법을 따른다면 ─ 새로운 새벽을 여는 데 있다고 간주하는 것과 다를 바 없다.

내 외할머니의 가족은 제2차 세계대전 중에 헤움노(Chełmno. 나치의 수용소가 있었던 폴란드 중부의 마을. 유대인 학살로 악명 높다 ─ 옮긴이) 강제수용소에서 사망했다. 런던에 거주하는 내 조부모는 새로운 환경에서 그저 안전할 수 있기만을, 딸들만은 당신들 삶에 지울 수 없는 상처를 남긴 그 잔혹함을 조금도 맛보지 않기만을 바랐다. 그들의 시야에 딸들의 교육 같은 것은 없었다. 그들의 가장 강렬한 염원은 딸들을 당연히 유대인 남자에게 시집보내 그들이 아이를 낳고 '정착'하는 것을 보는 것이었다(이런 생각은 면밀히 따져볼 필요가 있는데, 최종적으로 정착했다는 느낌이 인생의 방해물이 될 수 있다는 이야기를 언젠가 한 심리 치료사에게 들은 적이 있다). 내 어머니는 겨우 스물의 나이에 아버지와 결혼했는데, 아버지는 일본군 포로수용소에서 고문을 당한 뒤 그 트라우마를 안고 돌아온 상태였다. 어머니는 의사가 되고 싶었고 대학에도 합격했지만 부모님이 진학을 허락하지 않았고, 그래서 대신 의사와 결혼했다.

그 왜곡된 순간 딸들의 삶에 대한 어머니의 야심이 자라나 목표가 하늘에 닿을 만큼 높아졌다. 나는 어머니가 어떻게 이 정도로 과거를 침묵시킬 수 있으리라 생각했는지

궁금하다. 어떻게 교육적·성적 자유가——어머니는 자신의 삶을 제약했던 것들을 뒤엎었고, 나는 이 점에 대해 늘 고마워할 것이다——끔찍한 역사에 오염되지 않은 미래를 보장해줄 것이라고 어머니는 믿게 되었을까? 아이라는 존재와 어머니가 아이를 위해 원하는 것 사이에는 언제나 근본적 괴리가 있기 마련이다. 그것이 아마도 어머니 노릇에 따르는 고통 중 하나일 것이다. 어머니는 아이가 영혼 깊숙한 곳에, 어머니 자신으로서는 혹시나 완전히 없애버릴 수 있지 않을까 희망했던 바로 그 이야기를 품고 있다는 사실을 발견하게 된다. 나는 어린 시절에 "아무리 하고 싶어도"라는 말을 수없이 들었는데, 마치 어른들은 자신이 염원하는 게 불가능하다——불가능을 염원할 수밖에 없다——는 것을 아는 것만 같았다.

10대 때 나는 시몬 드 보부아르의 『제2의 성』에서 '주부 우울증'에 대한 설명을 접했다. 그 시절 매일 아침 학교 가기 전에 언니와 나, 나중에는 내 여동생까지, 우리는 집 안 전체를 세종류의 걸레로 닦는 의식을 치러야 했다. 젖은 걸레, 마른 걸레, 메틸알코올을 묻힌 걸레. 지금 돌이켜보면, 집 안을 티끌 하나 없이 깨끗하게 청소하면서 어머니는 자신이 속죄할 일이 없다는 것, 자신은 어떤 범죄도——지금도 먼 과거에도, 절대로——저지르지 않았다는 점을 결코 깨닫지 못했던 것 같다. 흔히 우리 어머니 세대는 페미니즘을 결여한 가정주부로 묘사되며, 실제로 제2차 세계대전 후 집 안에 갇힌 가정성에 대한 대응으로 1970년대에 2세대 페미니즘이 시작되었다. 하지만 보통 이런 주장이 제기될 때 그 여성들을 분노하게 만드는 데 핵심적 역할을 한 유산에 대해서는 전혀 언급되지 않는다. 정말이지, 그 누구도 주부와 어머니 세대에 그들에겐 전쟁의 책임이 없으며 그 때문에 죄의식을 느낄 필요가 없다고 설명해준 적이 없는 듯하다(보부아르도 전쟁과 이 세대를 연결 지어 생각하지 않았다). 그리하여 주부와 어머니는 밝고 빛나는 가정에 남아 있는 전쟁의 흔적을 영원히 말끔하게 닦아내야만 했다.

나는 이 책을 통해 세계 각지와 시대를 가로지르고자 했다. 남아프리카공화국에서 고대 그리스로, 미국의 현재에서 노예제와 그 유산까지, 브렉시트 이후의 영국에서 제2차 세계대전 이후 어머니에게 부과된 영국의 정책까지, 나뽈리에서 시리아까지. 이 기획의 바탕에는 어머니의 고통, 또 중대한 역사적 위기에 대한 반응으로 촉발된 어머니에 대한 적대감이 자리한다. 이 위기의 시기에 어머니들이 아이를 안전하게 출산하기 위해 의료 지원을 찾아 우리 땅을 찾고 있으며, 수천명의 미성년자도 보호자 없이 그 물결에 합류하고 있다. 이 미성년자들은 앞으로 그들의 어머니를 다시는 만날 수 없을 것이며, 그들의 어머니 역시 자식을 다시 보지 못할 것이다. 하지만 나는 이 글을 전후 영국의 백인 중상류층에 속한 어머니의 딸 된 입장에서 쓰고 있다. 우리의 삶은 케이프타운의 가난한 흑인 어머니와는 매우 거리가 멀다. 흑인 어머니는 나날이 겪는 폭력 — 아이들을 생각하면 가장 두려운 폭력 — 이 자신의 심장까지 침범해 그들이 생각하는 어머니 노릇의 핵심까지 오염시켰다는 것을 확인하곤 좌절한다.

1950년대 영국의 어머니는, 딸의 입장에서 내가 느끼기에, 자식에게 모든 것을 만족할 만한 수준으로 정돈하는 법을 가르쳐야 했다. 용감해야 한다 — 딸로서 우리는 어머니에게는 허락되지 않았던 자유를 누릴 수 있었다 — 그러면서도 무엇보다 모든 것을 제자리에 안전하게 두어야 한다(두 기대는 서로 다소 모순된다). 우리 어머니는 종종 딸들을 솜에 싸서 침실 벽에 붙여놓고 싶다고 말해서 언니 질리언과 나를 곤혹스럽게 했다. 그 말이 누구에게 무엇을 호소하는 것인지 우리는 당연히 이해할 수 없었다. 그럴싸한 표면 아래, 저 다락 속에 잔학함이 숨어 있다고, 기억은 그리 쉽게 억누를 수 없다고 감히 입 밖에 내어 말할 수는 없었다(솜이라는 이미지는, 마치 어머니가 원하는 게 소리를 죽이는 것이었다는 듯 은연중에 진실을 드러낸다).

하지만 우리의 내면세계에 이 모든 것은 고스란히 남아 있다. 아주 최근에 이르러서야 나는 아버지가 태국에서 보고 겪은 일로 평생 심리적 장애에 시달렸다는 사실에 대해 새어머니와 이야기를 나눌 수 있었다. 그동안은 그에 대해 얘기를 나눈 적이 없지만, 아버지가 평생 겪었던 고통의 징후이자 나를 지금껏 가장 애먹였던 증상 중 하나를 우리가 서로 공유해왔다는 사실을 나는 요 몇년 사이에야 깨닫게 되었다. 내가 이 관련성을 못 보고 지나쳤던 데는, 딸들이 흔히 그러듯 내가 물려받은 마음과 몸의 고통이 모두 엄마로부터 왔다고 간주해온 탓도 있다. 내 친구 하나는 자기 어머니처럼 자신도 알츠하이머병을 앓게 되지 않을까만 계속 경계해왔는데, 느닷없이 뇌졸중이 찾아와 자신이 아버지에게서 약하고 문제 있는 심장을 물려받았다는 걸 알게 되었다고 한다.

어머니에게는 흔히 아이의 두려움을 달래야 할 의무가 있다고들 한다. 그러나 어머니를 향한 훈계에서 나는 어머니 자신의 두려움이 어머니의 능력에 영향을 미칠 수 있다는 암시를 한번도 접해보지 못했다. 버지니아 울프의 소설 『세월』에 등장하는 파지터 대령의 손자 노스가 떠오른다. "내 아들—내 딸…… 그들은 이렇게 말했다. 그런데 그가 보기에 다른 이의 자녀에겐 관심이 있는 사람은 아무도 없었다. 오직 자기 자식뿐이었다. 자기 재산. 자기 혈육. 그는 생각했다. 원시시대 늪지에서처럼 저들은 발톱을 드러내고 자기 것을 지키기를 바랄 뿐이지. (…) 그렇다면 우리는 어떻게 해야 문명화될 수 있을까?"[8] 어머니는 암사자처럼 두려움이 없어야 한다. 이 말에 담긴 의미, 즉 계층과 피부색, 종교가 다른 전 세계 아이들에 대한 야수와도 같은 무관심 따위는 우리가 알 바 아니라는 것이다. 모든 아이가 공격성의 위험에 상시로 노출되어 있다는 점 역시 마찬가지고(우리가 '문명'에 대해 이야기한다면 좀 문제가 되겠지만).

여기서 실제적으로 더 중요한 것은 그 이미지가 어머니를 모든 기억과 역사를 박탈당하고 사고할 줄 모르는 짐승으로 환원시킨다는 점이다. 물론 이것이 비인간종의 정신생활에 대한 온당한 묘사라고 할 수는 없다. 하지만 이것은 노스의 관심사가 아니기에, 그는 자신이 비판하는 듯 보였던 상류층의 응접실용 교양을 두둔하게 된다. 그 이미지가 함축하는 바는, 암사자에겐 붙잡고 씨름해야 할 내면적 삶이라는 게 없기 때문에 본능적으로 자기 새끼를 보호할 것이라는 점이다. 여기서 조금만 더 나아가면, 붙잡고 씨름해야 할 자신만의 무언가가 없는 상태— 자신만의 내적 삶을 희생해 오로지 아이를 위해 '모든 것'이 되는 상태—야말로 어머니 되기의 정의이자, 적어도 암묵적 의제라고 할 수 있다. 이 역시 오래된 이야기다. 18세기 미국에서 '공화주의적 모성'republican motherhood을 옹호한 초기 지지자들은 어머니가 아이에게 가르치는 공민적 덕목에 국가

248

의 안정이 달려 있다고 믿었고, 어머니는 이를 위해 "부당하고 원한에 찬 정념"을 초월해야만 했다.[9]

안전한 백인 중산층 가정이 대변하는 안정성의 이미지가 완전한 신화라는 점은 페미니즘과 맑시즘의 입장에서 모두 자명한 사실이다. 왜냐하면 그런 가정은 노동자, 여성, 식민지의 착취에 의존하기 때문이다. 마찬가지로 프로이트의 사상에서 문명화된 삶의 표면 — 프로이트가 공감을 배제한 채 "세계를 지배하는 거대 백인종 국가들"과 "우리 현대 백인 기독교 문화"라고 칭한 국가들 — 이 불안정하고 가짜일 확률과 문명 자체에 대해 한치의 의심도 없는 신념이 정비례한다는 점도 자명하다.[10] 프로이트는 『환상의 미래』*Die Zukunft einer Illusion*에서 다음과 같이 이야기한다. "저토록 많은 구성원이 불만스러워하고 반란을 일으킬 경우, 그런 문명은 장차 지속될 수 없고 그럴 가치도 없다는 점은 두말할 나위가 없다."[11] 더 단순화해보자면, 규범의 배후에 폭력이 자리하는데 어머니더러 — 그들이 어떤 사회적 층위에 위치하고 세상 어디에 있건 간에 — 그 폭력을 진정시키라고 요구하는 것은 진정으로 정신 나간 짓이다. 의심의 여지 없이, 역사적 참상의 난민인 내 어머니의 가족들이 자신의 딸들을 위해 굳세게 확보한 특혜를 나는 어머니를 통해 물려받았다. 하지만 어머니는 전력을 다했음에도 불구하고, 아버지가 그랬듯 내게 다른 역사 또한 물려주었다. 내가 밤이면 때로 벗어나려 애를 써야 하는 역사, 어머니는 너무도 고통스러워서 적어도 의식적으로는 생각하지 못하는 역사. 딱 한번, 어머니는 자신의 어머니가 폴란드의 가족이 몰살당했다는 소식이 담긴 전보를 손에 쥔 채 침대에 몸을 던지고 발작적으로 울던 날—어머니가 열아홉살쯤이었을 때다—에 대한 이야기를 우리에게 들려준 적이 있다.

*

현대 서구 세계에서 어머니와 10대 그리고/또는 성인이 된 딸이 마치 친한 친구처럼 비밀과 소문, 옷 등 모든 것을 공유하는 새롭고 발전된 관계로 지낼 수 있다는 이야기를 곧잘 듣게 된다(동화 같은 코네티컷주를 배경으로 로렐라이 길모어와 그의 10대 딸 로리의 관계를 그린, 넷플릭스의 장기 흥행작 「길모어 걸스」^{Gilmore Girls}가 가장 적절한 예다).[12] 모든 비밀은 훤히 꿰뚫어 볼 수 있고 또 맛난 요리처럼 함께 나눌 수 있는 상품이라도 된 듯싶다. 딸의 입양 절차를 밟기 시작한 뒤 내가 서류를 작성하며 맞닥뜨린 첫 질문은 "집안의 숨기고 싶은 비밀이 무엇인가요?"였다. 나는 이 질문에 답변을 거부했다(이 순간 말고도 갑작스레 입양 절차가 중단될 뻔한 적이 몇번 더 있었다). 당연히 나는 집안의 비밀 같은 건 존중되어야 하는 것 아니냐고 물었다. 그러자 놀랍게도 담당 사회복지사는 고소하다는 기색을 감추지 않은 채 주장하기를, 그 질문에 대한 응답에서 매우 귀중한 정보를 얻게 된다는 것이었다. 그 여성 사회복지사는 아기를 얻는 대가로 자기 가족의 비밀을 넘겨주는 어머니 후보자를 신뢰하기 어렵다는 생각은 해본 적이 없는 모양이었다. 입양 절차를 위한 조사에서는 마음과 가슴이 완전히 공개되어야 하고, 말할 수 있는 것과 말할 수 없는 것 사이에 어떤 경계도 없다는 전제가 깔려 있는 듯한 이러한 태도는 입양 과정 내내 지속되었다. 경계가 사라진 세계에 대한 전망과는 정반대로, 해외 입양을 원하는 여성은 누구라도 그 과정에서 걸림돌에 부딪치게 된다. 마지못해 해외 입양을 수락한 뒤에도, 사회복지 단체는 그것을 막고 좌절시키기 위해 온 힘을 다한다. 이는 해외 입양이 기본적으로 고아들, 즉 반갑지 않은 미래의 시민을 영국에 데려오는 일종의 이민이라고 생각하기 때문이다.

딸을 중국에서 데려오고 몇달 후에 — 절제해서 표현하자면, 그때 나는 들떠 있었다 — 나는 오랜 친구들에게 딸아이를 자랑하려고 파리로 가다가 공항에서 입국을 거부당했다. 입양 서류를 가지고 있었고 딸아이가 내 여권에 등록되어 있었지만, 아직 딸아이의 영국 여권이 발급되지 않은 상태였다. 내가 입양모로 인정받기까지 2년 이상이 걸렸고, 그 시간을 고집스럽게 —나도 내게 그런 고집이 있는 줄 몰랐다 —버텨낸 후였다. 하지만 그럼에도 불구하고 출입국관리 요원들은 나를 통과시켜주지 않았다. 내가 아이를 프랑스에 —이미 버려진 아이를 또 버려서 —두고 가려는 것은 아닌지, 그래서 (당시 채 돌도 되지 않은) 딸아이가 머지않아 불법 이민자로서 주택과 소득 보조금을 요구하게 되지 않을지 확신할 수 없다는 게 이유였다.

며칠 후 나는 이민국 사무실에 가서 여행 허가증을 받기 위해 줄을 섰다. 나는 아프리카와 아시아에서 온 여행자들에 둘러싸여 있었는데, 그들은 모두 유럽 내 지정된 국가들 간 자유로운 왕래를 보장하는 솅겐협정Schengen Agreement의 관할 밖에 있는 이들이었다. 이 협정은 현재의 이주 위기로 인해 위협받고 있다. 당시 내가 두 눈으로 목격했듯 솅겐협정이 이미 명백히 인종차별적임에도 불구하고, 마치 유럽 내 국경 검문은 여전히 충분히 엄격하지 않다는 듯 말이다(국경 검문은 유럽연합 탈퇴 여부를 둘러싼 2016년 브렉시트 투표에서 핵심 쟁점으로 등장했다). 마침내 내 이름이 호명되었다. 나는 대기 줄 맨 앞쪽으로 안내되었는데, 그제야 이것이 역겹게도 그들이 내가 백인에, 영국인이고, 전문직에 종사하며, 세금을 내는 시민이라는 사실을 눈치챘기 때문이라는 점을 알게 되었다. 반면 아프리카와 아시아에서 온 이들은 복도에서 며칠이고 서성여야만 했다.

공항에서 나는 관리를 향해 소리치고 싶었다. "당신들은 이 아이의 역사에 대해 모르잖아요." 그 순간 나도 역시 아이의 역사를 충분히 알지 못한다는 걸 깨달았다. 아마 앞으로도 마찬가지일 것이다. 중국에서 아이 유기는 현재는 물론 과거에도 범죄행위였다. 하지만 정부의 한자녀정책 때문에 도리어 그 관행이 악화되고 있는데, 제대로 된 연금제도가 미비한 상황에서 부모들이 미래의 며느리가 자신들의 노후를 책임져주리라 기대하며 필사적으로 아들을 낳으려 하기 때문이다(딸은 결혼하면 집을 떠나야 하니까). 그래서 1990년대 초반 중국에서 아이를 입양할 경우, 입양 부모는 매우 예외적인 경우를 제외하곤 자기 아이의 역사에 대해 알아낼 수 없었다. 그저 시간이 흐른 후 딸들에게 생물학적 부모가 그들을 아무렇지도 않게 버린 게 아니라 최선을 다해서 돌보았으며, 체포의 위험을 감수하고 그들을 공공장소에 놓아두었기에 금세 발견되었던 거라고 이야기해줄 수 있을 뿐이었다. 어쨌든 대체로 내 딸은 자신의 과거에 무슨 일이 있었는지 알지 못한다. 물론 내면 어딘가에 그 이야기를 담고 있겠지만 말이다.

나와 내 딸의 근원에는, 그 내용이 천양지차일지언정 똑같이 이주의 역사가 자리한다. 하지만 우리가 각자 마주한 과거는—모든 어머니, 모든 아이가 마주한 과거가 그렇듯이—결코 자신의 비밀을 자진해서 또는 저항 없이 내

어주는 법이 없다. 어머니와 딸이 서로에게 모든 것을 털어놓을 수는 없다. 왜냐하면 그들 자신도 자기 자신에 대해 전부 알지 못하기 ─ 어느 누가 알까 ─ 때문이다. 각자의 삶에 대해서도, 가족의 비밀에 대해서도, 그 무게가 너무 무거워 감히 전달할 수 없는 역사의 일부분까지도, 모두 마찬가지다. 이것을 달리 표현하자면, 어머니에게 그처럼 비인간적으로 확고한 자신감과 확신을 기대하는 것이야말로 가장 비현실적인 요구라는 이야기다.

어머니와 딸의 대화는 예측하기 힘든 만큼 풍부할 수 있다. 하지만 특정 계층에 속한 어머니와 딸이 최근 구매한 물건에 대해, 심지어 성생활의 세세한 대목에 대해서까지 낄낄거리며 이야기를 나누는 모습은 내가 보기엔 자기기만에 불과하다. 이들은 가짜 쾌활함과 행복에 대한 훈계와 공모해 힘든 세상에서 자신을 속이며, 동시에 세상의 본질을 감춘다. 이는 어머니와 딸이 똑같이 고분고분한 아이처럼 굴어야만 한다는 요구와 다르지 않다. 위니콧의 설명에 따르면, 그런 아이는 너무 겁을 먹어서 제대로, 또 마음껏 어머니를 활용하지 못하게 된다. 표현을 바꾸어보자. 확신은 재능이다. 하지만 서구 세계의 소비자 주도 사회에서 어머니가 주로 자기 아이에게 주입해주길 기대하는 그런 종류의 확신은 온통 거짓에 기초하기 마련이다.

*

　무엇보다 행복하라는 훈계는 말 그대로 기쁨을 죽인다. 기쁨이 언제나 가능한 것은 아니다. 온갖 형태의 친밀함이 그렇듯, 기쁨에는 적어도 최소한의 자유가 필요하다. 어머니와 관련해 기쁨은 — '모성의 기쁨'처럼 — 오염된 표현이라고 할 수 있다. 부치 에메체타^{Buchi Emecheta}가 쓴 아이러니한 제목의 소설 『모성의 기쁨』^{The Joys of Motherhood, 1979}은 나이지리아의 일부다처제 부족 공동체에서 고통을 겪다 자살까지 시도한 어느 어머니 이야기로 시작한다.[13] 기쁨이 특권이라면, 그것은 마치 사이즈가 맞는지 옷을 입어보듯 우리가 미리 준비할 수 있는 그런 것이 아니다. 그 점에서 행복과는 다르다. 행복은 간절히 소망하는 사고방식이자, 추구해서 얻게 되는 상품, 성취, 안식처의 모습을 취한다.[14]

　이 중 어느 것도 기쁨에 수반되는 근본적인 방향 상실과는 거리가 멀며, 어머니로서 내가 경험했던 것과도 전혀 비슷하지 않다. 아이를 집에 데려온 뒤, 나는 아이가 잠든 오후에 함께 휴식을 취하다가 아이가 내 위에 누워 있다는 걸 느끼고 갑자기 정신이 번쩍 들어 깨어나곤 했다. 그러곤 사실상 아이가 내 안에 있음 — 너무도 강력한 환희에 휩싸인, 말도 안되는 생각이었다 — 을 깨닫고 다시 잠 속에 빠져들곤 했다. 나는 임신의 과정을 역으로 경험했다.

시간을 거슬러 아이를 내 안에 받아들였다. 아니, 그보다 아이가 내 몸속과 혈관의 흐름으로 기어들어와 자신의 자리를 요구하는 것만 같았다. 만약 누군가가 이것이 입양모의 일반적인 경험이라고 미리 알려주었더라면—그전에도, 그리고 그후에도 그런 이야기는 듣지 못했다—나는 분명히 잠들지 않은 채 그 일이 벌어지길 헛되이 기다렸을 것이다.

나의 온 존재가 뒤집힌 것만 같았다. 생각건대 이것이 기쁨, 자아의 껍질을 산산조각 내는 어머니의 기쁨에 내재한 주된 속성임이 분명하다. 물론 이것이 어머니 노릇에만 국한되는 감각은 아니다. 내 친구는 수년 동안 열정적으로 사귀던 유부남 애인을 정말로 마지못해 쫓아냈다. 남자가 그토록 격정적으로 사랑을 나눈 뒤 떠나고 나면 친구는 자신의 생살이 드러나 신경 마디마디가 찬바람에 노출된 것만 같았고, 결국 더이상 견딜 수 없었다. 친구는 십수년 전 두 아이를 출산한 이후 처음으로 그러한 감각을 느꼈다고 했다. 이 비유를 듣고 충격을 받기에 앞서, 우리는 모유 수유의 성애적 흥분이 어머니 노릇과 관계된 일급비밀 중 하나라는 점을 기억할 필요가 있다(프로이트가 어머니의 젖을 실컷 먹고 포만감에 젖은 아기를 이후 모든 성적 쾌락의 원형이라 암시했다는 점도 마찬가지다).

시몬 드 보부아르는 이야기한다. "아이는 오직 다른 이의 행복을 사심 없이 바랄 수 있는 여성에게만 기쁨을 가져올 수 있다. 그 여성은 자신으로 회귀하지 않고, 자기 자신의 경험을 넘어서길 추구한다."[15] 앞서 살펴보았듯, 기쁨은, 특히 모성과 관련해 보부아르의 글과 쉽게 결부되기 어려운 단어다. 하지만 예외적으로 등장하는 이런 경우에 기쁨은 일종의 박탈dispossession로 묘사된다. 성욕에서건, 출산에서건, 아니면 어머니 되기에서건 기쁨은 모두 찰나적이다. 그것이 지속되지 않기 때문이라기보다, 무언가 다른 것을 놓아줄 때만 그것을 경험할 수 있기 때문이다. 이것은 어머니의 희생에 대한 얘기가 아니다. 보부아르가 그런 희생 따위를 고취시키거나 옹호할 리는 결코 없기 때문이다. 보부아르의 관점에서는 어머니가 아이를 위해 '모든 것'을 하고, 또 되어야만 한다고 믿는 것 자체가 치명적인 잘못이었다(이 환상의 이면에는 어머니가 아이를 소유한다는 믿음이 있으며, 이를 통해 어머니는 자신의 재산권을 주장하는 남성이 되고 만다). 솔로몬의 심판에서 결국 진짜 어머니는 아기를 둘로 나누는 대신 가짜 어머니에게 보내주는 쪽을 택한다. 아기를 둘로 나누는 짓은 오로지 자기 아이와 이미 사별한 어머니가 질투에서 비롯한 분노에 사로잡혀 제정신이 아닌 상태에서나 계획할 수 있다.

보부아르의 손에서 모성은 극기self-mastery에 얽매인 철학이 그 한계에 도달해 붕괴하기 시작하는 지점이 된다. 이 점에 있어 보부아르와 페란떼는 비슷하며, 페란떼가 쓴 모든 글의 원천이라고 할 수 있는 그의 모성관은 세상의 경계를 허문다. 페란떼는 어렸을 때 자신의 어머니가 아내와 어머니 역할에 대한 압박 때문에 신체적·정신적으로 허물어지는 모습을 지켜보았다. 페란떼는 그런 순간을 포착해 성애적이고 우주적이며 초현실적인 정경으로 바꾸어놓는다. "고요한 나무 꼭대기로 몰려드는 한 무리의 벌 떼. 느리게 흐르던 수면에 갑작스레 나타난 소용돌이 (…) 소리의 찬란한 폭발 (…) 수천마리 나비의 웅웅거리는 날갯짓."[16] 하지만 우리가 기억해야 할 것은, 모든 윤곽선이 사라지고 예의범절 따위는 엉망이 된 세계 — 페란떼의 어머니들에게는 이 세계에 접근할 특별한 권한이 있는 듯 보인다 — 에 뛰어들고 나서야 비로소 페란떼가 자신의 글에 저런 환희의 순간을 창조할 수 있었다는 점이다.

경계와 소유에 관한 이 모든 문제에 입양은 그 특유의 색깔을 더한다. 입양모는 마음 깊은 곳 어딘가에서 자신의 아이가 자기 것이 아니라는 사실을 알고 있다. 그것을 나는 언제나 경고이자 진실이며 선물이라고 생각해왔다. 물론 모든 사람의 생각이 같을 수는 없다. "어떻게 너는 그럴 수 있어?" 한 친구가 새로 태어난 자신의 아이를 가슴에 꼭 안은 채 내게 물었다. 그러곤 조금은 쑥스러워하면서 인정했다. "나는 내 DNA가 자라 퍼져나가는 걸 보고 싶어. 내 생물학적 유산 같은 것들 말이야." 그때 나는, 아마 유감스럽게도 일말의 독선적 기운을 담아 이렇게 대답했다. "나와 내 딸도 지구의 생명 활동과 성장 과정의 일부분이라는 점에서 너와 다르지 않아." 문제는 ── 여러차례 살펴보았듯 ── 스스로 누구와 연결되어 있다고 느끼는가, 또 경계를 어디로 삼고 있는가이다. 입양 과정에서 신청자들은 역할 놀이에 참여해야 했는데, 한번은 우리가 입양할 아이의 생물학적 어머니가 되었다고 상상해보라는 과제가 주어졌다. 한 남자가 ── 매우 어린 아내를 둔 나이 지긋한 분이었다 ── 이를 거부했다. 그는 물었다. "그 여자가 우리하고 무슨 상관이 있단 말입니까? 결국 그 여자는 자기 아이를 버렸잖아요. 내가 왜 그 여자를 생각하고 신경써야 하는 거죠?" 입양 과정에서 나는 곧 내 딸이 될 아기의 어머니가 자기 아이를 버린 것이 실은 전혀 그 자신의 잘못 때문이 아님을 알고 있었다. 한편으로 젖먹이 여자아이를 유기하는 문제에 대해 페미니스트로서 당연히 노발대발하고 분노해야 한다는 점도 알고 있었다. 그 어머니의 행동 때문에 나는 늘 원했던 대로 ── 기쁘게도 ── 곧 어머니가 될 수 있게 되었지만, 역할 놀이 중 "나는 매일 그 사람 생각을 해요"라고 이야기하면서 내가 느낀 것은 슬픔이었다.

*

    마지막으로 지구의 정반대편 양끝에서 벌어진 두 장면에 대해 이야기하고자 한다.

    1990년대 초반 로스앤젤레스의 카이저의료원^{Kaiser Medical} ^{Center}에서, 트랜스젠더 활동가이자 작가인 수전 스트라이커^{Susan Stryker}는 자신의 연인이 출산하는 동안 뒤에서 다리를 벌린 채 그를 자신의 두 다리 사이에 안고 있었다. 연인이 스트라이커를 얼마나 꽉 붙잡았던지 허벅지에 멍이 들 정도였다고 한다. 다른 여자의 몸에서 아이가 나오는 걸 느끼며, 스트라이커의 마음속 "뒤편 어딘가에서" 뒤죽박죽 섞인 어두운 감정이 "의지와 상관없이 조용히" 모습을 드러냈다.[17] 의료진은 이 "작은 집단"의 다양한 구성원이 서로 어떻게 연결된 관계인지 도무지 이해하지 못했다. 그 자리에는 어머니, 생물학적 아버지, 개인적으로 고용한 산파, 어머니의 여자 형제, 그리고 스트라이커가 이성애적 결혼이라 부를 수 있는 관계에서 얻은 아들이 있었다. 스트라이커는 이 의식의 변혁 과정에 자신이 "점차 깊이" 빠져들고 있음을 깨달았다. 그것은 새로운 탄생의 도래를 알리는 "육체와 정신 모두의 완전한 열림"이었다.[18] 나중에 집에 돌아와 스트라이커는 모든 걸 쏟아냈는데 — 핵심은 열림이다 — 그는 이를 "젖은 종이가방 같은" 상태에서 "얼굴 위에 체를 받친 듯 동그랗게 감싸 쥔 손가락 사이로 내 인생의 감정적인 내용물들이" 쏟아져 나왔다고 표현한다.[19] 그것은 고통이었으며, 특히 그에게 아들을 남겨준 이전 결혼에 대한 애도였다. 하지만 그것은 동시에 "연이어 용솟음치는 단순한 기쁨"이자 완전한 박탈의 순간이었다. 우리가 지금껏 살펴본 이들과 다를 바 없이 그 또한 "저 안쪽 깊숙이 자리한 모든 것을 다 놓아줄" 준비가 되어 있었다.[20]

이 글은 누구라도 겪을 수 있는 경험, 자신을 잃고 자신을 찾을 수 있게끔 하는 출산의 순간에 대한 비범한 찬가이다. 아마도 ─ 스트라이커 자신이 정확히 그렇게 말한 것은 아니나 ─ 트랜스젠더라는 근본적인 방향 상실 덕에 그처럼 고통스러우면서도 생동감 넘치는 횡단이 가능하지 않았을까. 이는 우리가 자주 보아온 살균되고 도색된 어머니 되기의 이미지와는 거리가 멀며, 견고한 국경으로 둘러싸인 세상 ─ 바로 이 책이 시작된 곳 ─ 에서도 한참 벗어나 있다. 스트라이커는 모성의 토대를 세우는 이 행동과 관련해, 중요한 것은 우리가 얼마나 그것에 가깝게 다가갈 수 있는가라고 이야기한다. 다시 말해, 이상적인 세상에서라면, 우리를 반대방향으로 거세고 빠르게 몰아붙이는 충동이 무엇이건 간에 누구라도 자기 자신을 어머니로 생각할 수 있다.

신디웨 마고나의 소설 『어머니가 어머니에게』*Mother to Mother, 1998*는, 비록 다른 세계에 속해 있지만 역시 어머니의 이름으로 이루어진 전례 없는 횡단의 기록이다. 우리는 앞서 마고나가 쓴 다른 소설, 아파르트헤이트 체제하에서 일자리를 찾아 자신의 아기들을 버리고 집 밖으로 내몰릴 수밖에 없었던 어머니 이야기를 살펴보았다. 그로부터 몇년 후인 1993년, 아파르트헤이트 종식을 불과 1년여 앞두고 젊은 백인 미국인 인권 운동가 에이미 비엘*Amy Biehl*이 구굴레투(Gugulethu. 흑인 거주 구역 —옮긴이)에서 '백인 한놈에 총알 한방씩'*One settler, one bullet!*이라는 구호 아래 살해당했다. 그의 죽음은 공동체, 사실상 나라 전체를 충격에 빠뜨렸다. 물론 —국가 전역에서 발생한 흑인의 죽음이 화제가 되지 못한 것과 달리 —사람들이 그토록 그의 죽음에 격분했던 것은 누가 보기에도 그가 백인이기 때문이었다. 구굴레투는 마고나가 살던 동네였다. 『어머니가 어머니에게』는 마고나의 소설 중 최초로 호평을 받은 작품으로, 살인 혐의로 기소당한 소년의 어머니의 관점을 취해 에이미 비엘의 어머니에게 직접 말을 걸고 있다. 아이러니하게도 가정적인 아늑함을 암시하는 제목(『어머니가 어머니에게: 집밥 조리법』*From Mother to Mother: Recipes from a Family Kitchen*은 2017년 미국에서 출판된 요리책 제목이다)과는 전혀 무관하게, 마고나는 마치 국가의 미래가, 아니 국가의 미래만이 아니라 그 이상이 걸린 문제인 양 질문을 던진다. 어떻게 저토록 다른 어머니가 서로의 이야기에 귀를 기울이고 서로에게 할 말이 있을 수 있을까?

내가 이 책을 언급하며 이야기를 마치려 하는 이유는, 마고나의 이야기에 내가 주목해온 아주 많은 주제가 압축되어 있기 때문이다. 이 이야기에서 모성은 인종적 불평등과 불의의 역사라는 상흔을 지닌 물질적 삶의 맥락에 확고히 자리한다(1958년에 케이프타운 지역의 흑인을 구굴레투로 강제 이주시킨 사건이 소설의 역사적 배경을 이룬다). 이 이야기에서 소년의 어머니는 자신만의 기억과 내면의 복잡성을 누릴 권리를 지니며, 거기에는 자신이 아들을 사랑했을 뿐 아니라 언제나 증오했다는 견디기 힘든 생각도 포함된다. 우선 그것은 출산의 고통——"상어의 턱주가리에 물린 것 같은 야만적인 고통"——때문이었다. 잠시 후 그 고통은 아주 강렬한 사랑과 기쁨으로 바뀌었다. "몽롱함이 곳곳에 스며들었다. (⋯) 순수하고 순전한 기쁨."[21] 증오는 배움에 대한 열망이 좌절된 데 대한 반응이기도 했다. 아내와 어머니가 될 때까지 그는 그 열망을 열정적으로 키웠지만 아이 아버지에게 버림받으면서 모두 허사가 되었다. 그리고 아들 믹솔리시가 수태된 순간부터 완전한 대격변이 시작되었다. "그가 내 안에 뿌리내렸다. 과거의 나를 부당하게, 또 완전히 파괴하면서."[22] (이런 장면에서 소설은 위니콧이 이야기한 "어머니가 자기 아이를 증오하는 열여덟가지 이유"를 정치적·인종적으로 해석한 최신 판본처럼 보인다.)

아파르트헤이트 체제의 비인간성을 기술함으로써 어머니는 자기 아들의 폭력적 행동 — 어머니가 혐오하는 — 에 역사라는 위엄을 부여한다. 그뿐 아니라 아들의 불안한 영혼을 추적함으로써 독특한 궤적을 그린 역사와 아들 양쪽 모두에 책임을 묻는다(마치 부당한 세상 탓이지만 동시에 자신의 책임이기도 하다는 점을 인정하는 듯하다). 아들은 "그의 인종이 갖는 분노의 날카로운 화살"이었다. 하지만 아들은 또한 어린 시절 경찰이 자신의 집을 급습했을 때 가장 친한 친구를 배신한 경험이 있는 아이이기도 했다. 아들은 두 친구가 집 밖으로 끌려 나가 사살당하는 모습을 지켜보았고, 그후 2년 이상 실어증 상태에 빠졌다.[23]

이 어머니는 어느 쪽에도 속하지 않은 반골이며, 자기 삶의 정치적 난제에 깊이 있게 대응한다. 결코 바라던 것은 아니지만, 아들의 살인을 계기로 그는 어머니로서의 자기 삶에 내재된 공적 성격을 절실히 깨닫게 된다. 그는 아파르트헤이트 체제의 이른바 부역자를 대상으로 흑인 거주 구역에서 자행된 넥레이싱(Necklacing. 휘발유가 들어 있는 고무 타이어를 피해자의 목이나 팔에 건 뒤에 불을 붙이는 방식으로 자행되는 즉결 처형 — 옮긴이)에 대해 맹렬히 비난을 퍼붓는다. 또 백인은 모두 개자식이라는 구호도 거부한다. 대중의 상상 속에서 어머니의 육체가 비속화되고 그 존재가 부정되거나 정화되었다면, 이 소설은 어머니의 육체를 마치 손에 만져질 듯 그려낸다. 그가 출산을 하는 장면이 그렇고, 자신의 허름한 판잣집에 돌아와 아들이 살인자라는 사실을 깨닫는 장면도 못지않게 강력하다. "천천히, 조심스럽게, 내 몸이 모두 액체가 되었고, 나는 그것을 전부 의자 위에 쏟았다."[24] 토니 모리슨의 『빌러비드』에서 노예가 되는 걸 막으려 자신의 어린 딸을 죽였던 쎄서가 딸의 유령을 처음 알아본 뒤 오줌보를 비우기 위해 집 옆쪽으로 달려가는 장면이 떠오른다. 또 앞서 언급했던 마고나의 단편소설에서 어머니가 길을 가다 젖을 짜던 장면, 스트라이커가 천지개벽이라도 일어난 듯 얼굴 위로 두 손을 체처럼 동그랗게 감싸 쥔 장면도 기억난다.

이 모든 과정에서 소년의 어머니는 소설의 화자로서 에이미 비엘의 어머니와 대화를 이어간다. 소설은 곧 그들의 대화다.

당신의 딸. 그가 속한 인종의 불완전한 속죄.
나의 아들. 그가 속한 인종의 악령에 사로잡힌 완벽한 숙주.[25]

어머니로서 그는 자기 아이의 유산을, 그리고 ── 인간적이고 비인간적인 경계를 가로질러 — 자신과 마주한 이 어머니의 죽은 아이가 남긴 유산을 불러 모아야 할 의무를 지닌다. 소설이 거의 끝나갈 무렵, 어머니는 대화 상대를 향해 한층 직설적으로 묻는다. "그렇다면, 내 자매와도 같은 어머니, 내가 그놈을 숨겨주어야 할까요? 경찰에 넘겨야 하나요? 변호사를 구해야 하지 않을까요? 그게 혹시 내가 살해당한 당신 따님을 애도하지 않는다는 의미가 되면 어쩌죠? 나는 당신의 적일까요? 당신은 나의 적이고? 내가 당신에게 무슨 잘못을 저질렀지요? (…) 당신은 또 내게 어쨌고요?"[26]

물론 이 질문에 간단히 답이 주어지지는 않는다. 가짜 화해도 이루어지지 않는다. 소설은 이 어머니에게 역사적·정치적 구원이라는 과제를 지우지 않는다.[27] 마고나는 그저 질문을 던짐으로써 책 전체에 울려 퍼지는 문제를 언어로 표현한다. 어머니가 된다는 것이 무엇을 의미하는지에 대한 주류적 견해 속으로 저런 이야기를 들여오려면 어떻게 해야 할까? 또 어머니가 서로에게 어떤 존재일 수 있는지에 대한 서사에 이를 포함시키려면 어떻게 해야 할까? 마지막으로, 우리가 어머니에게 역사의 과오와 우리의 마음을 달래주길 기대하고 그들의 필연적인 실패를 질책하지 않는다면, 대신 어머니가 스스로의 육체와 마음에 대해 꺼내놓아야만 하는 이야기에 귀를 기울인다면 무슨 일이 벌어질까? 아마도 그렇게 되면 우리가 아는 세계는 종말에 이르게 될 텐데, 내가 생각하기에 그것이 어머니에게는 결코 나쁜 소식이 아닐 것이다.

맺으며

딸의 입양 절차를 밟던 중, 나는 외설스러우리만치 커다 랗고 붉은 체리로 담당 사회복지사를 꾀어보려 했었다. 둥 근 그릇에 담긴 체리가 사회복지사의 차갑고 매정한 심문 에 대한 노골적인 반격이 되어주기를, 그가 심문에 집중 하는 걸 방해해주기를 내심 기대했었다(입양 절차는 꼬투 리 잡기라는 과업의 새로운 경지를 보여준다). 나중에 모 든 과정이 끝난 뒤, 그 절차로는 결코 대비할 수 없는 두가 지 요소가 있다는 것, 따라서 그 절차가 까다로운 만큼이 나 쓸모없었다는 것을 깨달았던 기억이 난다. 첫째는 걱 정 — 아이가 긁히고 넘어질 때마다 우리는 호들갑을 떨었 고, 이는 우스꽝스러우면서도 생명의 취약성에 더없이 어 울리는 대응이었다 — 이요, 둘째는 기쁨이었다. 티레시아

268

스가 여성의 성적 쾌락이 남성의 쾌락보다 크다는 사실을 누설했다는 죄로, 어떤 판본에서는 헤라에 의해, 다른 판본에서는 아테나에 의해 시력을 잃게 되었다는 이야기는 유명하다. 나는 우리 시대의 모성에 대해 생각하고 그 주제와 관련해 과거로부터 현재까지 쏟아져 나온 글들을 읽으면서 그 이야기를 떠올렸다. 우리에게는 그 이야기의 어머니 판본이 필요하다. 그 이야기에서 어머니 되기의 격렬한 쾌락은, 이 책에서 이야기한 모든 것을 부인할 필요 없이, 죄책감을 주는 비밀이 아닐 것이며 또 시샘 어린 협박 — '당신은 행복해야만 합니다!' — 에 굴복해 흡수되어 버릴 그 무엇도 아니게 될 것이다. 그 대신 우리는 그것이 모성을 무엇과도 바꿀 수 없는 경험으로 만드는 작업을 차분하게 이어나가는 모습을 지켜볼 수 있으리라.

감사의 글

　『런던 리뷰 오브 북스』*London Review of Books*가 내게 어머니에 대한 글을 써달라 청탁했을 때, 우리 중 어느 누구도, 특히 나는 그게 이 작업으로 이어지게 될 줄은 전혀 짐작도 못했다. 이 책은 2014년 6월 19일 자『런던 리뷰 오브 북스』(36:12)에 게재된 「어머니들」*Mothers*이라는 글이 낳은 일종의 '자손'이다. 그래서 나는 우선 아이디어를 제공해준 메리케이 윌머스*Mary-Kay Wilmers*와, 언제나처럼 꼼꼼하게 편집을 해준 폴 마이어스코*Paul Myerscough*에게 감사한다. 파버출판사의 미치 에인절*Mitzi Angel*과 FSG출판사의 에릭 친스키*Eric Chinski*는 이 주제를 책으로 발전시킬 수 있고 발전시켜야 한다고 나를 설득하고 격려해줬다. 특히 미치가 편집 과정에서 보여준 관심과 주의력에 대해 감사를 표하고 싶다. 운이 좋게도 트레이시 보핸Tracy Bohan이 내 에이전트를 맡아주었다. 그가 보여주는 한결같은 열정과 통찰력, 친절함에 깊이 감사한다.

이 책의 집필은 내가 2015년 버벡인문학연구소Birbeck Institute for the Humanities에 합류한 이후 이루어졌다. 나는 에스터 레슬리Esther Leslie와 매디슨 브라운Madisson Brown이 보여준 유대와 지지에 은혜를 입었다. 시드니에 위치한 오스트레일리아가톨릭대학Australian Catholic University의 사회정의연구소Institute for Social Justice는 내가 체류하는 동안 이 책을 집필하는 데 지적으로 고무적인 환경을 제공해주었다.

코라 캐플런Cora Kaplan과 샐리 알렉산더Sally Alexander, 앨리슨 로즈Alison Rose와 엘리자베스 칼슨Elizabeth Karlsen은 이 책의 원고를 전부 또는 부분적으로 읽어주었고, 각자 훌륭한 관찰과 통찰을 더해주었다. 2장의 논평에 대해 이디스 할Edith Hall과 에스터 레슬리에게 고마움을 표하고 싶다. 물론 남아 있는 모든 오류는 나의 책임이다. 미아 로즈Mia Rose는 마지막 장의 몇몇 잘못된 대목을 결정적으로 바로잡아주었는데, 그 장의 핵심적 대목은 바로 그녀에게서 영감을 받아 쓴 것이다.

이 책 곳곳에 널린 일화는 여러 친구와 지인으로부터 제공받은 것인데, 본문에는 그들의 이름을 밝히지 않았다. 당황스러운 수색 작업으로 이어지지 않기를 희망하기에,

여기서 그들 이름을 밝히는 게 옳을 것 같다(무순이다). 리사 아피냐네시[Lisa Appignanesi], 셀마 데바[Selma Dabbagh], 리비아 그리피스[Livia Griffiths], 케이티 플레밍[Katie Fleming], 모니크 플라자[Monique Plaza], 로런스 제이콥슨[Lawrence Jacobsen], 브레이엄 머리[Braham Murray]. 이 책에서 나의 언니 질리언 로즈가 차지하는 비중은 책의 집필을 시작하며 내가 생각했던 것보다 훨씬 더 크다.

이 책을 나의 어머니인 린 로즈[Lynn Rose]와 새어머니인 저넷 스톤[Jeanette Stone]에게 바친다. 그들과 함께 이 책의 모든 것 또는 대부분이 시작되었다.

2017년 7월
런던

272

옮긴이의 말

이 책의 저자 재클린 로즈^{Jacqueline Rose}는 한국 독자들에게는 낯선 이름이다. 지금까지 학술 논문에 간간이 인용되었을 뿐, 그의 사상의 전모가 소개되거나 분석의 대상이 된 적은 없으며 또 그의 저작이 한국어로 번역된 것도 이번이 처음이다. 서구 학계와 지성계에서 그가 차지하는 위상을 고려할 때 상당히 이례적이고 그 자체로 탐구를 요하는 유의미한 무관심인데, 한국 독자에게 첫선을 보이는 자리인 만큼 간단한 소개가 필요할 것 같다.

재클린 로즈는 행동하는 지식인의 본보기를 보여주는 인물이다. 『재클린 로즈 선집』^{The Jacqueline Rose Reader, 2011}의 편집자들이 지적하듯, 그의 저작들은 문학 연구자의 모범적인 지적 작업에 해당한다. 그는 영국의 옥스퍼드대학과 프랑스의 소르본대학을 거쳐, 런던대학에서 저명한 문학비평가 프랭크 커모드$^{Frank\ Kermode}$의 지도 아래 박사 학위를 이수한 정통 영문학자로, 실비아 플라스$^{Sylvia\ Plath}$와 J. M. 배리$^{J.\ M.\ Barry}$에 대한 연구서를 펴냈으며 그외에 버지니아 울프$^{Virginia\ Woolf}$, J. M. 쿳시$^{J.\ M.\ Coetzee}$, 마르셀 프루스뜨$^{Marcel\ Proust}$ 등에 대한 다수의 연구 논문을 발표했다.

연구자이자 이론가로서 그의 성취가 가장 돋보이는 영역은 정신분석과 페미니즘이다. 그는 전통적으로 남성 중심적이라고 간주되어온 정신분석의 재해석을 통해 정신분석에 대한 페미니즘적 수용을 주도했으며, 그가 1982년 페미니스트 이론가 줄리엣 미첼$^{Juliet\ Mitchell}$과 함께 공동 편집한 『여성적 섹슈얼리티: 자끄 라깡과 프로이트학파』$^{Feminine\ Sexuality:\ Jacques\ Lacan\ and\ the\ école\ freudienne}$는 영미 페미니즘의 정신분석적 전환을 촉발한 책자로 평가받는다. 로즈는 또한 유럽뿐 아니라 전 세계의 긴급한 이슈에 대해 적극적으로 개입하고 발언해온 활동가이기도 하다. 이스라엘의 팔레스타인 정책에 반대하는 영국계 유대인들의 단체인 '독립적인 유대인들의 목소리'$^{Independent\ Jewish\ Voices}$의 공동 창설자이자 진보적 매체인 『가디언』$^{The\ Guardian}$지와 『런던 리뷰 오브 북스』$^{London\ Review\ of\ Books}$의 고정 필자로 미국의 이라크 침공과 남아프리카공화국 '진실과 화해 위원회'와 같은 거대한 지구 정치적 이슈에서부터 수치와 트라우마 등 개인의 내밀한 심리적 이슈에 이르기까지 다양한 쟁점에 대해 발언하고 있다. 로즈는 이처럼 다양한 주제와 장르를 넘나들며 '개인적인 것이 정치적인 것'이라는 페미니즘의 원칙을 몸소 실천하고 있으며, 『재클린 로즈 선집』의 편집자들은 로즈의 이 행보야말로 전통적인 비평과 이론들이 이처럼 "명백한 넘나듦"을 시도하지 않는다는 점에서 실패했음을 역설한다고 평가한다.

이 책은 2014년 6월 19일 자 『런던 리뷰 오브 북스』에 「어머니들」Mothers이라는 제목으로 실린 약 8500자 분량의 기고문에서 출발했으며, 2018년 미국과 영국에서 동시에 출판되었다. 원제목 *Mothers: An Essay on Love and Cruelty* 에서 엿볼 수 있듯, 이 책은 모성의 양가성(모성은 사랑이자 잔인함이다)을 핵심적 쟁점으로 다루고 있는, 우리 시대의 모성 신화에 대한 비판서이다. 모성의 현상학에 대한 최근의 학문적 연구 성과를 기반으로 하며 또 이에 대한 이론적 개입이지만, 전문 연구자뿐 아니라 학계 밖의 일반 독자까지 전문 지식이 없더라도 어머니라는 주제에 관심이 있다면 누구나 즐길 수 있는 교양서의 형식을 취한다.

어머니는 페미니즘의 역사에서 상대적으로 홀대받아온 영역이다. 20세기 후반 이러한 페미니즘의 편향성에 변화가 있었고 2006년 앤드리아 오라일리Andrea O'Reilly가 '모성 연구'motherhood studies라는 명칭을 제안한 이래 어머니에 대한 연구는 독립적인 학문분과로 자리 잡았다. 현재 모성은 전 학문 분야에서 핵심적 주제 중 하나로 자리하고 있으며, 모성 연구의 관심은 섹슈얼리티의 문제에서부터 평화, 종교, 제도, 문학, 일, 대중문화, 보건, 돌봄, 인종, 종족성에 이르기까지 다양한 주제를 망라한다. 이 책에서도 자주 언급되는 에이드리엔 리치Adrienne Rich의 『더 이상 어머니는 없다』 *Of Woman Born: Motherhood as Experience and Institution*, 1976는 모성 연구의 방향성을 제공한 일종의 시원적 텍스트로 평가받는다. 리치의 의의는 — 책의 부제가 말해주듯 — '제도'로서의 모성과 '경험'으로서의 모성을 구분해 어머니의 체험된 경험을 모성 연구의 주요 영역으로 전면화시켰다는 점에 있다. 리치에 따르면, 경험으로서의 모성이 "어떤 여성이건 자신의 재생산 능력과 아이들과 관련해 맺고 있는 **잠재적 관계**"를 의미한다면 "제도는 그 잠재성 — 그리고 모든 여성을 — 남성의 통제하에 두는 것을 목표로 한다". 리치는 이 구분을 통해 가부장제하에서 어머니의 경험이 가부장제적 모성 제도와 억압적 이데올로기에 지배당하고 이에 순응하는 것일 수밖에 없으면서도 그에 완전히 포섭되지 않고 저항하는 잠재성의 영역임을 환기하는데, 어머니가 체험한 경험의 이 억압적인 동시에 역량 강화적인 측면, 그리고 양자 간의 복합적 관계는 현재 모성 연구의 핵심적 주제다. 따라서 리치 이후 모성 연구는 경험과 제도라는 두 축을 중심으로, 한편에서는 제도화된 모성의 신화를 해체하는 동시에 다른 한편에서는 모성의 경험을 페미니즘적으로 전유하는 이중의 작업을 수행하고 있다.

두 작업은 물론 분리 불가능하며 서로 긴밀히 연결된 것일 수밖에 없지만, 로즈의 이 책은 굳이 구분하자면 모성 경험의 양가성에 주목한다는 점에서 후자에 가깝다고 볼 수 있다. 이 책은 우리 시대에 어머니가 숭배의 대상이면서 동시에 혐오의 대상이라는 익숙한 주장에서 출발한다. 그리고 이 숭배와 혐오라는 극단적으로 상반된 태도 뒤에 자리한 비역사적인 모성의 이상과 다양한 시간과 공간 속에 자리하는 모성의 경험을 대조하며 묻는다. "과연 우리는 무엇을 하고 있는 것일까. 우리는 어떤 사회적 약속이나 내적 삶 또는 역사적 불의 따위를 외면하려는 것일까. 대체 우리는 어머니에게 어떤 짓을 저지르고 있단 말인가"(7면).

로즈에게도 주된 관심은 모성의 이상에 전적으로 포함되지 않는 잠재성의 영역으로서 모성경험이지만, 그 경험의 자료를 주로 문학작품에서 구한다는 점에서 그의 어머니 연구는 차별성을 갖는다. 로즈가 참고하는 작품들은 시간적으로는 고대 그리스 시대부터 21세기 현대까지, 공간적으로는 유럽과 미국에서 남아프리카공화국과 시리아까지, 또 장르적으로는 그리스비극과 셰익스피어의 극, 근현대 소설과 시와 같은 본격문학에서 자전적 에세이, 영화,

TV 드라마, 만화, 뮤직비디오 같은 대중문화까지 아우른다. 이는 하나같이 가부장제적 모성 이상의 지배 아래 "강철 죔쇠에 꽉 물린 듯"(52면) 고통받으면서도 또 그에 맞서 욕망하고 싸우는 어머니들의 "고통과 희열"을 보여주는 기록들, 그리고 로즈가 지적하듯 "어머니는 본성상 체제 전복적이며, 한번도 겉보기나 세상의 기대치와 일치했던 적이 없다"(30면)는 점을 상기시키는 기록들이다. 로즈가 다양한 작품들을 자유자재로 넘나들며 어머니들의 "고통과 희열"의 목소리를 엮어나가는 모습은 단연코 이 책의 백미에 해당한다. 고백하건대 같은 문학 연구자로서 로즈의 해박한 지식과 작품의 아름다움과 깊이를 마치 마에스트로처럼 연주해내는 솜씨가 참으로 부러웠고, 또 이를 통해 문학작품이야말로 가장 치열한 '생각의 모험'이라는 진리를 다시금 확인할 수 있었다.

　로즈의 어머니 연구의 또 하나의 특징은 모성의 신화를 요구하고 유지하는 사회 정치적 기제에 대한 분석보다 오히려 그 심연에 자리한 무의식적인 심리작용에 대한 탐색에 주안점을 둔다는 점이다. 이는 우리 시대가 필요로 하는 페미니즘이 무엇인가라는 로즈의 신념과 관련된다. 2015년 출판된 선구적 페미니스트 영웅들에 대한 연구서인 『암흑시대의 여성들』^{Women in Dark Times}에서 로즈는 "점잖지 못한 페미니즘"^{scandalous feminism}을 요청한다. 그것은 평등과 권력에 대한 호소를 근본적인 자기 심문으로 대체하는 것이며, '개인적인 것이 정치적인 것'과 같은 "살균 처리된 슬로건"을 넘어 "밤의 풍광"에 들어서는 것, 즉 모든 인간의 삶에 내재한 고통에 대한 두려움, 버림받는 것에 대한 두려움, 해체에 대한 두려움, 죽음에 대한 두려움과 물러섬 없이 마주하는 일이다.

신자유주의 사회에서 모성의 지위의 하락을 논하는 대목은 로즈의 어머니 연구의 이러한 특징을 잘 보여준다. 근대 세계에서 어머니는 언제나 공적 정치적 장에서 배제된 존재였지만 로즈는 특히 "속속들이 신자유주의적인 사회에서 돌봄 제공자로서 여성의 역할은 오로지 돌봄 제공자로 국한될 경우에만, 그것도 체제를 유지하는 가장 효율적인 방식에 지장을 주지 않는 선에서만 인정받을 수 있는 듯하다"(32면)라고 주장한다. 그리고 그 증거로 영국에서 매년 자그마치 5만 4000명의 여성이 임신했다는 이유로 일자리를 잃고 있으며 새로 어머니가 된 여성 중 77퍼센트가 일터에서 차별과 모욕, 고용인과 국가에 짐이 된다는 암시 등 부정적 대우를 경험했다는 2015년 보고서를 제시한다(32면). 물론 로즈가 보기에도 이는 당연히 신자유주의의 무자비한 이윤 추구의 경향과 긴밀히 관련된다. 하지만 그는 이 모든 상황에 손익 분석 외에 훨씬 더 다양하고 복잡한 요인이 개입되어 있다는 점에 초점을 맞춘다. 로즈의 분석에 따르면 어머니라는 존재가 야기하는 가학증의 심연에는, 불편하게도 모성이 죽음과 매우 가깝다는 사실이 자리한다. 다시 말해 어머니는 한때 우리가 이곳에 존재하지 않았음을, 그렇기 때문에 언젠가 사라지리라는 점을 환기시키는 존재이며, 따라서 어머니와 모성에 대한 가학증과 혐오의 바탕에는 무력했던 자신의 의존적 시기에 대한 기억("아기방의 울음소리")을 부정하고 지우려는 무의식적인 두려움과 공포가 자리한다.

2018년 5월 3일 자 『더 네이션』*The Nation*에 실린 이 책에 대한 머브 엠레*Merve Emre*의 서평은 재클린 로즈의 어머니 연구가 불러올 만한 전형적인 반응을 보여준다는 점에서 흥미롭다. 엠레는 로즈가 엄연한 구조의 문제를 심리의 관점에서 접근한다는 점에 대해 불만을 표한다. 21세기 재정 긴축의 시대에 돌봄 제공자로서 어머니가 한층 더 어려운 상황에 놓이는 것은 신자유주의적 논리에 따라 국가가 지는 것이 마땅한 사회적 재생산의 책임이 가정에 전가되는 상황과 관련되는 것인데, 로즈가 이를 인간의 원초적인 두려움과 연결시켜 오히려 초점을 흐리고 있다는 주장이다. 제기될 만한 비판이고, 현대 모성의 상황에 대한 역사적이고 정치적인 분석과 해결책을 기대하는 독자에겐 로즈의 논의가 혼돈스럽고 만족스럽지 않을 수 있다. 하지만 이것은 약점이라기보다는 로즈의 어머니 연구가 지니는 차별성으로, 오히려 로즈의 분석이 근대적인 모성 이상의 핵심과 대결하고 있음을 보여주는 비판이기도 하다.

로즈가 일관되게 지적하는 것은 우리 시대에 어머니는 공적·정치적 세계에서 배제된 존재라는 점이다. 그러나 이것은 19세기 이래 사적 영역과 공적 영역이 별개의 영역으로 정의되어 어머니가 가정의 천사로 더 넓은 세계로부터 고립되었다는 점, 그리고 어머니도 가정을 벗어나 공적 세계의 당당한 일원이 되어야 함을 주장하는 익숙한 이야기와는 거리가 멀다. 로즈가 보기에 우리 시대에 공적·정치적 세계와 어머니의 불화는 단순히 평등이나 권리 회복으로 해결할 수 없는 훨씬 더 뿌리 깊은 대립에 기초한다. 어머니는 근대 도시^{cité}에 위협적 존재다. 왜냐하면 모성이라는 본능적 실제가 바로 우리 모두가 '여자에게서 태어난 인간'임을 환기하기 때문이다. 다시 말해 어머니는 우리가 "자족적이며 구별 가능한 개인"이라는, 또 "우리의 몸은 우리의 재산이며 우리의 마음은 우리의 의지에 종속되고 — 이것이 가장 위험한데 — 전 세계가 우리 지배 아래에 있다"라는 헛소리, 근대의 믿음에 대한 "가장 성가신 모습을 한, 일종의 성나고 분노에 찬 응수"다(211면). 그래서 우리는 모성의 이상화를 통해 어머니의 육체를 지우고 "임신을 넘어서거나 심지어 혐오하면서 규칙과 규범의 정제된 세계"(213면)로 나아가고자 한다.

그렇다면 "오늘날 여성은 도시를 재발명하지 않고선 도시에 들어설 수 없다"(로즈가 사랑하는 엘레나 페란떼의 표현이다. 225면). 로즈는 어머니의 경험이 그 길을 안내해줄 수 있다고 믿는다. 왜냐하면 "어머니가 되는 것, 아이를 낳는 것은 이방인을 환대하는 행위이며, 그 결과 어머니 노릇은 그야말로 우리에게 가까운, 그리고 우리 자신의 낯섦과의 가장 강렬한 형태의 접촉"(183면)이기 때문이다. 로즈는 시몬 드 보부아르(보부아르의 경우에는 마지못해서)와 쥘리아 크리스떼바 등 선배 페미니스트의 뒤를 이어 "모성을 자기 초월의 정반대 극, 즉 남성이 여성을 복속시키는 세계와는 완전히 동떨어진, 새로운 윤리의 길로 인도하는 경험으로 제시한다"(183면). 그리고 그를 위해서는 우선 어머니가 된다는 것이 무엇인지, "어머니가 스스로의 육체와 마음에 대해 꺼내놓아야만 하는 이야기에 귀를 기울"이는 것에서부터 시작해야 한다고 호소한다(266면). 로즈의 이러한 호소는 "국가 간, 개인 간 경계를 견고히 하며 스스로를 돌보고 확고하게 지키는 것만이 우리의 가장 중요한 윤리적 의무라고 소리 높여 외치는 목소리"(16면)가 점점 커져가는 이 시대에 깊은 울림을 갖는다.

마지막으로 이야기하고 싶은 것은 로즈의 글쓰기 스타일이다. 앞서 지적한 대로 이 책은 전문 연구자뿐만 아니라 일반 독자를 대상으로 한 교양서이지만 결코 쉽게 읽히는 글은 아니다. 다루는 주제와 자료가 워낙 방대한 탓도 있지만, 무엇보다 로즈가 이야기를 전개하는 방식 때문이다. 『재클린 로즈 선집』의 편집자들의 설명을 빌리자면, 우리가 보통 'x라면 y이다'라는 식으로 논의를 수렴해가는 데 반해 로즈는 'x 그리고 y 그리고 z 그리고…'와 같이 이야기를 쌓아서 확산해가는 방식을 택한다. 그리고 맞줄표와 괄호, 세미콜론 등 부호들을 활용해 ─ 마치 무의식의 작용처럼 ─ 이야기를 덧붙이고 분산시킨다. 따라서 수렴적 논의에 익숙한 독자에게는 이 책이 논리적으로 구성되지 않았다는 잘못된 인상을 줄 수도 있다. 특히 이 특징 때문에 번역에 어려움과 갈등을 겪었다. 모름지기 번역이라고 하는 것이 단순히 언어를 바꾸는 일이 아니라 번역자의 얼마간의 해석과 창작을 덧붙여 독자에게 전달하는 것이기에, 끝없이 이어지는 x와 y, 그리고 z간에 내가 생각하는 접속어나 어미를 덧붙여 연결하고픈 강렬한 유혹을 느꼈음을 고백한다. 결론을 이야기하자면, 가독성을 위해 어느 정도 타협을 할 수밖에 없었지만 되도록 로즈의 글쓰기 스타일을 유지하고자 노력했다. 그것은 로즈의 글쓰기 스타일이 그저 스타일이 아니라 우리 시대의 모성의 이상에 대한 반성, 그리고 새로운 모성 윤리의 탐색과 긴밀히 연관된다고 판단했기 때문이다. 로즈는 페란떼의 입을 빌려 자신의 책의 독자에게 당부한다.

만약 누군가 내 책을 읽는다면 내 말이 그 사람 어휘가 되는 게 아닐까? 내 말을 자기 것으로 삼아, 필요하다면 다시 사용하게 되지 않을까?(193면)

아이가 어머니의 소유가 아니듯("실제로 어머니가 아기를 만드는 것이 아니라, 아기가 그의 내부에서 스스로를 만드는 것이다") 책은 작가의 소유가 아니다. 어머니가 생명을 낳지만 그것이 오직 생명이 어머니를 탈출하는 조건에서만 가능하다면, 저자는 책을 놓아주어야 한다. 그리고 바라야 한다. "마치 집을 떠난 아이처럼 자신만의 길을 걸어가기를"(192면). 자, 이제 이 책을 읽고 사용하는 것은 우리의 몫이다.

이 책이 지금의 모습을 갖추기까지 여러분들의 도움을 받았다. 가장 먼저 떠오르는 이름은 편집자인 최지수씨와 홍상희씨다. 그분들 덕에 글이 한결 자연스러워졌을 뿐 아니라 심지어 터무니없는 오역도 몇군데 바로잡을 수 있었다. 그리고 내 모든 질문을 받아주는 남편 백승욱과 초고를 검토해준 작가 백승연씨에게도 감사를 표한다.

주

1. 사회적 처벌: 지금은

1 Amelia Gentleman, "Fear of bills and Home Office keeping pregnant migrants away from NHS," *Guardian*, 20 March 2017.

2 Amelia Gentleman, Lisa O'Carroll, "Home Office stops transfer of Calais child refugees to UK," *Guardian*, 10 December 2016; Diane Taylor, "UK turns back hundreds of refugees," *Guardian*, 17 December 2017; Alan Travis, "PM accused of closing doors on child refugees," *Guardian*, 9 February 2017.

3 Bernard Cazeneuve, "The UK must fulfil its moral duty to Calais's unaccompanied children," *Guardian*, 17 October 2016.

4 Lisa O'Carroll, "Teenagers' stories," *Guardian*, 28 October 2016.

5 독립 다큐멘터리 영화 제작자인 수 클레이튼(Sue Clayton)에게 개인 적으로 들은 것이다. 클레이튼이 크라우드펀딩을 통해 제작한 영화 「칼레의 아이들」(Calais Children: A Case to Answer)은 2017년 6월 개 봉되었다(영화의 몇 장면이 ITV와 Channel 4 News에서 방영되었다).

6 Diane Taylor, "Samir, 17, thought he was finally about to reach the UK. Now he's dead," *Guardian*, 19 January 2017.

7 Bertolt Brecht, "Appendix A: Writing the Truth: Five Difficulties," *Galileo*, trans. Charles Laughton (New York: Grove Press 1966) 139면.

8 Colm Tóibín, *The Testament of Mary* (London: Viking 2012) 102면.

9 Judith Shklar, *The Faces of Injustice* (New Haven: Yale 1994), Chapter 2, "Misfortune and Injustice".

10 모든 인용은 Gillian Slovo with Nicolas Kent, *Another World: Losing our Children to Islamic State* (London: Oberon 2016).

11 Angela Mcrobbie, "Feminism, the Family and the New "Mediated" Maternalism," *New Formations* (special issue, 'Neoliberal Culture'), 80/81, 2013; "Notes on the Perfect: Competitive Femininity in Neoliberal Times," *Australian Feminist Studies*, 30:83, 2015.

12 Sandra Laville, "Revealed: the secret abuse of women in the family courts," *Guardian*, 23 December 2016.

13 Denis Campbell, "Female doctors may be forced to quit over new contract, experts say," *Guardian*, 1 April 2016.

14 Nina Gill, "The new junior doctors' contract is blatantly sexist — so why doesn't Jeremy Hunt care?" *Daily Telegraph*, 4 April 2016.

15 Alexandra Topping, "Maternity leave discrimination means 54,000 women lose their jobs each year," *Guardian*, 24 July 2015.

16 Karen McVeigh, "MPs urge action to fight "shocking" bias against mothers," *Guardian*, 31 August 2016.

17 Joeli Brearley and Greg Clark MP: "Give new and expectant mothers six months to pursue discrimination claims," Change.org, 4 March 2017.

18 Press Association, "New mothers "facing increasing workplace discrimination"" *Guardian*, 2 May 2016.

19 Karen McVeigh, "MPs urge action"; Rowena Mason, "Review of law

to protect pregnant women's jobs," *Guardian*, 26 January 2017.

20 Grace Chang, "Undocumented Latinas: The New "Employable" Mothers," *Mothering: Ideology, Experience, and Agency*, ed. Evelyn Nakano Glenn, Grace Chang and Linda Rennie Forcey (London: Routledge 1994) 273면.

21 Bryce Covert, "Woman allegedly fired for being pregnant after boss told her "pregnancy is not part of the uniform"" *Think Progress*, 4 May 2016, https://thinkprogress.org/woman-allegedly-fired-for-being-pregnant-after-boss-told-her-pregnancy-is-not-part-of-the-uniform-4d11d29a2c24#.gaajkhtxn.

22 http://www.maternityaction.org.UK/wp-content/uploads/Womenandequalitiescomminquiryev2016.pdf.

23 Sarah Boseley, "British maternity pay is among worst in Europe," *Guardian*, 24 March 2017.

24 T. J. Matthews, Marian F. MacDorman and Marie E. Thomas, "Infant mortality statistics from the 2013 period: linked birth/infant data set," *National Vital Statistics Reports*, 64:9, 6 August 2015.

25 모자 조사 센터(Centre for Maternal and Child Enquiries), Hattie Garlick, "Labour of love," *Guardian* magazine, 17 December 2016에서 인용.

26 John Donne, "Death's Duell," *The Sermons of John Donne*, ed. Theodore Gill (New York: Meridian 1958) 265면, Janet Adelman, *Suffocating Mothers: Fantasies of Maternal Origin in Shakespeare's Plays*, Hamlet *to* the Tempest (London: Routledge 1992) 6면에서 재인용.

27 Nicholas Kristoff, "If Americans Love Moms, Why Do We Let Them Die?" *New York Times*, 29 July 1917; Nina Martin, Emma Cillekens and Alessandra Freitas, ProPublica, 17 July 2017. https://www.propublica.org/article/lost-mothers-maternal-health-died-childbirth-pregnancy

도 참조. 크리스토프(Kristoff)의 글을 알려준 에릭 친스키(Eric Chinski)에게 감사한다.

28 같은 곳.

29 Adrienne Rich, *Of Woman Born: Motherhood as Experience and Institution* (New York: Norton 1976, 1995) 11면. 강조는 원문.

30 Ben Morgan, "Netmums founder tells advertisers: Stop peddling the myth of the perfect mother," *Evening Standard*, 11 September 2017.

31 Kirsten Andersen, "The number of US children living in single-parent homes has nearly doubled in 50 years: Census data," *LifeSite News*, 4 January 2013, https://www.lifesitenews.com/news/the-number-of-children-living-in-single-parent-homes-has-nearly-doubled-in.

32 Pat Thane and Tanya Evans, *Sinners? Scroungers? Saints?: Unmarried Motherhood in Twentieth-Century England* (Oxford: OUP 2012) 4면.

33 Michelle Harrison을 Diana Ginn, "The Supreme Court of Canada and What it Means to Be "Of Woman Born"" *From Motherhood to Mothering: The Legacy of Adrienne Rich's* Of Woman Born, ed. Andrea O'reilly (Albany, NY SUNY Press 2004) 36면에서 재인용.

34 Polly Toynbee, "Our future is being stolen. Be brave and take it back," *Guardian*, 20 December 2016.

35 Thane and Evans, 5면; Kirsten Andersen.

36 Pat Thane, "Happy Families? History and Family Policy," British Academy Policy Centre, 2010.

37 Harriet Sherwood, "Catholic church apologises for role in "forced adoptions" over 30-year period," *Guardian*, 3 November 2016.

38 Patricia Hill Collins, "Shifting the Center: Race, Class, and Feminist Theorizing about Motherhood," Glenn, Chang and Forcey.

39 Chang, "Undocumented Latinas".

40 Thane and Evans, 16-17면.

41 같은 책 69면.

42 같은 곳.

43 같은 책 77면.

44 Gail Lewis, "Birthing Racial Difference: Conversations with My Mother and Others," *Studies in the Maternal*, 1:1, 2009, 1–21면.

45 Thane and Evans, 3면.

46 Elisabeth Badinter, *The Conflict: How Modern Motherhood Undermines the Status of Women*, trans. Adriana Hunter (New York: Metropolitan Books 2012) 150면.

47 Laurie Penny, "Women shouldn't apologise for the pitter-patter of tiny carbon footprints," *Guardian*, 28 July 2017.

1. 사회적 처벌: 그때는

1 Angeliki Tzanetou, "Citizen-Mothers on the Tragic Stage," *Mothering and Motherhood in Ancient Greek and Rome*, ed. Lauren Hackworth Petersen and Patricia Salzman-Mitchell (Austin: University of Texas Press 2012); Paul Cartledge, ""Deep Plays": Theatre as Process in Greek Civic Life," *The Cambridge Companion to Greek Tragedy*, ed. P. E. Easterling (Cambridge: CUP 1997).

2 Cynthia Patterson, "Citizenship and Gender in the Ancient World," *Migrations and Mobilities: Citizenship, Borders and Gender*, ed. Seyla Benhabib and Judith Resnik (New York University Press 2009) 55면.

3 Patterson, "Citizenship and Gender," 60면.

4 Barbara Goff, *Citizen Bacchae: Women's Ritual Practice in Ancient Greece* (Oakland: University of California Press 2004) 2–5면.

5 Cynthia Patterson, "Hai Attikai: The Other Athenians," *Rescuing Creusa: New Methodological Approaches to Women in Antiquity*, ed. Marilyn Skinner, special issue of *Helios*, 13:2, 1986, 61면.

6 Goff, 29, 49, 61면.

7 Rachel Cusk, *A Life's Work: On Becoming a Mother* (London: Fourth Estate 2001) 131면.

8 Melissa Benn, *Madonna and Child: Towards a New Politics of Motherhood* (London: Jonathan Cape 1998) 19면.

9 Linda Colley, *Britons: Forging the Nation, 1707–1837*, 4th edn (New Haven: Yale 2009) 267면, Shaul Bar–Haim, *The Maternalizing Movement: Psychoanalysis, Motherhood and the British Welfare State c. 1920–1950*, unpublished PhD thesis, Birkbeck 2015, 20면에서 재인용.

10 Patterson, "Citizenship and Gender," 52면.

11 Edith Hall, *Introducing the Ancient Greeks* (Oxford: Bodley Head 2015) 7면.

12 Goff, 5면.

13 Hall, 7면; D. Harvey, "Women in Thucydides," *Arethusa* 18 (1985) 67–90면도 참조.

14 같은 곳.

15 Mary Beard, *The Parthenon* (London: Profile 2010) 43면; Esther Eidinow, *Envy, Poison, and Death: Women on Trial in Classical Athens* (Oxford: OUP 2016) 13면.

16 Hackworth Petersen and Salzman–Mitchell, 12면.

17 Euripides, *The Suppliant Women, Euripides II*, ed. David Grene and Richmond Lattimore (Chicago: University of Chicago Press 2012), ll. 293–94, 151면.

18 같은 책 ll. 405–9, 157면.

19 Nadia Latif and Leila Latif, "We had to change pain to purpose," interviews with the mothers of Trayvon Martin, Sandra Bland, Eric Garner, Amadou Diallo and Sean Bell, *Guardian*, 22 November 2016.

20 Euripides, *The Suppliant Women*, ll. 767–68.

21 Hannah Arendt, *The Human Condition* (Chicago: University of Chicago Press 1958) 27면.

22 *New Society*, Mary-Kay Wilmers, "Views," *Listener*, May 1972에서 인용. *Modern Families Index* (2017)에 따르면, 우리 시대에 가족과 더 많은 시간을 보내기로 선택한 아버지들은 자신의 경력과 관련해 '부성 불이익'(Father Penalty)을 겪는다고 한다. "그것은 지금까지 페미니스트의 대의명분이었지만 이제 여성과 남성 모두 일에서 성공하면서도 가족을 위해 시간을 내려고 발버둥치고 있다." Jamie Doward, ""Fatherhood penalty" now a risk for men, warns charity," *Observer*, 15 January 2017에서 인용.

23 Kathleen Connors, letter to the *London Review of Books*, 36:14, 17 July 2014.

24 Euripides, *The Suppliant Women*, ll. 825–26.

25 같은 책 l. 824.

26 Hall, 170면.

27 Nicoletta Gullace, *The Blood of Our Sons: Men, Women and the Regeneration of British Citizenship During the Great War* (Basingstoke: Palgrave Macmillan 2002) 55–59면, Bar-Haim, *The Maternalizing Movement*, 21면에서 재인용.

28 Euripides, *Medea*, trans. Oliver Taplin, *Euripides I*, ed. David Grene and Richmond Lattimore (Chicago: University of Chicago Press 2013) ll. 250–53, 1091–1116.

29 같은 책 ll. 233–34, 277–78, 231.

30 모든 인용은 Nicole Loraux, "Le Lit, la guerre," *L'Homme*, 21:1, January–March 1981.

31 Janet Adelman, *Suffocating Mothers: Fantasies of Maternal Origin in Shakespeare's Plays*, Hamlet *to* the Tempest (London: Routledge 1992).

32 Shakespeare, *Coriolanus*, Arden Shakespeare edn (London: Methuen

1976) act 1, sc iii, ll. 40ff.

33 Margaret L. Woodhull, "Imperial Mothers and Monuments in Rome," Petersen and Salzman-Mitchell.

34 Philip Brockbank, "Introduction," *Coriolanus*, 42면.

35 같은 책 Act 1, Sc iii, ll. 2−4.

36 같은 책 Act 1, Sc iii, ll. 21−25.

37 같은 책 Act 5, Sc iii, l. 103.

38 Adrienne Rich, *Of Woman Born: Motherhood as Experience and Institution* (New York: Norton 1976, 1995) 279면.

39 Sarah Boseley, Ruth Maclean and Liz Ford, "How one of Trump's first acts signed death warrants for women all round the world," *Guardian*, 21 July 2017.

40 Karen McVeigh, "Reversal of abortion funding puts $9bn health at risk — campaigners," *Guardian*, 25 January 2017.

41 모든 인용은 Diana Ginn, "The Supreme Court of Canada and What It Means to Be "Of Woman Born"" *From Motherhood to Mothering: The Legacy of Adrienne Rich's* Of Woman Born, ed. Andrea O'Reilly (Albany, NY: SUNY Press 2004) 29면.

42 *Dobson v. Dobson*, Ginn, 33면에서 인용.

43 Tess Cosslett, *Women Writing Childbirth: Modern Discourses of Motherhood* (Manchester University Press 1994) 119면, Ginn, 38면에서 재인용.

44 *Dobson v. Dobson*, Ginn, 39면에서 인용.

45 Jacques Guillimeau, *The Nursing of Children, affixed to Childbirth, or the Happy Delivery of Women* (London: printed by Anne Griffin, for Joyce Norton and Richard Whitaker, 1635), Adelman, 6면에서 재인용.

46 같은 책 Preface 1.i.2; Audrey Eccles, *Obstetrics and Gynaecology in Tudor and Stuart England* (Kent, Ohio: Kent University Press 1982)

51-52면, Adelman, 7면에서 인용.

47 Aeschylus, *The Oresteian Trilogy*, trans. Philip Vellacott (Harmondsworth: Penguin 1974), Part III, *Eumenides*, ll. 656 – 61. 강조는 인용자.

48 같은 책 ll. 109 – 10.

49 같은 책 ll. 605 – 7.

50 Sophocles, *Electra, II*, ll. 532 – 33, Rachel Bowlby, *Freudian Mythologies: Greek Tragedy and Modern Identities* (Oxford: OUP 2007) 211면에서 재인용.

51 이를 알려준 이디스 홀(Edith Hall)에게 감사한다.

52 Robert Icke, adaptation of Sophocles' *Oresteia* (London: Oberon 2015) 119면.

53 같은 책 60면.

54 같은 책 118면.

55 이 이야기와 그 함의에 대한 가장 전면적 평가로는 Amber Jacobs, *On Matricide: Myth, Psychoanalysis and the Law of the Mother* (New York: Columbia University Press 2007) 참조.

56 Aeschylus, *Agamemnon*, ll. 117 – 20.

57 Colm Tóibín, *House of Names* (London: Viking 2017).

58 André Green, *Un Œil en trop: Le Complexe d'Œdipe dans la tragédie* (Paris: Minuit 1969), trans. 80면, Jacobs에서 재인용.

59 Rachel Bowlby, *A Child of One's Own: Parental Stories* (Oxford: OUP 2013) 114면.

60 Elsa Morante, "Mothers' Dressmakers," Elena Ferrante, *Frantumaglia: A Writer's Journey* (New York: Europa 2016) 17면에서 재인용.

61 *Hamlet*, First quarto, 1603, 11, 53 – 54.

62 *Hamlet*, First Folio, 1623, 3. iv. 15 – 16.

63 같은 책 3. iv. 166.

64 Icke, 117면.

65 Genevieve Lively, "Mater Amoris: Mothers and Lovers in Augustan Rome," Hackworth Petersen and Salzman-Mitchell, 197면.

66 Patricia Salzman-Mitchell, "Tenderness or Taboo: Images of Breast-Feeding Mothers in Greek and Latin Literature," Hackworth Petersen and Salzman-Mitchell, 150-51면.

67 Martin Bernal, *Black Athena: The Afroasiatic Roots of Classical Civilisation, Volume I, The Fabrication of Ancient Greece* (New Jersey: Rutgers University Press 1987).

68 Rhiannon Stephens, *A History of African Motherhood: The Case of Uganda, 700-1900* (Cambridge: CUP 2013).

69 Nicole Loraux, *Mothers in Mourning*, trans. Corinne Pache (Ithaca: Cornell University Press 1998) 51면.

70 Euripides, *Medea*, Introduction, 70면.

71 같은 책 ll. 1366, 1368 – 69, 130면.

72 같은 책 ll. 1060 – 62, 117면.

73 Véronique Olmi, *Bord de mer/Beside the Sea*, trans. Adriana Hunter (London: Peirene 2010) 68면.

74 Margaret Reynolds, "Performing Medea: or, Why is Medea a Woman?" *Medea in Performance, 1500–2000*, ed. Edith Hall, Fiona Macintosh and Oliver Taplin (Oxford: Legenda 2000) 139-40면.

75 Christa Wolf, *Medea: A Modern Retelling*, trans. John Cullen (London: Virago 1998) 7면.

76 같은 책 111-13면.

77 같은 책 80면.

78 같은 곳.

79 Rich, 270면.

80 W. G. Sebald, *On the Natural History of Destruction*, trans. Anthea

Bell (London: Hamish Hamilton 2003) 13면.

81 Wolf, 1-2면.

2. 심리적 맹목: 사랑하기

1 Roald Dahl, *Matilda* (London: Jonathan Cape 1988; Puffin 2013) 4면.

2 Adrienne Rich, *Of Woman Born: Motherhood as Experience and Institution* (New York: Norton 1986, 1995) xxxiii면.

3 Hannah Aarendt, *The Origins of Totalitarianism* (New York: Harcourt Brace Jovanovich 1979) 473면.

4 같은 곳.

5 Virginia Woolf, *The Years*, 1937 (Oxford: OUP 1992) 359면. 강조는 인용자.

6 Rachel Cusk, *A Life's Work: On Becoming a Mother* (London: Fourth Estate 2001) 8면.

7 같은 책 137면.

8 Rich, xxiv면.

9 Mary-Kay Wilmers, "Views," *Listener*, May 1972.

10 Denise Riley, *War in the Nursery: Theories of the Child and Mother* (London: Virago 1983).

11 Luise Eichenbaum and Susie Orbach, *Understanding Women: A Feminist Psychoanalytic Approach* (London: Penguin 1985); Rozsika Parker, *Torn in Two: The Experience of Maternal Ambivalence* (London: Virago 1995); Lisa Baraitser, *Maternal Encounters: The Ethics of Interruption* (London: Routledge 2009). 리사 버레이처(Lisa Baraitser)는 MaMSIE(Mapping Maternal Subjectivities, Identities, and Ethics)의 공동 창설자로, 이 단체는 런던 버벡칼리지 심리학과를 기반으로 한 연구 네트워크이며 잡지 『모성 연구』(*Studies in the Maternal*)를 발간한다.

12 Michel Onfray, *Théorie du corps amoureux* (Paris: LGF 2007) 219–20면, Elisabeth Badinter, *The Conflict: How Modern Motherhood Undermines the Status of Women*, trans. Adriana Hunter (New York: Metropolitan Books 2012) 125면에서 재인용.

13 Badinter, 69면.

14 같은 책 67–84면.

15 같은 책 73면.

16 Haroon Siddique, "Less than half of women breastfeed after two months," *Guardian*, 23 March 2017.

17 Hadley Freeman, "Never let me go," *Guardian* magazine, 30 July 2016.

18 Jake Dypka and Hollie McNish, "Embarrassed," Channel 4, Random Acts, https://www.youtube.com/watch?v=s6nhrqiFtj8. in 2017, McNish won the Ted Hughes Award. McNish: "I always attracted mums and midwives, Now I get poetry lovers," *Guardian*, 16 June 2017. Rachel Epp Buller, "Performing the Breastfeeding Body: Lactivism and Art Intervention," *Studies in the Maternal*, 8:2, 2016, 14면도 참조.

19 Letters, *London Review of Books*, 36:14, 17 July 2014.

20 Helene Deutsch, "The Psychology of Woman in Relation to the Functions of Reproduction," 1925, Robert Fliess, *The Psychoanalytic Reader* (New York: International Universities Press 1969).

21 Wilmers, "Views".

22 Courtney Love, "Plump," "Softest, Softest," "I Think That I Would Die". 이 노랫말을 알려준 배리 슈왑스키(Barry Schwabsky)에게 감사한다.

23 *Toni Morrison*, Icon Critical Guides, ed. Carl Plasa (Cambridge, MA: Icon Books 1998) 36면.

24 Toni Morrison, *Beloved* (London: Chatto & Windus 1987) 51면.

25 같은 책 209면.

26 Saidiya Hartman, *Lose Your Mother: A Journey Along the Atlantic Slave Route* (New York: Farrar, Straus and Giroux 2007)도 참조.

27 Stephanie J. Shaw, "Mothering under Slavery in the Antebellum South," *Mothering: Ideology, Experience, and Agency*, ed. Evelyn Nakano Glenn, Grace Chang and Linda Rennie Forcey (London: Routledge 1994) 249면.

28 Patricia Hill Collins, "The Meaning of Motherhood in Black Culture and Black Mother–Daughter Relationships," *Double Stitch: Black Women Write About Mothers and Daughters* (New York: Beacon Press 1991) 53면.

29 같은 책 8면.

30 Sindiwe Magona, *Living, Loving, and Lying Awake at Night* (Claremont, South Africa: David Philip 1991) 5면.

31 같은 책 6면.

32 같은 책 7면.

33 같은 책 16면.

34 Hermione Lee, *Edith Wharton* (London: Chatto & Windus 2007).

35 Edith Wharton, *The Mother's Recompense, 1925* (Teddington: Wildhern Press 2008) 33면.

36 같은 책 7면.

37 같은 책 9면.

38 같은 책 30면.

39 Lee, 627면에서 재인용.

40 Lee, 330면.

41 Wharton, 34면.

42 같은 책 66면.

43 Rich, 252면.

44 Wharton, 101–2면.

45 같은 책 46면.

46 Lee, 630면.

47 같은 책 110, 127면.

48 같은 책 110면.

49 같은 책 110, 120면.

50 같은 책 123, 83면.

51 같은 책 97면.

52 같은 책 77면.

53 같은 책 131면.

54 Aariel Leve, *An Abbreviated Life* (New York: HarperCollins 2016) 53면.

55 같은 책 76면.

56 같은 책 162면.

57 같은 책 133–34면.

2. 심리적 맹목: 증오하기

1 Bruno Bettelheim을 Elisabeth Badinter, *The Conflict: How Modern Motherhood Undermines the Status of Women*, trans. Adriana Hunter (New York: Metropolitan Books 2012) 45면에서 재인용.

2 Nina Sutton, *Bruno Bettelheim: The Other Side of Madness* (London: Duckworth 1995).

3 D. W. Winnicott, "Hate in the Counter-Transference," *International Journal of Psychoanalysis*, 30:2, 1949, 73면 (*Through Paediatrics to Psychoanalysis: Collected Papers of D. W. Winnicott*, London: Routledge 1992에도 인용).

4 같은 책 74면.

5 같은 곳.

6 같은 곳.

7 같은 곳.

8 Daisy Waugh, *I Don't Know Why She Bothers: Guilt-Free Motherhood for Thoroughly Modern Women* (London: Weidenfeld & Nicolson 2013) 14면.

9 Alison Bechdel, *Are You My Mother? A Comic Drama* (London: Jonathan Cape 2012) 21면.

10 Winnicott, 72면.

11 Adrienne Rich, *Of Woman Born: Motherhood as Experience and Institution* (New York: Norton 1976, 1995) xxxiii면.

12 Bechdel, 258면.

13 같은 책 178면.

14 같은 책 68면.

15 같은 책 172면.

16 같은 책 65면.

17 Sylvia Plath, *Three Women — A Poem for Three Voices, 1962, Collected Poems* (London: Faber 1981).

18 같은 책 181, 186, 180-81면.

19 같은 책 181면.

20 Sylvia Plath to Aurelia Plath, 21 and 25 October 1962, *Letters Home: Correspondence 1950–1963*, selected and edited with commentary by Aurelia Schober Plath (London: Faber 1975) 473, 477면.

21 Melanie Klein, "Some Reflections on *The Oresteia,*" *Envy and Gratitude and Other Works, 1946–1963* (London: Hogarth Press 1975) 299면.

22 모든 인용은 W. R. Bion, "Container and Contained," 1962, *Attention and Interpretation* (London: Karnac 1970) 72, 78면.

23 Melissa Benn, *Madonna and Child: Towards a New Politics of Motherhood* (London: Jonathan Cape 1998) 21면.

24 Estela Welldon, *Mother, Madonna, Whore: The Idealization and Denigration of Motherhood* (London: Karnac 1988) 78-79면.

25 Brid Featherstone, ""I wouldn't do your job!" Women, Social Work and Child Abuse," *Mothering and Ambivalence*, ed. Wendy Hollway and Brid Featherstone (New York: Routledge 1997) 167면.

26 같은 책 185면.

27 Rich, 279면.

28 같은 책 xxxv면. 초판에 나오는 표현으로, 이후 판본에서는 서문에 이 탤릭체로 삽입되었다.

29 Simone de Beauvoir, *Le Deuxième sexe*, folio Ⅱ, 351면, translated and edited by H. M. Parshley, 1953 (London: Vintage 1997) 513면(모든 번역은 수정함).

30 같은 곳.

31 같은 책 folio i, 59, 112면 (trans. 55, 94면).

32 같은 책 93면.

33 같은 책 390면.

34 같은 책 ii, 351면 (trans. 513면).

35 같은 책 ii, 372면 (trans. 528-29면).

36 같은 책 ii, 349면 (trans. 512면).

37 같은 책 i, 93면 (trans. 82면).

38 같은 책 ii, 381면 (trans. 354면).

39 같은 책 ii, 385면 (trans. 537면).

40 Julia Kristeva, *Je me voyage——Mémoires: Entretiens avec Samuel Dock* (Paris: Fayard 2017) 148, 157, 188면; "Stabat Mater,' 1977 *The Kristeva Reader*, ed. Toril Moi (Oxford: Black-well 1986). *The Kristeva Reader*에는 모성에 대한 고전적, 종교적 성상에 대한 마찬가지로 비범한 고찰들과 크리스떼바 자신이 아들을 출산한 경험에 대한 이야기가 수록되어 있다.

41 Rivka Galchen, *Little Labours* (New York: New Directions 2016; London: Fourth Estate 2017) 7면.

42 Elena Ferrante, *Frantumaglia: A Writer's Journey*, trans. Ann Goldstein (New York: Europa 2016) 65면.

3. 고통과 희열: 엘레나 페란떼

1 Elena Ferrante, *Frantumaglia: A Writer's Journey*, trans. Ann Goldstein (New York: Europa 2016) 252면.

2 같은 책 177, 252면.

3 같은 책 187면.

4 같은 책 206면.

5 같은 책 188면.

6 D. W. Winnicott, "The Use of an Object and Relating Through Identification," 1968, *Playing and Reality* (London: Tavistock 1971); Jessica Benjamin, *The Bonds of Love: Psychoanalysis, Feminism and the Problem of Domination* (New York: Pantheon, London: Virago 1988). *The Bonds of Love*는 어머니와 유아 간 상호작용의 권력투쟁적 측면을 다룬 고전적인 페미니즘 정신분석 텍스트라고 할 수 있다.

7 Elena Ferrante, *The Days of Abandonment, 2002*, trans. Ann Goldstein (New York: Europa 2005) 168면.

8 Elena Ferrante, *Troubling Love, 1992*, trans. Ann Goldstein (New York: Europa 2006) 113면.

9 Ferrante, *Frantumaglia*, 17면.

10 같은 책 220면.

11 Elena Ferrante, *The Lost Daughter, 2006*, trans. Ann Goldstein (New York: Europa 2008) 206면.

12 Ferrante, *Frantumaglia*, 254, 267면.

13 같은 책 267면.

14 Ferrante, *Lost Daughter*, 53면.

15 Ferrante, *Frantumaglia*, 347, 350면.

16 Zoe Williams, "Why baby books make you miserable," *Guardian*, 3 October, 2017.

17 Ferrante, *Frantumaglia*, 198면.

18 같은 책 220면.

19 같은 책 251면.

20 Ferrante, *Days of Abandonment*, 127면.

21 John Bell, Sophie Boyron and Simon Whittaker, *Principles of French Law* (Oxford: OUP 2008) 264면.

22 Elena Ferrante, *Those Who Leave and Those Who Stay—Middle Time*, trans. Ann Goldstein (New York: Europa 2014) 372면.

23 Elena Ferrante, *The Story of a New Name—Youth*, trans. Ann Goldstein (New York: Europa 2013) 112면.

24 Ferrante, *Lost Daughter*, 124면.

25 Ferrante, *Story of a New Name*, 311면.

26 같은 곳.

27 같은 책 91면.

28 Ferrante, *Lost Daughter*, 87면.

29 같은 책 37, 23면.

30 같은 책 122면.

31 Elena Ferrante, *My Brilliant Friend—Childhood, Adolescence*, trans. Ann Goldstein (New York: Europa 2012) 322면.

32 Ferrante, *Those Who Leave and Those Who Stay*, 76면.

33 Elena Ferrante, *The Story of the Lost Child—Maturity, Old Age*, trans. Ann Goldstein (New York: Europa 2015) 151면.

34 같은 책 208면.

35 Ferrante, *Troubling Love*, 87면.

36 같은 책 139면.

37 Ferrante, *Frantumaglia*, 122, 140면.

38 같은 책 326면.

39 같은 곳.

40 같은 책 277면.

41 같은 책 379면.

42 같은 책 380면.

43 같은 책 224면.

44 같은 책 221면.

45 같은 책 222면.

46 Ferrante, *Lost Daughter*, 124, 122면.

47 Ferrante, *Story of a New Name*, 113면.

48 Ferrante, *Those Who Leave and Those Who Stay*, 233면.

49 같은 곳; *Story of a New Name*, 378면.

50 Ferrante, *Those Who Leave and Those Who Stay*, 238면.

51 Ferrante, *Frantumaglia*, 116면.

52 같은 책 98면.

53 같은 책 223면.

54 Lucy Jones, "As she is born, part of me is dying," *Guardian*, 9 January 2017.

55 Ferrante, *Story of a New Name*, 372면.

56 Ferrante, *Lost Daughter*, 125면.

57 Ferrante, *Frantumaglia*, 222면.

58 같은 책 193면.

59 같은 책 99면.

60 같은 곳.

61 같은 곳.

62 Ferrante, *My Brilliant Friend*, 229면.

63 Ferrante, *Frantumaglia*, 239면.

64 같은 책 100면.

65 같은 곳.

66 같은 곳.

67 같은 책 176면; *Story of the Lost Child*, 175면.

68 Ferrante, *Story of a New Name*, 289면.

69 같은 곳.

70 Ferrante, *Story of the Lost Child*, 466면.

71 Ferrante, *My Brilliant Friend*, 231면.

72 William Maxwell, *They Came Like Swallows, 1937* (London: Vintage 2008) 10면.

73 같은 곳.

74 같은 책 11, 31–32면.

75 Ferrante, *Frantumaglia*, 146면.

76 같은 책 367면.

77 같은 책 147면.

78 Ferrante, *Story of the Lost Child*, 309면.

79 Ferrante, *Those Who Leave and Those Who Stay*, 290면.

80 같은 책 291면. 강조는 원문.

81 같은 곳.

82 Ferrante, *Frantumaglia*, 368면. 강조는 원문.

83 같은 책 54면.

84 같은 책 220면.

85 같은 책 66면.

86 같은 책 90면.

87 같은 책 92면.

88 같은 책 201면.

89 Ferrante, *Those Who Leave and Those Who Stay*, 28면.

90 Ferrante, *Frantumaglia*, 336면.

91 같은 책 217면.

92 같은 책 368면.

93 같은 책 268, 326면.

94 같은 곳.

95 같은 책 301, 286면.

96 같은 책 126면.

97 같은 책 126-27면.

98 Ferrante, *Days of Abandonment*, 127면.

99 같은 책 224면.

100 Ferrante, *Frantumaglia*, 347, 350면.

3. 고통과 희열: 뒤집어보기

1 Sylvia Plath, "Morning Song," *Ariel* (London: Faber 1965).

2 Marjorie Perloff, "The Two Ariels: the (Re)making of the Sylvia Plath Canon," *American Poetry Review*, November–December 1984.

3 Danuta Kean, "Plath accused Hughes of beating her and wanting her dead, trove of letters shows," *Guardian*, 11 April 2017.

4 Darian Leader, *Strictly Bipolar* (London: Penguin 2013).

5 Fiona Shaw, *Out of Me: The Story of a Postnatal Breakdown* (London: Penguin 1997).

6 Lou-Marie Kruger, Kirsten van Straaten, Laura Taylor, Marleen Lourens and Carla Dukas, "The Melancholy of Murderous Mothers: Depression and the Medicalization of Women's Anger," *Feminism and Psychology*, published online, 30 June 2014, 8면. 이 글을 소개해준 루마리 크루거(Lou-Marie Kruger)에게 감사를 표한다.

7 같은 곳.

8 Virginia Woolf, *The Years, 1937* (Oxford: OUP 1992) 359면. 강조는 인

용자.

9 Linda Kerber, "The Republican Mother: Women and the Enlightenment —An American Perspective," *American Quarterly*, 28:2, 1976, Shaul Bar-Haim, *The Maternalizing Movement: Psychoanalysis, Motherhood and the British Welfare State c. 1920–1950*, unpublished PhD thesis, Birkbeck 2015, 18면에서 재인용.

10 Sigmund Freud, "The Disillusionment of the War," *Thoughts for the Times on War and Death, 1915*, Standard Edn, vol. 14 (London: Hogarth Press 1957) 276면; *The Future of an Illusion*, Standard Edn, vol. 21 (London: Hogarth Press 1961) 20면.

11 Freud, *The Future of an Illusion*, 12면.

12 미란다 카터(Miranda Carter)가 고맙게도 이 드라마 시리즈를 알려주었고, 마거릿 레이놀즈와 루시 레이놀즈(Margaret and Lucy Reynolds)는 시간을 내서 나와 함께 이 시리즈를 시청해주었다.

13 Buchi Emecheta, *The Joys of Motherhood* (Oxford: Heinemann 1979).

14 행복의 개념에 대한 일관된 정치적 비평으로는 Sara Ahmed, *The Promise of Happiness* (Durham: Duke University Press 2010) 참조.

15 Simon de Beauvoir, *Le Deuxième sexe*, folio ii, 385면 (trans. 537면).

16 Elena Ferrante, *Frantumaglia: A Writer's Journey*, trans. Ann Goldstein (New York: Europa 2016) 100면.

17 Susan Stryker, "My Words to Victor Frankenstein Above the Village of Chamounix," *GLQ: A Journal of Lesbian and Gay Studies*, 1:3, 1994.

18 같은 곳.

19 같은 곳.

20 같은 곳.

21 Sindiwe Magona, *Mother to Mother* (Claremont: David Philip, and Boston: Beacon Press 1998) 127면.

22 같은 책 2면.

23 같은 책 210면.

24 같은 책 185면.

25 같은 책 201면.

26 같은 책 198면.

27 에미비 비엘(Amy Biehl)의 부모 린다 비엘과 피터 비엘(Linda and Peter Biehl)은 딸을 살해한 죄로 기소되었던 남자가 감옥에서 출소한 후 그와 친구가 되었다. 그들은 딸을 기념해 자선 재단을 설립했고 딸의 살인자와 당시 그의 무리 속에 있었던 두명의 다른 남자를 그 재단에 고용했다. 저스틴 밴더 뢴(Justine van der Leun)의 책 *We Are Not Such Things: A Murder in a South African Township and the Search for Truth and Reconciliation* (London: 4th Estate, 2016)은 이 이야기의 여러 판본 중 하나이다. 이 책에 대한 비평으로는 Gillian Slovo, "The Politics of Forgiveness," *Literary Review*, 445, August 2016 참조.

재클린 로즈(Jacqueline Rose)
페미니즘, 정신분석, 문학을 오가는 글쓰기 작업으로 널리 알려진 작가이자 페미니스트 학자. 현재 런던대학교 버벡 칼리지에 인문학 교수로 있다. 대표작으로 『실비아 플라스의 유령』(*The Haunting of Sylvia Plath*), 20세기의 선구적 페미니스트들을 다룬 『암흑시대의 여자들』(*Women in Dark Times*)과 소설 『알베르틴』(*Albertine*) 등이 있다.

김영아(金怜雅)
서울대학교에서 영어영문학을 전공하고 같은 학교 대학원에서 셰익스피어 연구로 박사학위를 받았다. 현재 한성대학교 상상력교양대학 교수로 재직 중이다. 지은 책으로 『절대군주제의 위기와 폭군살해 논쟁 그리고 셰익스피어』, 옮긴 책으로 『이행의 시대』(공역), 『뉴레프트리뷰 6』(공역)가 있다.

숭배와 혐오
모성이라는 신화에 대하여

초판 1쇄 발행/2020년 8월 20일

지은이/재클린 로즈
옮긴이/김영아
펴낸이/강일우
책임편집/최지수 홍상희
조판/박아경
펴낸곳/(주)창비
등록/1986년 8월 5일 제85호
주소/10881 경기도 파주시 회동길 184
전화/031-955-3333
팩시밀리/영업 031-955-3399 편집 031-955-3400
홈페이지/www.changbi.com
전자우편/nonfic@changbi.com

한국어판 ⓒ (주)창비 2020
ISBN 978-89-364-7814-8 03300